Auditoria Contábil

Moisés Moura de Melo
&
Ivan Ramos dos Santos

AUDITORIA CONTÁBIL

2ª Edição

- Atualizada pelas Normas Internacionais de Auditoria emitida pela IFAC com adoção no Brasil.

- Com mais de 380 questões de concurso públicos com gabarito.

Freitas Bastos Editora

Copyright © 2018 by Moisés Moura de Melo e Ivan Ramos dos Santos.
Todos os direitos reservados e protegidos pela Lei 9.610, de 19.2.1998.
É proibida a reprodução total ou parcial, por quaisquer meios,
bem como a produção de apostilas, sem autorização prévia,
por escrito, da Editora.

Direitos exclusivos da edição e distribuição em língua portuguesa:
Maria Augusta Delgado Livraria, Distribuidora e Editora

Editor: Isaac D. Abulafia
Capa: Jair Domingos
Revisão de texto: Jota Cabral
Diagramação: Neilton Lima

M486a
  Melo, Moisés Moura de
  Auditoria contábil: atualizada pelas Normas Internacionais de Auditoria emitida pela IFAC com adoção no Brasil/Moisés Moura de Melo, Ivan Ramos dos Santos. 2. ed. - Rio de Janeiro: Maria Augusta Delgado, 2018.
  390p. ; 23 cm.
  "Com mais de 380 questões de concurso públicos com gabarito."

  ISBN 978-85-7987-287-7

  1. Serviço público – Brasil – Concursos. 2. Auditoria – Problemas, questões, exercícios. I. Santos, Ivan Ramos dos. II. Título.

                                               CDD- 351.91076

Freitas Bastos Editora
Tel./Fax: (21) 2276-4500
freitasbastos@freitasbastos.com
vendas@freitasbastos.com
www.freitasbastos.com

AGRADECIMENTOS

A Deus, pela vida.

Às mães, Miriam Moura de Melo e Clemilda Gomes dos Santos, pelo empenho carinho e dedicação com os seus filhos.

A Sirlei Machado dos Santos por estar sempre ao lado dos autores.

Aos professores Francisco Alves, Sérgio Barbosa, Marcelo Lemos e Maria Nazareth de Souza, que acreditaram na nova edição desse livro.

Agradecemos também a colaboração de Kátia Larate e Juliana Dalmaso, que contribuíram muito para que esta nova edição tornasse realidade.

PREFÁCIO

Auditoria contábil é uma técnica que permite ao auditor, profissional da área contábil, a emissão de relatório expressando sua opinião sobre as demonstrações contábeis, em todos os seus aspectos relevantes que representam adequadamente ou não, a situação econômica, financeira e patrimonial da entidade.

No Brasil, essas práticas são definidas pelo Conselho Federal de Contabilidade (CFC) que aprovou as Normas Brasileiras de Contabilidade Técnica de Auditoria (NBC TA) descritas ao longo deste livro, em consonância com as Normas Internacionais de Contabilidade emitidas pela Federação Internacional de Contabilidade (IFAC - *International Federation of Accountants*).

Em consequência, o mercado necessitará de mais profissionais de auditoria capacitados para analisar, validar e emitir sua opinião de forma clara, concisa e objetiva para subsidiar os usuários internos e externos na tomada de decisão.

Visando atender a esse público, esta obra foi escrita de forma didática, de acordo com as novas normas de auditoria, com a inclusão de modelos de programa de auditoria, papéis de trabalho, exemplos de aplicação das normas e relatórios de auditoria, de forma que os leitores tenham a oportunidade de, não apenas conhecer, mas também de aprofundar o seu conhecimento sobre a atividade de auditoria. O processo de aprendizagem de cada capítulo é complementado com questões oriundas das provas mais recentes de concursos públicos, com os gabaritos no final do livro.

Caro leitor, por todo exposto, é um excelente livro para as aulas de auditoria na graduação, pós-graduação e para preparação para concursos públicos nessa disciplina.

Cordialmente,
Francisco José dos Santos Alves
Prof. Programa de Pós-Graduação em Contabilidade – UERJ

CURRÍCULO RESUMIDO DOS PROFESSORES

Moisés Moura de Melo, mestre em Economia Empresarial, com ênfase em Contabilidade pela Universidade Cândido Mendes/RJ, pós-graduado em Auditoria e Contabilidade pela UFF/RJ, docência do ensino superior pela Universidade Cândido Mendes /RJ, e graduado em Ciências Contábeis pela Faculdade Moraes Júnior/RJ.

Professor nos cursos de graduação e pós-graduação das faculdades Unisuam/RJ, e professor convidado das faculdades Simonsen/RJ e Trevisan/RJ. Atua, em cursos preparatórios em Auditoria e Contabilidade. É Contador Pleno na área contábil da Petrobras - Petróleo Brasileiro S.A.

Ivan Ramos dos Santos, mestrando em Economia Empresarial com ênfase em Finanças pela Universidade Cândido Mendes/RJ, pós-graduado em Auditoria e Contabilidade pela UFF/RJ e Pós-Graduado em Gestão Pública pela MORAES JUNIOR/RJ, Graduado em Ciências Contábeis UNIVERSO/RJ.

Professor nos cursos de graduação de Contabilidade e Administração da UNIVERSO/RJ e tem vasta experiência em Auditoria na área pública, exercendo a função se subcontrolador na área municipal por mais de 10 anos.

LISTA DE ABREVIATURAS E SIGLAS

BP	Balanço Patrimonial;
CFC	Conselho Federal de Contabilidade;
Cofins	Contribuição para Financiamento da Seguridade Social
CPC	Comitê de Pronunciamentos Contábeis;
CRC	Conselho Regional de Contabilidade;
CSLL	Contribuição Social sobre o Lucro Líquido;
CT	Comunicado Técnico;
DFC	Demonstração dos Fluxos de Caixa;
DCs	Demonstrações Contábeis;
DLPA	Demonstração de Lucros ou Prejuízos Acumulados;
DMPL	Demonstração das Mutações do Patrimônio Líquido;
DRA	Demonstração do Resultado Abrangente;
DRE	Demonstração do Resultado do Exercício;
DVA	Demonstração do Valor Adicionado;
ICMS	Imposto sobre Circulação de Mercadorias e Prestação de Serviços
IFRS	International Financial Reporting Standards;
IPI	Imposto sobre Produtos Industrializados;
IRPJ	Imposto de Renda Pessoa Jurídica;
ISS	Imposto sobre Serviços de qualquer natureza;
IT	Interpretação Técnica;
NBC TA	Norma Brasileira de Contabilidade Técnica de Auditoria;
NBC TG	Norma Brasileira de Contabilidade Técnica Geral;
NE	Notas Explicativas;
PC	Princípios de Contabilidade;
PL	Patrimônio Líquido;
PMEs	Pequenas e Médias Empresas;
AS	Sociedade Anônima;
R1	Revisão número um;
R2	Revisão número dois.

Sumário

AGRADECIMENTOS v

PREFÁCIO vii

CURRÍCULO RESUMIDO DOS PROFESSORES ix

LISTA DE ABREVIATURAS E SIGLAS x

CAPÍTULO I – ORIGEM E CONCEITOS

1.1. Origem da auditoria 1

1.2. Surgimento da auditoria no Brasil 2

1.3. Conceitos 4

1.4. Objetivo geral da auditoria 5

1.5. Objetivos gerais do auditor 5

1.6. Exercícios – Origens e conceitos 7

CAPÍTULO II – NORMAS E PROCEDIMENTOS DO AUDITOR

2.1. Introdução 12

2.2. Regulamentação profissional 12

2.3. Aplicação geral aos profissionais de contabilidade 13

2.4. Regulamentação técnica e profissional do auditor independente 15

2.5. Exercícios – Normas e procedimentos do auditor 19

CAPÍTULO III – NORMAS DE AUDITORIA

3.1. Introdução 29

3.2. Aplicação das normas 29

3.3. Importância das normas de auditoria 30

3.4. Normas Brasileiras de Contabilidade Técnicas 30

3.5. Interpretação técnica e comunicado técnico 31

3.6. Exercícios – Normas de auditoria 38

CAPÍTULO IV – TIPOS DE AUDITORIA

4.1. Introdução 41

4.2. Classificação da auditoria 41

4.3. Principais características da auditoria externa x interna 46

4.4. Exercícios – Tipos de auditoria 49

xii | AUDITORIA CONTÁBIL

CAPÍTULO V – PLANEJAMENTO DE AUDITORIA
5.1. Introdução 65
5.2. Fases do planejamento 66
5.3. Materialidade 74
5.4. Planejamento da primeira auditoria 74
5.5. Exercícios – Planejamento de auditoria 77

CAPÍTULO VI – RISCOS DE AUDITORIA
6.1. Introdução 93
6.2. Risco de distorção relevante 93
6.3. Risco de detecção 95
6.4. Determinação do risco de auditoria 95
6.5. Limitação inerente da auditoria 96
6.6. Fraude X Erro 97
6.7. Exercícios – Riscos de auditoria 98

CAPÍTULO VII – CONTROLES INTERNOS
7.1. Introdução 110
7.2. Princípios de controles internos 111
7.3. Componente do controle interno 112
7.4. Planejamento e controle do risco 115
7.5. Relevância dos controles internos 115
7.6. Levantamento do sistema de controle interno 116
7.7. Distorções e deficiência no controle interno 116
7.8. Limitações do controle interno 117
7.9. Desfalques temporários e permanentes 118
7.10. Exercícios – Controles Internos 119

CAPÍTULO VIII – AMOSTRAGEM
8.1. Introdução 131
8.2. Tipos de amostragens 132
8.3. Métodos de seleção da amostra 132
8.4. Tamanho da amostra 133
8.5. Risco de amostragem 134
8.6. Determinação do tamanho da amostra nos testes de controle e de detalhes ... 139
8.7. Exercícios – Amostragem 141

SUMÁRIO | xiii

CAPÍTULO IX – PROCEDIMENTOS TÉCNICOS DE AUDITORIA

9.1. Introdução 154

9.2. Avaliação das informações obtidas na empresa 154

9.3. Tipos de procedimentos 154

9.4. Uso da evidência de auditoria obtida em auditoria anterior 163

9.5. Modelos de carta de circularização 165

9.6. Exercícios - Procedimentos técnicos de auditoria 172

CAPÍTULO X – TESTES NOS DEMONSTRATIVOS CONTÁBEIS

10.1. Introdução 187

10.2. Direcionamento dos testes 187

10.3. Aplicação dos procedimentos técnicos de auditoria 189

10.4. Orientação para aplicação dos testes nas contas do ativo e passivo 190

10.5. Testes nas contas do ativo 190

10.6. Testes nas contas do passivo 199

10.7. Testes nas contas de resultado 205

10.8. Exercícios – Testes nos demonstrativos contábeis 209

CAPÍTULO XI – DOCUMENTAÇÃO DA AUDITORIA

11.1. Introdução 224

11.2. Preparação da documentação do auditor 225

11.3. Tipos de documentações 225

11.4. Procedimentos de auditoria executados e da evidência de auditoria obtida 226

11.5. Natureza dos documentos do auditor 227

11.6. Propriedade dos documentos 227

11.7. Montagem do arquivo e período de guarda dos documentos do auditor 228

11.8. Exercícios – Documentação da auditoria 228

CAPÍTULO XII – ESTIMATIVAS CONTÁBEIS

12.1. Introdução 238

12.2. Estimativas a valor justo 238

12.3. Estimativas que não envolvam valor justo 240

12.4. Incerteza de estimativa 240

12.5. Exercícios – Estimativas contábeis 241

xiv | AUDITORIA CONTÁBIL

CAPÍTULO XIII – CONTINUIDADE NORMAL DAS ATIVIDADES DA ENTIDADE

13.1. Introdução 246

13.2. Responsabilidade pela avaliação da capacidade da entidade
pela administração 246

13.3. Responsabilidade pela avaliação da capacidade da entidade pela auditoria 247

13.4. Evidência de normalidade 247

13.5. Indicadores financeiros 248

13.6. Indicadores de operação 249

13.7. Outras indicações 249

13.8. Atraso significativo na aprovação das demonstrações contábeis 249

13.9. Conclusão quanto às incertezas 250

13.10. Exercícios – Continuidade normal das atividades da entidade 251

CAPÍTULO XIV – TRANSAÇÕES E EVENTOS SUBSEQUENTES

14.1. Introdução 258

14.2. Eventos subsequentes à data dos demonstrativos contábeis
que originaram seus ajustes 258

14.3. Evento subsequente ao período contábil a que se referem às demonstrações contábeis que não originam ajustes 259

14.4. Responsabilidade do auditor 260

14.5. Reconhecimento e mensuração dos responsáveis pela governança 260

14.6. Data de aprovação das demonstrações contábeis 260

14.7. Eventos ocorridos entre a data do término do exercício social e a data da
emissão do relatório dos auditores independentes sobre as demonstrações
contábeis 261

14.8. Eventos ocorridos depois da emissão do relatório de auditoria, mas antes
da data de divulgação das demonstrações contábeis 263

14.9. Eventos ocorridos após a divulgação das demonstrações contábeis 265

14.10. Exercícios – Transações e eventos subsequentes 267

CAPÍTULO XV – REPRESENTAÇÃO FORMAL

15.1. Introdução 275

15.2. Responsabilidade da administração na elaboração da representação formal .. 275

15.3. Recusa na emissão das informações necessárias para o auditor 276

15.4. Período de abrangência das representações formais 277

15.5. Forma da representação formal 277

15.6. Modelo de representação formal 277

15.7. Exercícios – Representação formal 288

SUMÁRIO | xv

CAPÍTULO XVI – RELATÓRIO DOS AUDITORES INDEPENDENTES SOBRE AS DEMONSTRAÇÕES CONTÁBEIS

16.1 Introdução 293

16.2. Novo modelo padrão 294

16.3. Relatório dos auditores independentes sobre as demonstrações contábeis - sem ressalvas 296

16.4. Relatório dos auditores independentes sobre as demonstrações contábeis - opinião modificada (com ressalvas) 302

16.5. Relatório dos auditores independentes sobre as demonstrações contábeis - opinião modificada (adverso) 308

16.6. Relatório dos auditores independentes sobre as demonstrações contábeis - modificada (com abstenção/negativa de opinião) 314

16.7. Parágrafo de ênfase 319

16.8. Responsabilidade pela utilização do trabalho do auditor interno e/ou especialistas 325

16.9. Exercícios – Relatório dos auditores independentes sobre as demonstrações contábeis 326

CAPÍTULO XVII – TRABALHO DE ASSEGURAÇÃO

17.1. Introdução 349

17.2. Estrutura conceitual de trabalhos de asseguração 350

17.3. Elementos de um trabalho de asseguração 351

17.4. O objetivo da NBC TO 3000 355

17.5. Adequação dos critérios de avaliação 356

17.6. Trabalho de especialista 356

17.7. Perda de independência 356

17.8. Link de modelos de trabalhos de asseguração 356

17.9. Exercícios – Trabalho de asseguração 357

REFERÊNCIAS 361

GABARITOS 367

CAPÍTULO I – ORIGEM E CONCEITOS

1.1. Origem da auditoria

Segundo Sandroni (1994), em 200 a.C., na República Romana, as contas governamentais eram apresentadas na forma de lucros e perdas e eram constantemente fiscalizadas pelos magistrados romanos encarregados das finanças, os quais eram denominados *questores.*

Esses magistrados eram responsáveis por verificar se os impostos devidos a Roma eram adequadamente cobrados e recolhidos pelos governadores das regiões conquistadas, como bem retrata Uderzo, na revista *Asterix e os Helvéticos,* cuja leitura ora se recomenda. Ao contrário da contabilidade, que tem no frade matemático Luca Paccioli o seu ícone, a história da auditoria se perdeu no tempo, e o nome do primeiro auditor talvez permaneça para sempre ignorado.

Com efeito, uma atividade similar à auditoria foi realizada durante o Império Romano, já que era comum os imperadores atribuírem aos encarregados a inspecionarem a contabilidade das diversas províncias. As cartas de Plínio a Trajano relata sobre inspeções contábeis nas colônias, como lembra Cherman (2004). Todavia, a atividade auditorial nos moldes que se conhece nos dias atuais teve seu início na Inglaterra, nos idos do século XVIII, em decorrência da Revolução Industrial.

Era necessário auditar as novas corporações que substituíam a produção artesanal. Assim, a auditoria desenvolve-se na Inglaterra e foi difundida para outros países, principalmente no Canadá e nos Estados Unidos, que, devido ao desenvolvimento econômico, determinou a evolução da auditoria, como consequência do crescimento das empresas, do aumento de sua complexidade e do envolvimento do interesse da economia popular nos grandes empreendimentos.

As análises de auditoria, que anteriormente eram minuciosas, pois examinavam detalhadamente cada lançamento contábil, acarretando um elevado custo e um retardamento excessivo na emissão de uma opinião sobre os demonstrativos trazendo assim, inúmeros prejuízos para administração, como igualmente para os investidores.

Contudo, os doutrinadores chegaram à conclusão que a melhor maneira de detectarem fraudes e erros, mais rapidamente, seria através

2 | AUDITORIA CONTÁBIL

de um adequado sistema de controle interno, a fim de: evitar, detectar e corrigir distorções ocorridas na entidade.

Sendo assim, a função do auditor mudou, passando da busca de erros e confirmação da exatidão dos demonstrativos, para o exame do sistema e testes de evidências, de modo que se pudesse emitir um relatório sobre a fidedignidade das demonstrações contábeis (DCs).

Mas a real necessidade da auditoria somente se manifestou a partir da institucionalização do investidor capitalista, que passou a exigir relatórios imparciais sobre a integridade de seu investimento e dos resultados econômicos do empreendimento.

Com o constante aumento desse patrimônio ou mesmo o aparecimento de novas fontes de riqueza, o proprietário deixa de fazer o acompanhamento pessoal do seu patrimônio por permanecer durante muito tempo longe dos seus bens, surgindo à necessidade de sua guarda ser realizada por terceiros, estabelecendo-se uma relação de *accountability* envolvendo delegação de responsabilidade pelo proprietário para implantação de controles, de forma que, mesmo distante, possa acompanhar e certificar-se do fiel cumprimento de suas determinações tempestivas.

Mas as informações sobre o patrimônio apresentadas em relatórios eram de fato adequadas e fidedignas?

Com o surgimento dessa dúvida, tornou-se imperioso que o proprietário atribuísse outra responsabilidade a um agente, independente da relação proprietário-responsável, que teria a incumbência de emitir uma opinião sobre a adequação das informações apresentadas ao proprietário pelo responsável da guarda do patrimônio. Esse agente independente, então, seria o auditor contábil.

1.2. Surgimento da auditoria no Brasil

No Brasil, as histórias mais antigas da auditoria, vem da colonização dos portugueses, com o objetivo de exploração, mais isso requeria em organizar a economia de tal forma que a produção em grande quantidade para exportação, gerasse ganho para a metrópole, logo a necessidade de um controle rígido nas finanças e esse papel foi desempenhado por um profissional de conhecimento técnico. O Ibracon – Instituto dos Auditores Independentes do Brasil lançou o livro Auditoria – Registros de uma Profissão, a obra foi considerada uma "inesquecível viagem pelo tempo, desde seus primórdios até o século XXI".

Na organização do império no Brasil, o auditor ou ouvidor tinha a função de ser o elo entre o governo e população.

Já no início do século XX, a extinta firma de auditoria Arthur Andersen S/C, e a atualmente denominada Price Waterhouse Coopers já mantinham estabelecimentos no Rio de Janeiro, com outras denominações desde 1909 e 1915 respectivamente, Jund (2002).

No início da década de 50, no segundo governo Vargas, houve um forte crescimento econômico nos Estados Unidos, trazendo inúmeros benefícios para nossa economia, como o crescimento da expansão do crédito para fomentar a economia do país. No setor industrial, houve uma alavancagem significativa no setor de energia e transportes para tentar eliminar os gargalos de infraestrutura, nesta mesma década houve a criação de grandes empresas como BNDES e Petrobras.

Neste ambiente surgiram os primeiros institutos congregando a categoria dos auditores. O pioneiro foi o Instituto dos Contadores Públicos de São Paulo (ICPSP) criado em março de 1957, que se transformaria depois no Instituto dos Contadores Públicos do Brasil (ICPB). Logo em seguida, em novembro de 1960, foi criado o Instituto dos Auditores Internos do Brasil (Audibra) que é uma entidade civil, sem fins lucrativos, de pessoas físicas que atuam em atividades de Auditoria Interna, oficializando de vez a carreira do auditor no país. Já em julho de 1965, através da lei nº. 4.728 (disciplinou o mercado de capitais), foi estabelecido a obrigatoriedade da prática da auditoria no Brasil.

Em janeiro de 1968 surgiu o Instituto Brasileiro dos Auditores Independentes, o (IBAI). Ambos representavam a categoria e não podem ser dissociados da história do Instituto dos Auditores Independentes do Brasil (Ibracon), foi fundado em dezembro de 1971 – e na época era representado pela sigla IAIB. O IAIB deu continuidade às tradições dessas duas entidades. Em maio de 1979, o Banco Central do Brasil (BACEN) emitiu uma circular que regulamentou as regras gerais de auditoria.

A transformação para a sigla Ibracon aconteceu em julho de 1982 quando o Instituto decidiu após assembleia abrir o quadro associativo para contadores das várias áreas de atuação. Então passou a ser denominado Instituto Brasileiro de Contadores.

Anos mais tarde, em junho de 2001, a Diretoria Nacional aprovou a ideia de voltar a acentuar a característica de cuidar da classe dos auditores, porém como o nome Ibracon já estava consolidado, tanto

4 | AUDITORIA CONTÁBIL

no meio profissional como nos setores públicos e empresariais, optou--se por mantê-lo mudando a denominação para Instituto dos Auditores Independentes do Brasil, como está atualmente, com abrangência de auditores, contadores e estudantes.

Hoje o Ibracon é constituído sob a forma de pessoa jurídica de direito privado, sem fins econômicos e na forma federativa, cuja finalidade é congregar, associativamente, aos contadores que exercem a atividade de auditoria independentes, regendo-se por estatuto próprio e, no que for aplicável, pelas leis vigentes.

No Brasil, a auditoria é uma profissão regulamentada pelo Conselho Federal de Contabilidade (CFC) que determina que o exercício da auditoria independente seja privativo de bacharéis em contabilidade com registro no Conselho Regional de Contabilidade (CRC).

1.3. Conceitos

Preliminarmente é importante ressaltar que os conceitos apresentados neste livro enfatizam a auditoria contábil, seja o contador na função do auditor interno ou externo. Pelo fato das normas de auditoria independente serem mais abrangente, estas serão utilizadas como embasamento neste livro. Assim sendo, auditoria é em um exame cauteloso e sistemático das atividades desenvolvidas em determinada empresa ou departamento, cujo objetivo é averiguar se elas estão de acordo com as disposições planejadas e/ou procedimentos, operações e rotinas previamente estabelecidas, foram implementadas com eficácia, e se estão adequadas (em conformidade) com os demonstrativos contábeis da entidade, conforme o tipo de auditoria.

Etimologicamente, a palavra auditoria origina-se do Latim *audire* (ouvir) e foi utilizada inicialmente pelos ingleses (*auditing*) para significar o conjunto de procedimentos técnicos para a revisão da contabilidade. Nesse sentido, auditoria vem contribuindo consideravelmente para as organizações, pois oferece maior credibilidade nas demonstrações contábeis, eficácia dos controles, integridade e confiabilidade dos sistemas estabelecidos.

Serve, inclusive, para assegurar a observância das políticas, metas, planos, procedimentos, leis, normas e regulamentos, assim como, da sua efetiva utilização permitindo que investidores, acionistas e todos os agentes de mercado reconheçam maior solidez ao ambiente de negócios.

1.4. Objetivo geral da auditoria

O objetivo da auditoria é examinar as demonstrações contábeis em todos os aspectos relevantes, de forma a apresentar adequadamente a situação financeira, patrimonial da empresa, conduzida em conformidade com as normas de auditoria e exigências éticas, aumentando o grau de confiança dos usuários.

Isso é alcançado mediante a expressão de uma opinião pelo auditor sobre as demonstrações contábeis que foram elaboradas, em todos os aspectos relevantes, em conformidade com uma estrutura de relatório financeiro aplicável.

1.5. Objetivos gerais do auditor

De acordo com Normas Brasileiras de Contabilidade Técnicas de Auditoria - NBC TA nº 200 (R1) que trata dos objetivos gerais do auditor, especifica no item 11 que o auditor necessita obter segurança razoável de que as demonstrações contábeis como um todo estão livres de distorção relevante, apresentando ao término da auditoria um relatório sobre as demonstrações contábeis, comunicando-se com os usuários.

Entretanto, caso não seja possível obter segurança razoável e a opinião com ressalva no relatório do auditor for insuficiente nas circunstâncias para atender aos usuários previstos das demonstrações contábeis, as NBCs TA requerem que o auditor se abstenha de emitir sua opinião ou renuncie ao trabalho, quando a renúncia for possível de acordo com lei ou regulamentação aplicável.

A renúncia ao trabalho ocorre quando a entidade não toma as medidas corretivas relacionadas com fraude e erro relevante para as demonstrações contábeis. Entre os fatores possíveis que se enquadram nestas circunstâncias, podemos citar o envolvimento dos responsáveis pela governança da companhia que podem abalar a confiabilidade das informações da administração da entidade auditada, impactando a continuidade de seu vínculo profissional com a companhia.

Sendo assim, a auditoria não deve ser interpretada como um instrumento único para avaliação de gestão das empresas e sim uma ferramenta essencial para controle da administração. Abaixo inserimos um fluxograma do processo de auditoria informando as atribuições de cada agente (administração e auditoria).

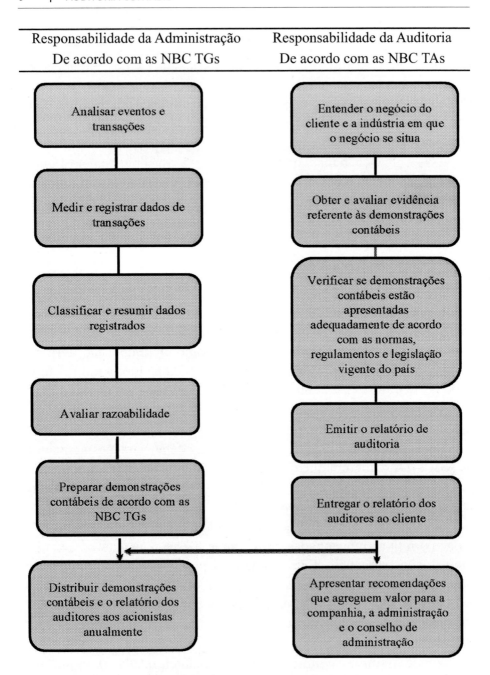

Figura 1–Relação de responsabilidade entre Administração e Auditoria
Fonte: Adaptado de Boynton (2002).

CAPÍTULO I – ORIGEM E CONCEITOS | 7

Após a conclusão da fundamentação dos fatos, a próxima etapa é verificarmos através dos exercícios complementares e de questões de concursos públicos pra o entendimento do capítulo.

1.6. Exercícios – Origens e conceitos

1. **(QUESTÃO ADAPTADA PELOS AUTORES)** - No que diz respeito à finalidade da auditoria, a NBTC TA 200, publicada no final do ano de 2009, com eficácia para os exercícios iniciados a partir de 01/02/2010, explicita que:

    (A) o objetivo da auditoria é aumentar o grau de confiança nas demonstrações contábeis por parte dos usuários. Isso é alcançado mediante a expressão de uma opinião pelo auditor sobre se as demonstrações contábeis foram elaboradas, em todos os aspectos relevantes, em conformidade com uma estrutura de relatório financeiro aplicável.

    (B) as fraudes e erros, diferentemente do que acontecia até 2009, a partir de 2010 precisam ser comunicadas aos órgãos fiscalizadores.

    (C) a auditoria de demonstrações passa a ter como finalidade precípua a descoberta de fraudes.

    (D) a auditoria de demonstrações pode ser executada em conjunto com serviços de consultoria, desde que essa informação seja divulgada e haja comunicação à Comissão de Valores Mobiliários – CVM.

    (E) as fraudes e erros, antes mesmo de 2009, já precisavam ser comunicadas aos órgãos fiscalizadores.

2. **(QUESTÃO ADAPTADA PELOS AUTORES)** - Assinale a alternativa que apresenta, corretamente, o objetivo da Auditoria Independente:

    (A) aumentar o grau de confiança nas demonstrações contábeis por parte dos usuários.

    (B) verificar a possibilidade de ocorrência de fraudes ou erros na entidade auditada.

    (C) aprimorar o sistema de controles internos da entidade auditada.

    (D) contribuir para a redução da ineficiência e da negligência operacional.

    (E) resguardar créditos de terceiros contra possíveis fraudes.

8 | AUDITORIA CONTÁBIL

3. **(Contador – CFC 2012 – QUESTÃO 29)** - Conforme a NBC TA 200, que trata dos Objetivos Gerais do Auditor Independente e a Condução da Auditoria em Conformidade com as Normas de Auditoria, são objetivos gerais do auditor obter segurança razoável de que as demonstrações contábeis como um todo estão livres de distorções relevantes e apresentar o relatório sobre as demonstrações contábeis, comunicando-se como exigido pelas NBC TAs. Entretanto, quando não for possível obter segurança razoável e a opinião com ressalva no relatório do auditor for insuficiente para atender aos usuários previstos das demonstrações contábeis, as NBC TAs requerem que o auditor:

    (A) reformule os objetivos do trabalho.

    (B) ajuste a estratégia de auditoria e modifique sua opinião.

    (C) abstenha de emitir sua opinião ou renuncie ao trabalho.

    (D) ajuste a estratégia de auditoria e não modifique sua opinião.

4. **(Auditor – Prefeitura Municipal de Lagarto SE 2011 – QUESTÃO 27)** - Assinale a alternativa que apresente o objetivo da auditoria contábil.

    (A) Apurar corretamente a demonstração do resultado de exercício.

    (B) Elaborar e avaliar os registros contábeis da empresa.

    (C) Efetuar a conferência física dos elementos do ativo.

    (D) Elaborar os demonstrativos contábeis da empresa.

    (E) Confirmar os registros e demonstrações contábeis.

5. **(Auditor – UFSC 2011 – QUESTÃO 26)** - Em relação aos entendimentos sobre a auditoria, assinale a alternativa CORRETA.

    (A) Em uma entidade pública ou privada, onde há produtos sendo fabricados ou comercializados, processos sendo executados e práticas gerenciais sendo exercidas, a auditoria não pode ser realizada. Para a auditoria ser realizada é preciso haver registros contábeis.

    (B) As técnicas de auditoria aplicadas em entidades públicas são diferentes das técnicas de auditoria aplicadas nas entidades do setor privado.

CAPÍTULO I – ORIGEM E CONCEITOS | 9

(C) Na área pública não há necessidade de realizar o planejamento da auditoria antes de iniciar os trabalhos de campo.

(D) A auditoria pública determina quais lançamentos contábeis e operacionais a entidade pública deve executar.

(E) Em uma entidade pública ou privada, que tem produtos sendo fabricados ou comercializados, processos sendo executados e práticas gerenciais sendo exercidas, a auditoria pode ser realizada.

6. **(Auditor – SEFAZ RJ 2011 – QUESTÃO 92)** - Consoante o Conselho Federal de Contabilidade (CFC), assinale a alternativa correta.

(A) O objetivo da auditoria é aumentar o grau de confiança nas demonstrações contábeis por parte dos usuários. Isso é alcançado mediante a expressão de uma opinião pelo auditor sobre se as demonstrações contábeis foram elaboradas, em todos os aspectos relevantes, em conformidade com uma estrutura de relatório financeiro aplicável.

(B) A auditoria de demonstrações contábeis pode ser exercida por técnicos de contabilidade (sem graduação na área), desde que tenham mais de 5 anos de experiência, devidamente comprovada.

(C) Se, porventura, o auditor julgar-se incompetente para realizar um serviço de auditoria de demonstrações contábeis, pode ele recomendar um auditor capacitado. Nesse caso, ao cobrar alguma remuneração pela indicação, não estará infringindo nenhuma norma, desde que o profissional indicado seja capaz e esteja regular perante o Conselho Regional de Contabilidade.

(D) Ao descobrir um erro ou fraude, o relatório do auditores independentes do auditor deverá, necessariamente, conter, pelo menos, uma ressalva (relatório do auditores independentes com ressalva).

(E) Ao descobrir um erro ou fraude, o relatório do auditores independentes do auditor deverá, necessariamente, ser emitido na modalidade "adverso".

10 | AUDITORIA CONTÁBIL

7. **(Auditor – SEFAZ SC 2010 – QUESTÃO 52)** - Assinale a alternativa que completa corretamente a frase abaixo sobre o objetivo da auditoria das demonstrações contábeis:

O objetivo da auditoria é...

(A) atender às exigências emanadas do conselho de administração da entidade.

(B) verificar se as demonstrações contábeis atendem aos requisitos da SOX.

(C) aumentar o grau de confiança nas demonstrações contábeis por parte dos usuários.

(D) formular uma opinião a respeito de os controles internos atenderem à metodologia COSO.

(E) formular uma opinião a respeito de as demonstrações contábeis terem sido elaboradas conforme os princípios contábeis definidos pelo IFAC.

8. **(Auditor – AFR Angra dos Reis 2010 – QUESTÃO 76)** - No que diz respeito à finalidade da auditoria, a NBC TA 200, publicada no final do ano de 2009, com eficácia para os exercícios iniciados a partir de 01/01/10, explicita que

(A) o objetivo da auditoria é aumentar o grau de confiança nas demonstrações contábeis por parte dos usuários. Isso é alcançado mediante a expressão de uma opinião pelo auditor sobre se as demonstrações contábeis foram elaboradas, em todos os aspectos relevantes, em conformidade com uma estrutura de relatório financeiro aplicável.

(B) as fraudes e erros, diferentemente do que acontecia até 2009, a partir de 2010 precisam ser comunicadas aos órgãos fiscalizadores.

(C) a auditoria de demonstrações contábeis passa a ter como finalidade precípua a descoberta de fraudes.

(D) a auditoria de demonstrações pode ser executada em conjunto com serviços de consultoria, desde que essa informação seja divulgada e haja comunicação à Comissão de Valores Mobiliários – CVM.

(E) o controle interno não é mais significativo para o auditor, uma vez que, com a revogação da Resolução que tratava da amostragem, a partir de 2010 o auditor deve validar 100% dos registros da entidade auditada.

9. **(DESENVOLVESP – Contador – VUNESP 2014 – QUESTÃO 18)** - O objetivo geral de uma auditoria independente é:

(A) apresentar as demonstrações contábeis de acordo com as normas contábeis do país.

(B) determinar bases sólidas de consolidação das demonstrações contábeis.

(C) assegurar que os controles internos possam produzir informações confiáveis.

(D) informar a alta administração quanto aos princípios contábeis utilizados em suas demonstrações.

(E) aumentar o grau de confiança nas demonstrações contábeis por parte dos usuários.

CAPÍTULO II – NORMAS E PROCEDIMENTOS DO AUDITOR

2.1. Introdução

A norma técnica é um documento estabelecido por consenso, aprovado por um organismo reconhecido (classe profissional) que fornece regras, diretrizes ou características para atividades ou para seus resultados, visando à obtenção de um grau ótimo de ordenação no seu contexto. Norma técnica é considerada útil se for a solução de um problema de coordenação, emerge das situações nas quais todas as partes podem realizar ganhos mútuos.

Elas estabelecem requisitos de qualidade, de desempenho, de segurança (seja no fornecimento de algo, no seu uso ou mesmo na sua destinação final), também estabelecem procedimentos, padronizam formas, dimensões, tipos, usos e fixa classificações ou terminologias e glossários, definindo a maneira de medir ou determinar as características, como os métodos de ensaio.

O auditor Contábil é o profissional com registro ativo no CRC e que dispões de conhecimentos técnicos na área contábil, financeira e patrimonial, que tem como função averiguar ou detectar falhas nos sistema de controle, e tem como objetivo auxiliar com informações o processo de tomada de decisão, de forma independente.

O auditor pode ser classificado nas categorias independente; externo ou interno, podendo realizar trabalhos específicos para controle interno das empresas, usuários externos à empresa e auxiliar no papel fiscalizador do governo.

2.2. Regulamentação profissional

A prática de auditoria contábil, seja ela interna ou externa, é de exercício exclusivo contador. Para o exame de demonstrações contábeis de empresas de capital aberto, é necessário também o registro do profissional na Comissão de Valores Mobiliários — CVM, além do registro no Conselho Regional de Contabilidade - CRC.

No código de ética, estabelece a conduta do profissional de contabilidade no desempenho das funções do auditor. A resolução CFC N° 803/96, alterada pela Resolução CFC n° 1.307/10, de 09/12/2010, no

CAPÍTULO II – NORMAS E PROCEDIMENTOS DO AUDITOR | 13

artigo 5º menciona que o contador, quando perito, assistente técnico, auditor ou árbitro, deverá:

I. recusar sua indicação quando reconheça não se achar capacitado em face da especialização requerida;

II. abster-se de interpretações tendenciosas sobre a matéria que constitui objeto de perícia, mantendo absoluta independência moral e técnica na elaboração do respectivo laudo;

III. abster-se de expender argumentos ou dar a conhecer sua convicção pessoal sobre os direitos de quaisquer das partes interessadas, ou da justiça da causa em que estiver servindo, mantendo seu laudo no âmbito técnico e limitado aos quesitos propostos;

IV. considerar com imparcialidade o pensamento exposto em laudo submetido à sua apreciação;

V. mencionar obrigatoriamente fatos que conheça e repute em condições de exercer efeito sobre peças contábeis objeto de seu trabalho, respeitado o disposto no inciso II do art. 2º;

VI. abster-se de dar parecer ou emitir opinião sem estar suficientemente informado e munido de documentos;

VII. assinalar equívocos ou divergências que encontrar no que concerne à aplicação dos Princípios de Contabilidade e Normas Brasileiras de Contabilidade editadas pelo CFC;

VIII. considerar-se impedido para emitir parecer ou elaborar laudos sobre peças contábeis, observando as restrições contidas nas Normas Brasileiras de Contabilidade Técnica.

2.3. Aplicação geral aos profissionais de contabilidade

A NBC PG 100 que traz uma característica da profissão contábil que é a aceitação da responsabilidade de agir no interesse público. E não somente a satisfação das necessidades do contratante.

Com isso a aplicação da norma traz a luz dos fatos a estrutura conceitual dos princípios que irão conduzir a conduta do profissional, são eles:

(a) **Princípios éticos** - O profissional deve ser franco e honesto em todos os relacionamentos profissionais e comerciais, não permitir o desvio de comportamento, conflito de interesse ou influência indevida, que afetem o julgamento profissional ou de negócio.

Ao assegurar que clientes e/ou empregador recebam serviços profissionais competentes com base em desenvolvimentos atuais da prática, legislação e técnicas, o profissional está agindo de acordo com as normas técnicas e profissionais aplicáveis. É importante que, nenhuma informação seja divulgada sem a anuência da empresa.

A abordagem da estrutura conceitual auxilia o profissional da área contábil no cumprimento das exigências éticas desta norma e da responsabilidade de agir no interesse público.

Entretanto quando o profissional identificar ameaças ao cumprimento dos princípios éticos e, com base na avaliação dessas ameaças, concluir que elas não estão em nível aceitável, logo deve-se avaliar as ameaças e reduzi-las a um nível aceitável. Ao fazer essa avaliação, o profissional deve efetuar julgamento profissional e levar em consideração se um terceiro com experiência, conhecimento e bom senso concluiria, que as ameaças seriam eliminadas ou reduzidas a um nível aceitável.

Caso as ameaças não possam ser eliminadas ou reduzidas a um nível aceitável, seja porque a ameaça é significativa, seja porque as salvaguardas adequadas não estão disponíveis ou não podem ser aplicadas. Nessas situações, o profissional deve declinar ou descontinuar o serviço profissional específico envolvido, ou, se necessário, renunciar ao trabalho.

(b) **Integridade** - Impõe a todos os profissionais da área contábil a obrigação de serem diretos e honestos em todos os relacionamentos profissionais e comerciais, com negociação justa.

(c) **Objetividade** - Estabelece que todos os profissionais da contabilidade tem a obrigação de não se comprometer em seu julgamento profissional ou do negócio, decorrente de comportamento tendencioso, conflito de interesse ou influência indevida.

(d) **Competência e zelo profissionais** – Determina que todos os profissionais da área contábil, mantenha o conhecimento e a habilidade profissionais no nível necessário para que clientes ou empregadores recebam serviço profissional adequado e aja de acordo com as normas técnicas e profissionais.

(e) **Sigilo profissional** - Impõe a todos os profissionais da contabilidade a obrigação de abster-se de divulgar informações sigilosas obtidas em decorrência de relacionamentos profissionais e comerciais, sem autorização do cliente e utilizar informações obtidas em decorrência de relacionamentos profissionais e comerciais para obtenção de vantagem pessoal.

(f) **Comportamento profissional** - Determina que o profissionais devem cumprir as leis e os regulamentos pertinentes.

Sendo assim, na próxima seção abordaremos todos os assuntos pertinente a regulamentação técnica do auditor independente para o exercício da profissão.

2.4. Regulamentação técnica e profissional do auditor independente

O CFC emitiu a Resolução nº56/09, que dispõe sobre a Estrutura das Normas Brasileiras de Contabilidade com o objetivo de seguir os mesmos padrões de elaboração e estilo utilizados nas normas internacionais.

Para atendimento desse padrão internacional foram criadas as NBCs que são as Normas Brasileiras de Auditoria, definidas como regras ditadas pelos órgãos reguladores da profissão contábil do Brasil e tem por objetivo a regulação da profissão e das atividades, bem como, estabelecer diretrizes a serem seguidas pelos profissionais no desenvolvimento de seus trabalhos.

As normas atualmente, em vigor no Brasil, são emitidas em conjunto pelo CFC, Ibracon, BACEN (Banco Central do Brasil), a CVM (Comissão de Valores Mobiliários) e a SUSEP (Superintendência de Seguros Privados).

Na instrução CVM 308/99 que dispõe sobre o registro e o exercício da atividade de auditoria independente no âmbito do mercado de valores mobiliários, menciona que é prerrogativa do contador regulamentado pelo Conselho Regional de Contabilidade e que tenham sido aprovado no Exame de Qualificação Técnica - EQT, instituído pelo CFC, conforme menciona o artigo 30 da instrução em epígrafe.

Além disso, o auditor deverá atender o artigo 3, trata sobre o registro na categoria de auditor independente - Pessoa Física, devendo atender às seguintes condições:

16 | AUDITORIA CONTÁBIL

I - estar registrado em Conselho Regional de Contabilidade, na categoria de contador;

II - haver exercido atividade de auditoria de demonstrações contábeis, dentro do território nacional, por período não inferior a cinco anos, consecutivos ou não, contados a partir da data do registro no conselho, na categoria de contador, nos termos do art. 7º;

III - estar exercendo atividade de auditoria independente, mantendo escritório profissional legalizado, em nome próprio, com instalações compatíveis com o exercício da atividade, em condições que garantam a guarda, a segurança e o sigilo dos documentos e informações decorrentes dessa atividade, bem como a privacidade no relacionamento com seus clientes;

IV - possuir conhecimento permanentemente atualizado sobre o ramo de atividade, os negócios e às práticas contábeis e operacionais de seus clientes, bem como possuir estrutura operacional adequada ao seu número e porte; e

V - ter sido aprovado em exame de qualificação técnica previsto no art. 30.

Quando a comprovação da atividade de auditoria, o artigo 7º menciona que para o exercício da atividade de auditoria poderá ser comprovado mediante a apresentação dos seguintes documentos:

I - cópias de pareceres de auditoria acompanhados das demonstrações contábeis auditadas, emitidos e assinados pelo interessado, publicados em jornais ou revistas especializadas, bastando uma publicação para cada ano; ou

II - cópia do registro individual de empregado ou declaração da sociedade de auditoria registrada na CVM, firmada por seu sócio representante, e cópia da carteira de trabalho do profissional, observado o disposto nos §§ 2º e 3º deste artigo.

§1º A critério da CVM, a comprovação de experiência em trabalhos de auditoria de demonstrações contábeis poderá ser satisfeita, ainda, mediante a apresentação de:.

a) cópias de pareceres de auditoria e respectivos relatórios circunstanciados, emitidos e assinados pelo interessado, acompanhados das respectivas demonstrações contábeis, autenti-

CAPÍTULO II – NORMAS E PROCEDIMENTOS DO AUDITOR | 17

cados pela entidade auditada, contendo expressa autorização para que tais documentos sejam apresentados à CVM, com a finalidade de comprovação da atividade de auditoria do interessado, bastando uma comprovação para cada ano; ou

b) declaração de entidade governamental, companhia aberta ou empresa reconhecida de grande porte, firmada por seu representante legal, na qual deverão constar todas as informações pertinentes ao vínculo de emprego, atestando haver o mesmo exercido cargo ou função de auditoria de demonstrações contábeis.

§2º Nos casos previstos no inciso II e na letra "b" do § 1º deste artigo, deverá ser comprovado o exercício, pelo prazo mínimo de dois anos, em cargo de direção, chefia ou supervisão na área de auditoria de demonstrações contábeis, a partir da data do registro na categoria de contador.

§3º A comprovação de atendimento do disposto neste artigo poderá ser feita por períodos parciais, consecutivos ou não, desde que o somatório do período de exercício de atividade não seja inferior a cinco anos.

É importante ressaltar que está instrução foi modificada e acrescida pelos artigos 31-A, 31-B, 31-C, 31-D, 31-E e 31-F da instrução CVM 509/11, que trata da rotatividade dos auditores para prestação de serviços ao mesmo cliente, na qual é comentada neste livro no capítulo IV na seção 2.2.5.

No âmbito internacional, a Federação Internacional de Contadores (IFAC) também emite pronunciamentos através da Comissão de Normas Internacionais de Auditoria, as quais contém orientações aos países-membros daquele órgão.

O contador no exercício da atividade de auditoria está sujeito às diversas normas. A confiança do usuário nas informações contábeis é considerada, se na produção destas, todas as normas foram atendidas. Sendo assim, o profissional quando atender a todos os requisitos determinados nas normas fará refletir no seu trabalho a qualidade e a medida certa que a informação requer.

No quadro abaixo, apresentamos as seguintes normas a serem observadas pelos profissionais de auditorias independentes que definem as características pessoais e estabelecem preceitos de conduta para o exercício profissional. Vejamos:

18 | AUDITORIA CONTÁBIL

NBC	Antiga Numeração	Resolução CFC	Nome da Norma	CORRELAÇÃO	
				IFAC	IBRACON
NBC PA 01	-	1.201/09	Controle de Qualidade para Firmas (Pessoas Jurídicas e Físicas) de Auditores Independentes	ISQC 1	não há
NBC PA 290 (R1)	-	DOU 28/05/14	Independência – Trabalhos de Auditoria e Revisão	CODE 290	não há
NBC PA 291 (R1)	-	DOU 28/05/14	Independência – Outros Trabalhos de Asseguração	CODE 291	não há
NBC PA 11	NBC PA 03	1.323/11	Revisão Externa de Qualidade pelos Pares	não há	não há
NBC PA 13 (R2)	NBC P 5	DOU 02/09/15	Exame de Qualificação Técnica	não há	não há
NBC PG 100	NBC P1	821/97	Normas Profissionais de Auditor Independente	não há	não há
-	NBC P 1 – IT 1	851/99	Regulamentação do item 1.9 da NBC P 1	não há	não há

Quadro 1 - NBC PA do Auditor Independente

Fonte: Os Autores (2016).

CAPÍTULO II – NORMAS E PROCEDIMENTOS DO AUDITOR | 19

A seguir, será apresentada uma série de exercícios para fixação do conhecimento, que irão complementar o aprendizado desse capítulo.

2.5. Exercícios – Normas e procedimentos do auditor

1. **(Auditor – MPE RO 2012 – QUESTÃO 46)** - Qual das seguintes opções está de acordo com as normas de auditoria?

(A) É necessário que todos os membros das equipes de auditoria tenham independência de pensamento em relação ao órgão e às pessoas que trabalham no órgão em que está sendo executada a auditoria, assim como se exige deles que aparentem ter independência.

(B) É necessário que o chefe das equipes de auditoria tenha independência de pensamento em relação ao órgão e às pessoas que trabalham no órgão em que está sendo executada a auditoria, assim como se exige dele que aparente ter independência, enquanto para o restante da equipe é exigido apenas que tenham independência de pensamento

(C) É necessário que todos os membros das equipes de auditoria tenham independência de pensamento em relação ao órgão e às pessoas que trabalham no órgão em que está sendo executada a auditoria, sendo apenas desejável que aparentem ter independência

(D) É necessário que todos os membros das equipes de auditoria tenham independência de pensamento em relação ao órgão e às pessoas que trabalham no órgão em que está sendo executada a auditoria, e tal conceito não envolve a aparência de independência.

(E) No ambiente governamental, as exigências de independência do auditor não são aplicáveis em decorrência da estrutura de pessoal com pouca renovação e, em geral, com um quantitativo reduzido.

20 | AUDITORIA CONTÁBIL

2. **(AL-BA – Auditor – FGV – 2014) -** O requisito ético relacionado à auditoria das demonstrações contábeis que exigem do auditor o reconhecimento de que podem existir circunstâncias que causarão distorções relevantes nas demonstrações contábeis é

(A) julgamento profissional.
(B) ceticismo profissional.
(C) evidência de auditoria apropriada
(D) condução da auditoria em conformidade com as normas relevantes.
(E) confiabilidade na conduta dos trabalhos.

3. **(QUESTÃO ADAPTADA PELOS AUTORES) -** De acordo com a NBC TA 200, o _____ é a postura que inclui uma mente questionadora e alerta para condições que possam indicar possível distorção, devido a erro ou fraude, e uma avaliação crítica das evidências de auditoria. A alternativa que preenche corretamente a lacuna do trecho acima é:

(A) plano de trabalho
(B) ceticismo profissional
(C) relacionamento com o cliente
(D) auditor interno
(E) trabalho conjunto

4. **(QUESTÃO ADAPTADA PELOS AUTORES) -** A condição de independência é fundamental e óbvia para o exercício da atividade de auditoria independente. Entende-se como independência o estado no qual as obrigações ou os interesses da entidade de auditoria são, suficientemente, isentos dos interesses das entidades auditadas para permitir que os serviços sejam prestados com objetividade. Em suma, é a capacidade que a entidade de auditoria tem de julgar e atuar com integridade e objetividade, permitindo a emissão de relatórios imparciais em relação à entidade auditada, aos acionistas, aos sócios, aos quotistas, aos cooperados e a todas as demais partes que possam estar relacionadas com o seu trabalho. (NBC PA 02 – Independência).

Considerando que a independência pode ser afetada por ameaças de interesse próprio, auto revisão, defesa de interesses da entidade auditada, familiaridade e intimidação, avalie as afirmações abaixo.

I. Ameaça de interesse próprio ocorre quando a entidade de auditoria ou membro da equipe de auditoria poderia auferir benefícios de interesse financeiro na entidade auditada, ou outro conflito de interesse próprio com essa entidade auditada.

II. Ameaça de intimidação ocorre quando membro da equipe de auditoria encontra obstáculos para agir objetivamente e com ceticismo profissional devido às ameaças reais ou percebidas, por parte de administradores, diretores ou empregados da entidade auditada.

III. Ameaça de familiaridade ocorre quando, em virtude de relacionamento estreito com uma entidade auditada, com administradores, com diretores ou com empregados, a entidade de auditoria ou membro da equipe de auditoria passa a se identificar, demasiadamente, com os interesses da entidade auditada.

IV. Ameaça de auto revisão ocorre quando o resultado do trabalho anterior precisa ser reanalisado ao serem obtidas conclusões sobre o trabalho de auditoria ou quando membro da equipe de auditoria era, anteriormente, administrador ou diretor da entidade auditada, ou era empregado cujo cargo lhe permitia exercer influência direta e relevante sobre o objeto do trabalho de auditoria.

V. Ameaça de defesa de interesses da entidade auditada ocorre quando a entidade de auditoria ou membro da equipe de auditoria defende ou parece defender a posição ou a opinião da entidade auditada, podendo comprometer ou darem a impressão de comprometer a objetividade; pode ser o caso da entidade de auditoria ou membro da equipe de auditoria que subordina seu julgamento ao da entidade auditada.

É correto o que se afirma em:

(A) I e II, apenas.

(B) I e IV, apenas.

(C) III e V, apenas.

(D) II, III, IV e V, apenas.

(E) I, II, III, IV e V.

22 | AUDITORIA CONTÁBIL

5. **(Analista – TRT SE 2011 – QUESTÃO 51)** - Dentre outros, são princípios fundamentais de ética profissional relevantes para o Auditor quando da condução de auditoria de demonstrações contábeis:

(A) formalismo e confiabilidade.
(B) integridade e pessoalidade.
(C) confidencialidade e motivação.
(D) formalismo e objetividade.
(E) integridade e objetividade.

6. **(Auditor – INFRAERO 2011 – QUESTÃO 37)** - De acordo com as Normas Técnicas de Auditoria Independente, é princípio fundamental de ética profissional a

(A) interação com o auditado.
(B) objetividade.
(C) parcialidade.
(D) integralidade.
(E) subjetividade.

7. **(Auditor – UFSC 2011 – QUESTÃO 36)** - Analise as afirmativas a seguir.

Sobre o sigilo profissional, pode-se afirmar que ele deve ser observado nas seguintes circunstâncias:

I. na relação entre o auditor e a entidade auditada.

II. na relação entre os auditores.

III. na relação entre os auditores e os organismos reguladores e fiscalizadores.

IV. na relação entre o auditor e demais terceiros.

Assinale a alternativa **CORRETA**.

(A) Todas as afirmativas estão corretas.
(B) Apenas as afirmativas II, III e IV estão corretas.
(C) Apenas as afirmativas I, III e IV estão corretas.
(D) Apenas as afirmativas I, II e IV estão corretas.
(E) Apenas as afirmativas I, II e III estão corretas.

CAPÍTULO II – NORMAS E PROCEDIMENTOS DO AUDITOR | 23

8. **(Analista Judiciário: Contabilidade – TRT MT 2011 – QUESTÃO 42)** - Está de acordo com o código de ética dos contadores o seguinte procedimento de um profissional de auditoria:

(A) renunciar às funções que exerce, logo que se positive a falta de confiança por parte do cliente ou empregador, a quem deverá notificar com trinta dias de antecedência, tornando públicos os motivos da renúncia.

(B) guardar sigilo sobre o que souber em razão do exercício profissional lícito, inclusive no âmbito do serviço público, ressalvados os casos previstos em lei ou quando solicitado por autoridades competentes, entre estas os Conselhos Regionais de Contabilidade.

(C) anunciar, em qualquer modalidade ou veículo de comunicação, conteúdo que resulte na diminuição do colega, da Organização Contábil ou da classe, em detrimento aos demais, sendo sempre admitida a indicação de títulos, especializações, serviços oferecidos, trabalhos realizados e relação de clientes.

(D) valer-se de agenciador de serviços, mediante participação desse nos honorários a receber.

(E) renunciar à liberdade profissional quando houver quaisquer restrições ou imposições que possam prejudicar a eficácia e a correção de seu trabalho.

9. **(Analista Judiciário: Contabilidade – TRT RS 2011 – QUESTÃO 43)** - Não corresponde a um princípio fundamental da conduta ética do auditor a

(A) integridade dos trabalhos executados.

(B) competência técnica nas análises e avaliações.

(C) postura mental independente.

(D) subjetividade na aplicação dos procedimentos.

(E) confidencialidade das informações.

24 | AUDITORIA CONTÁBIL

10. **(Analista Judiciário: Contabilidade – TRT MS 2011 – QUESTÃO 45)** - O Código de Ética Profissional do Contabilista, bem como as NBC-PAs (Normas Profissionais do Auditor Independente), estabelecem princípios fundamentais de ética profissional relevantes para o auditor, quando da condução de auditoria de demonstrações contábeis, e fornece estrutura conceitual para a aplicação desses princípios, que estão em linha com os princípios fundamentais, cujo cumprimento pelo auditor é exigido pelo Código IFAC *(International Federation of Accountants)*. Tais princípios são:

(A) perspicácia, objetividade, competência e zelo profissional, confidencialidade.

(B) perspicácia, subjetividade, competência e zelo profissional, confidencialidade, conduta profissional.

(C) integridade, subjetividade, zelo profissional, confidencialidade, conduta profissional.

(D) integridade, objetividade, competência e zelo profissional, confidencialidade, conduta profissional.

(E) perspicácia, competência e zelo profissional, transparência, conduta profissional.

11. **(Analista Judiciário: Contabilidade – TRT RS 2011 – QUESTÃO 45)** O auditor pode

(A) realizar auditoria em empresa na qual seu pai exerça cargo de diretor.

(B) trabalhar em empresa cliente, desde que decorridos 360 dias de seu desligamento da firma de auditoria.

(C) exercer julgamento profissional ao planejar e executar a auditoria de demonstrações contábeis.

(D) executar trabalhos de auditoria, desde que tenha formação em contabilidade ou administração.

(E) ser responsabilizado pela não detecção de distorções, ainda que não sejam relevantes para as demonstrações contábeis como um todo.

CAPÍTULO II – NORMAS E PROCEDIMENTOS DO AUDITOR | 25

12. **(Analista: Normas Contábeis e de Auditoria – CVM 2010 – QUESTÃO 28)** - Assinale a opção que indica uma exceção aos princípios fundamentais de ética profissional relevantes para o auditor na condução de trabalhos de auditoria das demonstrações contábeis.

(A) Independência técnica.
(B) Confidencialidade.
(C) Competência e zelo profissional.
(D) Comportamento e conduta profissional.
(E) Objetividade.

13. **(Analista Técnico – SUSEP 2010 – QUESTÃO 33)** - Com relação à atividade profissional do auditor externo, pode-se afirmar que:

I. o auditor externo, ao realizar a auditoria em entidade seguradora, pode ter nível de parentesco até segundo grau com os administradores e gestores da entidade auditada, desde que declare para a SUSEP, CVM e CFC, antes do início da auditoria, este vínculo.

II. todo auditor externo, registrado no Conselho Federal de Contabilidade, que tenha registro no CNAI – Cadastro Nacional de Auditores Independentes, pode realizar auditoria em Seguradoras e Entidade de Previdência Complementar Aberta.

III. para ser auditor responsável pelos trabalhos, exercendo a função de sócio de auditoria, o auditor deve ter formação em nível superior nos cursos de administração de empresas ou contabilidade.

Assinale a opção correta, com relação às afirmativas acima.

(A) Somente a I e II são verdadeiras.
(B) Somente I e III são falsas.
(C) Todas são verdadeiras.
(D) Somente II e III são falsas.
(E) Todas são falsas.

26 | AUDITORIA CONTÁBIL

14. **(Técnico de Informática – TCM PA 2010 – Adaptada) -** O Código de Ética estabelecido pela NBC PG 100 determina que o auditor deve cumprir, dentre outros, o seguinte princípio

(A) legalidade.
(B) independência.
(C) objetividade.
(D) imparcialidade.
(E) integridade.

15. **(Auditor da Receita Estadual – SEAD AP 2010 - QUESTÃO 41 – adaptada) -** A NBC PG 100 enumera os princípios éticos profissionais a serem seguidos por um auditor. Assinale a alternativa que não apresenta um desses princípios.

(A) Integridade.
(B) Formalidade.
(C) Competência.
(D) Confidencialidade.
(E) Comportamento profissional.

16. **(Fiscal da Receita Estadual – SEAD AP 2010 – QUESTÃO 51)** - Segundo o código de ética profissional, alguns deveres do contabilista estão relacionados a seguir, à exceção de um. Assinale-o.

(A) Exercer a profissão com zelo, diligência e honestidade, observada a legislação vigente e resguardados os interesses de seus clientes e/ou empregadores, sem prejuízo da dignidade e independência profissionais.

(B) Guardar sigilo sobre o que souber em razão do exercício profissional lícito, inclusive no âmbito do serviço público, ressalvados os casos previstos em lei ou quando solicitado por autoridades competentes, entre estas os Conselhos Regionais de Contabilidade.

(C) Comunicar, desde logo, ao cliente ou empregador, em documento reservado, eventual circunstância adversa que possa influir na decisão daquele que lhe formular consulta ou lhe confiar trabalho, estendendo-se a obrigação a sócios e executores.

(D) Permanecer nas funções que exerce, mesmo que se positive a falta de confiança por parte do cliente ou empregador, zelando, contudo, para que os interesses dos mesmos não sejam prejudicados, evitando declarações públicas sobre os motivos da desconfiança.

(E) Ser solidário com os movimentos de defesa da dignidade profissional, seja propugnando por remuneração condigna, seja zelando por condições de trabalho compatíveis com o

CAPÍTULO II – NORMAS E PROCEDIMENTOS DO AUDITOR | 27

exercício ético-profissional da Contabilidade e seu aprimoramento técnico.

17. **(Técnico de Controle Externo – TCE TO 2009 – QUESTÃO 50)** - De acordo com o Código de Ética, o auditor deve fixar previamente o valor dos serviços, por contrato escrito, sendo, para tanto, irrelevante

(A) a impossibilidade de realização de outros trabalhos paralelos.

(B) o ganho ou a perda financeira que o cliente poderá obter com o resultado do trabalho.

(C) a peculiaridade de tratar-se de trabalho eventual ou habitual.

(D) o local e as condições de prestação do serviço.

(E) a nacionalidade do contratante.

18. **(Contador – TCE TO 2009 – QUESTÃO 57)** - Acerca das responsabilidades do auditor e das especificidades de seu trabalho assinale a opção correta.

(A) Ao avaliar o ambiente de controle interno existente, o auditor deve considerar, dentre outros aspectos, a estrutura organizacional da entidade e os métodos de delegação de autoridade e responsabilidade.

(B) Para a avaliação dos procedimentos de controle, é irrelevante a adoção de sistemas de informação computadorizados e os controles adotados na sua implantação, alteração, acesso a arquivos e geração de relatórios.

(C) A natureza da entidade é irrelevante para a aplicação dos procedimentos de revisão analítica, o que não dispensa a utilização do conhecimento adquirido nas auditorias anteriores como ferramenta útil ao longo desses procedimentos.

(D) A estrutura organizacional e os métodos de administração adotados, especialmente quanto a limites de autoridade e responsabilidade, influenciam o auditor ao determinar o risco de auditoria. O mesmo não ocorre com as limitações de acesso físico a ativos e registros contábeis e(ou) administrativos.

(E) A responsabilidade primária na prevenção e identificação de fraude e erros é do auditor independente, por meio de sugestão de implementação e manutenção de adequado sistema contábil e de controle interno das empresas.

28 | AUDITORIA CONTÁBIL

19. **(TJ-SP – Contador Judiciário – VUNESP – 2015)** - De acordo com as normas profissionais de auditoria, a independência pode ser afetada por alguns tipos de ameaças. A ameaça de familiaridade ocorre quando o auditor

(A) encontra obstáculos para agir objetivamente em virtude de ameaças.

(B) pode auferir benefícios financeiros na entidade auditada.

(C) não avaliará apropriadamente os resultados de julgamento dado ou serviço prestado anteriormente por ele.

(D) defende ou parece defender a opinião da entidade auditada.

(E) passa a se identificar demasiadamente com a entidade auditada devido a relacionamento próximo com o cliente.

CAPÍTULO III – NORMAS DE AUDITORIA

3.1. Introdução

As normas orientam os auditores nas realizações de seus exames e na preparação de relatórios sobre as demonstrações contábeis. As NBC TAs, emitidas pelo Conselho Federal de Contabilidade, seguem os padrões e normas internacionais(*ISA - International Standards [...] on Auditing*) emitidos pela Federação Internacional de Contadores - IFAC. Tendo como objetivo a regulamentação e as diretrizes a serem seguidas pelos profissionais de contabilidade no exercício de suas funções.

Inicialmente as normas determinam que o auditor deverá efetuar um planejamento eficaz aplicando os procedimentos técnicos para obtenção de relatório ao final da auditoria para os usuários de demonstrações contábeis.

As normas de auditoria são estabelecidas pelos órgãos reguladores da profissão contábil, que estabelecem conceitos básicos sobre exigências em relação à pessoa do auditor, à execução de seu trabalho e ao opinião que deverá ser emitida pelo auditor.

Embora na maioria das vezes às normas de auditoria sejam meros guias de orientação geral, e não um manual analítico de procedimentos a serem seguidos pelo auditor, elas fixam limites de responsabilidades, assim como orientam quanto ao comportamento do auditor em relação à capacitação profissional e aos aspectos técnicos requeridos para a execução de seu trabalho.

As normas usuais de auditoria, aprovadas pelo Conselho Federal de Contabilidade (CFC) são:

- Normas relativas à pessoa do auditor;
- Normas relativas à execução do trabalho;
- Normas relativas ao relatório.

3.2. Aplicação das normas

A orientação contida nas normas é instrutiva, nelas porém, não se determina com precisão o que uma unidade de auditoria deve fazer

30 | AUDITORIA CONTÁBIL

para atender à exigência de planejamento adequado do trabalho, nem há regras quanto à quantidade de evidência exigida para se corroborar um fato descoberto. Todas essas questões envolvem julgamento e sua solução pode variar segundo às políticas e práticas das unidades de auditoria e as características do trabalho executivo.

3.3. Importância das normas de auditoria

As normas de auditoria, juntamente com os procedimentos para sua implementação, estabelecem a ordem e a disciplina na realização do trabalho. A observância dessas normas leva à realização de auditorias completas e objetivas, com resultados e recomendações palpáveis, bem fundamentadas.

3.4. Normas Brasileiras de Contabilidade Técnicas

As Normas Brasileiras de Contabilidade Técnicas se estruturam conforme segue:

I.   Geral – NBC TG – São as Normas Brasileiras de Contabilidade convergentes com as normas internacionais emitidas pelo *International Accounting Standards Board* (IASB); e as Normas Brasileiras de Contabilidade editadas por necessidades locais, sem equivalentes internacionais;

As NBC TG são segregadas em:

a)   normas completas que compreendem as normas editadas pelo CFC a partir dos documentos emitidos pelo CPC que estão convergentes com as normas do IASB, numeradas de 00 a 999;

b)   normas simplificadas para PMEs que compreendem a norma de PME editada pelo CFC a partir do documento emitido pelo IASB, bem como as ITs e os CTs editados pelo CFC sobre o assunto, numerados de 1000 a 1999;

c)   normas específicas que compreendem as ITs e os CTs editados pelo CFC sobre entidades, atividades e assuntos específicos, numerados de 2000 a 2999.

II. do Setor Público – NBC TSP – São as Normas Brasileiras de Contabilidade aplicadas ao Setor Público, convergentes com as Normas Internacionais de Contabilidade para o Setor Público, emitidas pela International Federation of Accountants

(IFAC); e as Normas Brasileiras de Contabilidade aplicadas ao Setor Público editadas por necessidades locais, sem equivalentes internacionais;

III. de Auditoria Independente de Informação Contábil Histórica – NBC TA – são as Normas Brasileiras de Contabilidade aplicadas à Auditoria convergentes com as Normas Internacionais de Auditoria Independente emitidas pela IFAC;

IV. de Revisão de Informação Contábil Histórica – NBC TR – são as Normas Brasileiras de Contabilidade aplicadas à Revisão convergentes com as Normas Internacionais de Revisão emitidas pela IFAC;

V. de Asseguração de Informação Não Histórica – NBC TO – são as Normas Brasileiras de Contabilidade aplicadas à Asseguração convergentes com as Normas Internacionais de Asseguração emitidas pela IFAC;

VI. de Serviço Correlato – NBC TSC – são as Normas Brasileiras de Contabilidade aplicadas aos Serviços Correlatos convergentes com as Normas Internacionais para Serviços Correlatos emitidas pela IFAC;

VII. de Auditoria Interna – NBC TI – são as Normas Brasileiras de Contabilidade aplicáveis aos trabalhos de Auditoria Interna;

VIII. de Perícia – NBC TP – são as Normas Brasileiras de Contabilidade aplicáveis aos trabalhos de Perícia;

3.5. Interpretação técnica e comunicado técnico

A interpretação técnica tem por objetivo esclarecer a aplicação das normas brasileiras de contabilidade, definindo regras e procedimentos a serem aplicados em situações, transações ou atividades específicas, sem alterar a substância dessas normas.

O comunicado técnico tem por objetivo esclarecer assuntos de natureza contábil, com a definição de procedimentos a serem observados, considerando os interesses da profissão e as demandas da sociedade.

Por esse motivo, elaboramos um quadro atualizado com todas as normas, interpretações e comunicados que regulamentam as técnica de auditoria independente, convergentes com as normas internacionais de auditoria independente (ISAs) emitidas pela federação internacional de contadores (IFAC).

NBC	Resolução CFC	Nome da Norma	CORRELAÇÃO	
			IFAC	IBRACON
ESTRUTURA CONCEITUAL	DOU 25/11/15	Estrutura Conceitual para Trabalhos de Asseguração	Framework	não há
NBC TA 200 (R1)	DOU 05/09/16	Objetivos Gerais do Auditor Independente e a Condução da Auditoria em Conformidade com Normas de Auditoria	ISA 200	não há
NBC TA 210 (R1)	DOU 05/09/16	Concordância com os Termos do Trabalho de Auditoria	ISA 210	não há
NBC TA 220(R2)	DOU 05/09/16	Controle de Qualidade da Auditoria de Demonstrações Contábeis	ISA 220	não há
NBC TA 230 (R1)	DOU 05/09/16	Documentação de Auditoria	ISA 230	não há
NBC TA 240 (R1)	DOU 05/09/16	Responsabilidade do Auditor em Relação a Fraude, no Contexto da Auditoria de Demonstrações Contábeis	ISA 240	não há
NBC TA 250	1.208/09	Consideração de Leis e Regulamentos na Auditoria de Demonstrações Contábeis	ISA 250	não há
NBC TA 260(R2)	DOU 04/07/16	Comunicação com os Responsáveis pela Governança	ISA 260	não há
NBC TA 265	1.210/09	Comunicação de Deficiências de Controle Interno	ISA 265	não há
NBC TA 300 (R1)	DOU 05/09/16	Planejamento da Auditoria de Demonstrações Contábeis	ISA 300	não há
NBC TA 315 (R1)	DOU 05/09/16	Identificação e Avaliação dos Riscos de Distorção Relevante por meio do Entendimento da Entidade e do seu Ambiente	ISA 315	não há
NBC TA 320 (R1)	DOU 05/09/16	Materialidade no Planejamento e na Execução da Auditoria	ISA 320	não há
NBC TA 330 (R1)	DOU 05/09/16	Resposta do Auditor aos Riscos Avaliados	ISA 330	não há
NBC TA 402	1.215/09	Considerações de Auditoria para a Entidade que Utiliza Organização Prestadora de Serviços	ISA 402	não há

NBC	Resolução CFC	Nome da Norma	CORRELAÇÃO	
			IFAC	IBRACON
NBC TA 450 (R1)	DOU 05/09/16	Avaliação das Distorções Identificadas durante a Auditoria	ISA 450	não há
NBC TA 500 (R1)	DOU 05/09/16	Evidência de Auditoria	ISA 500	não há
NBC TA 501	1.218/09	Evidência de Auditoria – Considerações Específicas para Itens Selecionados	ISA 501	não há
NBC TA 505	1.219/09	Confirmações Externas	ISA 505	não há
NBC TA 510 (R1)	DOU 05/09/16	Trabalhos Iniciais – Saldos Iniciais	ISA 510	não há
NBC TA 520	1.221/09	Procedimentos Analíticos	ISA 520	não há
NBC TA 530	1.222/09	Amostragem em Auditoria	ISA 530	não há
NBC TA 540 (R1)	DOU 05/09/16	Auditoria de Estimativas Contábeis, Inclusive do Valor Justo, e Divulgações Relacionadas	ISA 540	não há
NBC TA 550	1.224/09	Partes Relacionadas	ISA 550	não há
NBC TA 560 (R1)	DOU 05/09/16	Eventos Subsequentes	ISA 560	não há
NBC TA 570	DOU 04/07/16	Continuidade Operacional	ISA 570	não há
NBC TA 580 (R1)	DOU 05/09/16	Representações Formais	ISA 580	não há
NBC TA 600 (R1)	DOU 05/09/16	Considerações Especiais – Auditorias de Demonstrações Contábeis de Grupos, Incluindo o Trabalho dos Auditores dos Componentes	ISA 600	não há
NBC TA 610	DOU 29/01/14	Utilização do Trabalho de Auditoria Interna	ISA 610	não há
NBC TA 620	1.230/09	Utilização do Trabalho de Especialistas	ISA 620	não há

NBC	Resolução CFC	Nome da Norma	CORRELAÇÃO	
			IFAC	IBRACON
NBC TA 700	DOU 04/07/16	Formação da Opinião e Emissão do Relatório do Auditor Independente sobre as Demonstrações Contábeis	ISA 700	não há
NBC TA 701	DOU 04/07/16	Comunicação dos Principais Assuntos de Auditoria no Relatório do Auditor Independente.	ISA 701	não há
NBC TA 705	DOU 04/07/16	Modificações na Opinião do Auditor Independente	ISA 705	não há
NBC TA 706	DOU 04/07/16	Parágrafos de Ênfase e Parágrafos de Outros Assuntos no Relatório do Auditor Independente	ISA 706	não há
NBC TA 710 (R1)	DOU 05/09/16	Informações Comparativas – Valores Correspondentes e Demonstrações Contábeis Comparativas	ISA 710	não há
NBC TA 720	DOU 05/09/16	Responsabilidade do Auditor em Relação a Outras Informações	ISA 720	não há
NBC TA 800	1.236/09	Considerações Especiais – Auditorias de Demonstrações Contábeis Elaboradas de Acordo com Estruturas Conceituais de Contabilidade para Propósitos Especiais	ISA 800	não há
NBC TA 805	1.237/09	Considerações Especiais – Auditoria de Quadros Isolados das Demonstrações Contábeis e de Elementos, Contas ou Itens Específicos das Demonstrações Contábeis	ISA 805	não há
NBC TA 810	1.238/09	Trabalhos para a Emissão de Relatório sobre Demonstrações Contábeis Condensadas	ISA 810	não há

Quadro 2A - NBC TA da Auditoria (Nomes das Normas)

Fonte: Os Autores (2016).

CAPÍTULO III – NORMAS DE AUDITORIA | 35

Nova Numeração	Resolução CFC	Nome do Comunicado	CORRELAÇÃO	
			IFAC	IBRACON
CTA 02	DOU 09/03/15	Emissão do Relatório do Auditor Independente sobre Demonstrações Contábeis Individuais e Consolidadas	não há	CT 04/10 (R2)
CTA 03	1.321/11	Emissão do Relatório do Auditor Independente sobre Demonstrações Contábeis Individuais e Consolidados de Instituições Financeiras e Demais Instituições Autorizadas a Funcionar pelo Banco Central do Brasil (BCB)	não há	CT 05/10
CTA 04	1.322/11	Emissão do Relatório do Auditor Independente sobre Demonstrações Contábeis Individuais e Consolidados de Entidades Supervisionadas pela Superintendência de Seguros Privados (SUSEP)	não há	CT 06/10
CTA 05	1.331/11	Emissão do Relatório do Auditor Independente sobre Demonstrações Contábeis de Fundos de Investimento	não há	CT 01/11
CTA 06	1.332/11	Emissão do Relatório do Auditor Independente sobre Demonstrações Contábeis de Companhias Abertas, conforme facultado pela Deliberação CVM n.º 656/11	não há	CT 02/11
CTA 07	1.333/11	Emissão do Relatório do Auditor Independente sobre Demonstrações Contábeis Individuais e Consolidadas de Entidades Supervisionadas pela ANS	não há	CT 03/11
CTA 08	DOU 31/07/13	Emissão do Relatório do Auditor Independente sobre Demonstrações Contábeis das Entidades Fechadas de Previdência Complementar (EFPC)	não há	CT 02/13
CTA 09	1.335/11	Emissão do Relatório do Auditor Independente sobre Demonstrações Contábeis de Entidades de Incorporação Imobiliária	não há	CT 05/11
CTA 10	1.336/11	Emissão do Relatório (Parecer) do Auditor Independente sobre Demonstrações Contábeis de Pequenas e Médias Empresas	não há	CT 06/11

Nova Numeração	Resolução CFC	Nome do Comunicado	CORRELAÇÃO	
			IFAC	IBRACON
CTA 11	1.338/11	Emissão de Relatórios de Revisão das Informações Trimestrais do ano de 2010	não há	CT 07/11
CTA 12	1.387/12	Emissão do Relatório do Auditor Independente sobre as Demonstrações Contábeis de Grupo Econômico	não há	CT 01/12
CTA 13	1.388/12	Emissão do Relatório do Auditor Independente sobre as Demonstrações Contábeis Individuais e Consolidadas de Entidades Supervisionadas pela ANS	não há	CT 02/12
CTA 14	1.393/12	Emissão do Relatório do Auditor Independente sobre Demonstrações Contábeis de Instituições Autorizadas a Funcionar pelo BCB, em decorrência da opção facultada para diferimento do resultado líquido negativo	não há	CT 03/12
CTA 15	1.405/12	Emissão de Relatório de Auditoria sobre as Demonstrações Contábeis Intermediárias Individuais de Entidades Supervisionadas pela SUSEP, referentes ao semestre findo em 30 de junho de 2012	não há	CT 06/12
CTA 16	1.410/12	Emissão de Relatório de Auditoria sobre a Base de Contribuições dos Agentes Financeiros ao Fundo de Compensação de Variações Salariais (FCVS)	não há	CT 09/12
CTA 17	DOU 31/07/13	Emissão do Relatório do Auditor Independente sobre as Demonstrações Contábeis Individuais e Consolidadas em decorrência de alterações introduzidas para o Teste de Adequação de Passivos pela SUSEP	não há	CT 01/13
CTA 18	DOU 31/07/13	Emissão do Relatório do Auditor Independente e procedimentos de auditoria requeridos quando da reapresentação de demonstrações contábeis ou informações intermediárias.	não há	CT 03/13

CAPÍTULO III – NORMAS DE AUDITORIA | 37

Nova Numeração	Resolução CFC	Nome do Comunicado	CORRELAÇÃO	
			IFAC	IBRACON
CTA 19	DOU 25/02/14	Orientação aos auditores independentes sobre o entendimento a respeito dos procedimentos adotados, ou a serem adotados, pela administração das entidades na avaliação dos assuntos contidos na Medida Provisória 627/13	não há	CT 02/14
CTA 20(R1)	DOU 03/10/14	Orientação aos auditores independentes sobre os padrões técnicos e profissionais a serem observados para emissão de laudo de avaliação dos ativos líquidos a valor contábil ou dos ativos líquidos contábeis ajustados a preços de mercado.	não há	CT 03/14(R1)
CTA 21	DOU 11/06/14	Orientação para emissão de relatório do auditor independente sobre as Demonstrações Contábeis Consolidadas do Conglomerado Prudencial das instituições financeiras e demais instituições autorizadas a funcionar pelo Banco Central do Brasil, exceto cooperativas de crédito, a que se refere a Resolução n.º 4.280 do Conselho Monetário Nacional (CMN), de 31 de outubro de 2013 e regulamentações complementares.	não há	CT 04/14
CTA 22	DOU 28/01/15	Procedimentos de auditoria a serem considerados para aplicação do CTG 08	não há	CT 05/14
CTA 23	DOU 22/05/15	Dispõe sobre procedimentos que devem ser observados quando o auditor independente for contratado para emitir Carta-Conforto em conexão com processo de oferta de títulos e valores mobiliários.	não há	CT 01/15

Quadro 2B - NBC TA da Auditoria (Nome do Comunidade)

Fonte: Os Autores (2016).

38 | AUDITORIA CONTÁBIL

Em suma, neste capítulo apresentamos às normas de auditoria que estão em vigor. Agora preparamos uma série de exercícios para fixação dos conhecimentos adquiridos desse capítulo.

3.6. Exercícios – Normas de auditoria

1. **(Prefeitura de Vassouras – RJ - Auditor de Tributos Fiscais – FUNCAB – 2013) - Assinale a alternativa correta.**

   (A) Nos trabalhos de auditoria, as circunstâncias são perfeitamente antecipadas, permitindo que o auditor determine os procedimentos de auditoria necessários para satisfazer os requisitos das NBC TAs e cumprir seus objetivos.

   (B) O conceito de materialidade é aplicado pelo auditor no planejamento e na execução da auditoria, e na avaliação do efeito de distorções identificadas sobre a auditoria e de distorções corrigidas nas demonstrações contábeis.

   (C) A responsabilidade do auditor do setor público não pode ser afetada pelo contrato de auditoria ou por leis e regulamentos.

   (D) A emissão da opinião do auditor sobre a conformidade das demonstrações contábeis em todos os aspectos relevantes não aumenta o grau de confiança nas demonstrações contábeis por parte dos usuários.

   (E) Nas circunstâncias do trabalho, pode haver assuntos específicos que exigem que o auditor execute procedimentos de auditoria, além daqueles exigidos pelas NBC TAs, para cumprir os objetivos especificados nas NBC TAs.

2. **(Analista – MPE RO 2012 – QUESTÃO 46)**Qual das seguintes opções está de acordo com as normas de auditoria?

   (A) É necessário que todos os membros das equipes de auditoria tenham independência de pensamento em relação ao órgão e às pessoas que trabalham no órgão em que está sendo executada a auditoria, assim como se exige deles que aparentem ter independência.

   (B) É necessário que o chefe das equipes de auditoria tenha independência de pensamento em relação ao órgão e às pessoas que trabalham no órgão em que está sendo executada a auditoria, assim como se exige dele que aparente ter independência, enquanto para o restante da equipe é exigido apenas que tenham independência de pensamento.

(C) É necessário que todos os membros das equipes de auditoria tenham independência de pensamento em relação ao órgão e às pessoas que trabalham no órgão em que está sendo executada a auditoria, sendo apenas desejável que aparentem ter independência.

(D) É necessário que todos os membros das equipes de auditoria tenham independência de pensamento em relação ao órgão e às pessoas que trabalham no órgão em que está sendo executada a auditoria, e tal conceito não envolve a aparência de independência.

(E) No ambiente governamental, as exigências de independência do auditor não são aplicáveis em decorrência da estrutura de pessoal com pouca renovação e, em geral, com um quantitativo reduzido.

3. **(QUESTÃO ADAPTADA PELOS AUTORES - ADAPTADA)**
Assinale a opção correta em relação as normas usuais de auditoria, aprovadas pelo CFC.

(A) Norma relativa a pessoa do auditor.

(B) Norma relativa a empresa.

(C) Normas técnicas de administração

(D) Normas internas da organização.

(E) ISO 9.000.

4. **(QUESTÃO ADAPTADA PELOS AUTORES - ADAPTADA)**
Assinale a opção que define as norma brasileiras de contabilidade técnica.

(A) Legislação societária e normas do Conselho Federal de Contabilidade.

(B) Língua Portuguesa aplicada.

(C) Ética profissional.

(D) NBC's, TF, TSP, TA, TR, TO, TSC, TI , TP.

(E) Legislação profissional.

5. (QUESTÃO ADAPTADA PELOS AUTORES) - A NBC TI são normas aplicáveis a auditoria

(A) interna.
(B) externa.
(C) interna e externa.
(D) setor público.
(E) área de informática.

CAPÍTULO IV – TIPOS DE AUDITORIA

4.1. Introdução

A auditoria contábil é utilizada no exame dos registros, documentos, coleta de informações e confirmações, pertinentes ao controle do patrimônio de um órgão ou de uma entidade, utilizando procedimentos específicos, cujo objetivo é obter elementos comprobatórios de maneira a permitir ao auditor emitir uma opinião sobre os registros contábeis.

Além disso, cabe ao auditor analisar se as demonstrações contábeis estão de acordo com os princípios contábeis, legislação, normas e regulamentos pertinente a matéria contábil e se as demonstrações refletem adequadamente, a situação econômico-financeira do patrimônio. Assim acontece com a auditoria contábil exige o emprego de julgamento profissional em uma grande variedade de situações e circunstâncias. Por conseguinte, todos os anos o auditor realiza um exame no sistema contábil e dos controles internos do cliente, com o propósito de coletar evidências suficientes para fundamentar sua opinião.

No que tange aos aspectos gerais sobre a auditoria, foram enfocados seus aspectos conceituais, os tipos de auditoria e forma. Na próxima seção definimos a importância da correta classificação de auditoria.

4.2. Classificação da auditoria

Modernamente, pode-se classificar um processo de auditoria sob dois enfoques distintos:

a) quanto ao tipo;

b) quanto à forma.

4.2.1. Quanto ao tipo

Um processo de auditoria, quanto aos tipos, pode ser classificado em duas categorias: Auditoria Contábil e Operacional.

42 | AUDITORIA CONTÁBIL

Na **Auditoria Contábil** é normalmente executado por um ou vários auditores independentes, autônomos ou constituídos sob a forma de firmas de auditoria, e busca basicamente evidências sobre a integridade e confiabilidade das informações contidas nos relatórios contábeis, isto é, procura certificar- se de que:

a) as demonstrações contábeis representam adequadamente a posição patrimonial e financeira da companhia;

b) as operações da empresa são realizadas de acordo com políticas internas e respeitando a legislação e regulamentação do país.

Embora a auditoria contábil esteja normalmente associada aos auditores independentes, cujo trabalho visa a formação de uma opinião sobre as demonstrações contábeis, e a consequente emissão de um relatório, é também realizada por auditores internos e governamentais.

Quanto à **Auditoria Operacional** tem como objetivo atentar para as transações sob as óticas da economicidade, eficiência e eficácia e das causas e dos efeitos decorrentes, além de verificar a efetividade de programas específicos diante do posicionamento da empresa em seu ambiente de atuação e o significado do desempenho obtido diante de metas-desafios estabelecidos nos vários campos de resultados maximizadores do valor da entidade.

O resultado a alcançar é certificar a efetividade e oportunidade dos controles internos e apontar soluções alternativas para melhoria do desempenho operacional. A mensuração do grau de atendimento das necessidades dos clientes e seu acompanhamento mediante indicadores do nível de eficiência e eficácia, o desvio em relação ao desafio-padrão é de extrema necessidade para atingimento das metas. Na auditoria operacional, também conhecida como auditoria de desempenho ou gerencial, tem por objetivo a busca por metas e resultados, é comum que o auditado tenha vista do relatório e sobre o mesmo emita pontos de concordância e divergência. Além disso, nos limites adequados e de conformidade com técnicas apropriadas, podem haver consultas ao auditado durante as análises.

4.2.2. Quanto à forma

Quanto à forma, um processo de auditoria pode ser classificado de acordo com Franco e Hilario(2001) em:

4.2.2.1. De acordo com a extensão dos trabalhos

- **Auditoria geral:** é a forma mais completa em extensão, abrangendo todas as unidades, sua finalidades é proteger interesses de investidores, acionistas, sócios, presidentes e diretores, atendendo às exigências legais e avaliando se as demonstrações contábeis foram apresentadas em conformidade as normas e regulamentos.

- **Auditoria parcial ou específica:** é quando abrange, especificamente, apenas uma ou algumas demonstrações contábeis ou determinadas áreas operacionais, sua finalidade é apurar a situação econômica e/ou financeira da entidade, apurar erros, fraudes, desvios e má administração do patrimônio.

- **Auditoria limitada:** é o exame das demonstrações contábeis de um período (trimestral), porém não aplica todos os procedimentos de auditoria.

4.2.2.2. De acordo com a profundidade dos exames

- **Integral:** consiste na realização de exames dos registros contábeis, documentos e do sistema de controle interno;

- **Auditoria por amostragem ou testes:** consiste em examinar determinada porcentagem dos registros e dos documentos, de acordo com a profundidade determinada pelo próprio auditor;

4.2.2.3. De acordo com a natureza do trabalho

- **Auditoria permanente:** pode ser continuada, na qual são efetuados exames constantes das operações registradas e dos controles internos ou periódica (sazonal), podendo ser trimestral, semestral, anual ou em outro período. É executada por auditores independentes ou por auditores internos.

- **Auditoria com propósitos especiais:** são elaboradas de acordo com uma estrutura conceitual específica, visando atender as disposições para elaboração de relatórios contábeis determinados pelas agências ou órgãos reguladores ou as cláusulas de um contrato para elaboração de relatórios, como contrato para emissão de títulos, contrato de empréstimo, ou contrato de subvenção para projeto.

44 | AUDITORIA CONTÁBIL

4.2.2.4. De acordo com os fins a que se destina

- **Apurar erros e fraudes**: caracteriza-se com uma auditoria eventual, parcial e específica, mas de profundidade, visando o exame integral dos registros e controles relativos a determinado elemento patrimonial;

- **Atender exigências legais**: auditoria relacionada à verificação do cumprimento e/ou observância de normas e procedimentos implantados;

- **Confirmar a exatidão das demonstrações contábeis**: certifica se todas as demonstrações contábeis espelham adequadamente a situação patrimonial e financeira da entidade.

4.2.2.5. De acordo com a relação do auditor com a empresa auditada

- **Externa (auditoria independente)**: apresenta de forma verdadeira a situação financeira da empresa, relatada pelas demonstrações contábeis. É realizada por profissionais externos, ou seja, pessoas que não são funcionários da empresa auditada. São especialistas que têm por objetivo efetuar um exame detalhado nos registros para obtenção da comprovação dos documentos e verificar a veracidade dos fatos colhidos, criando evidências para suportar sua opinião nos demonstrativos contábeis.

Consoante ao art. 177 da lei nº. 6.404/1976, as demonstrações contábeis das companhias abertas devem observar as normas expedidas pela CVM e ser obrigatoriamente auditadas por auditores independentes ou externos, registrados naquela comissão. Segundo o art.142, IX, da citada Lei, compete ao conselho de administração, entre outras atribuições, escolher e destituir os auditores independentes.

Com o objetivo de garantir a qualidade e a independência dos trabalhos dos auditores externos, a CVM juntamente com CFC instituíram através da instrução CVM 308/99 e a resolução do nº1.091/07 a revisão dos pares, na qual os auditores deverão efetuar um rodízio a cada cinco anos, pelo menos. Com as inúmeras mudanças ocorridas na área contábil, com a criação do Comitê de Pronunciamentos Contábeis (CPC) em 2005 e as aprovações das Leis 11.638/07 e 11.941/09, e reformulações nas resoluções expedidas pelo CFC tais como 1.282/10 e 1.283/10 aos princípios contábeis.

As mudanças são decorrentes da necessidade das demonstrações contábeis expressarem melhor a situação econômico-financeira e patrimonial de cada entidade. Nesse mesmo caminho no final de 2009 foram emitidas novas Normas Brasileiras de Contabilidade Técnicas de Auditoria que foram atualizadas no final de 2016, que estão contidas neste exemplar.

Todas essas alterações implicam aos auditores uma maior responsabilidade, para que possa atestar com credibilidade o seu relatório com a exatidão das demonstrações contábeis analisadas. Considerando a complexidade das informações que são auditadas e com as inúmeras modificações ocorridas na contabilidade, as empresas de auditoria estão despendendo um tempo maior para se adaptar em suas rotinas e procedimentos que são adotados para cada organização.

Portanto, o rodízio de cinco anos implementado pela CVM ficou muito curto devidas essas grandes mudanças, resultando assim em uma piora da qualidade das informações auditadas e, consequentemente, das demonstrações contábeis da companhia num primeiro momento, até que o novo auditor independente esteja devidamente familiarizado com os procedimentos da sociedade auditada. Desse modo, o aumento do prazo do rodízio dos auditores independentes atende a um pleito das companhias abertas fundamentado na preservação da qualidade das informações auditadas, em linha com os melhores interesses de seus acionistas.

Então, a CVM aprovou alteração de alguns artigos da instrução CVM 308/99, esse artigos foram expedidos pela instrução CVM 509/11, objetivando reduzir a possibilidade de comprometimento da qualidade dos serviços de auditoria externa, no artigo 31-A, estabeleceu um novo prazo máximo de dez anos para o auditor manter a prestação de serviços a um mesmo cliente, desde que:

I.   a companhia auditada possua Comitê de Auditoria Estatutário - CAE em funcionamento permanente;

II.   o auditor seja pessoa jurídica.

§ 1º Para a utilização da prerrogativa prevista no *caput*, o CAE deverá estar instalado no exercício social anterior à contratação do auditor independente.

46 | AUDITORIA CONTÁBIL

§ 2º Adotada a prerrogativa prevista no *caput*, o auditor indepen-dente deve proceder à rotação do responsável técnico, diretor, gerente e de qualquer outro integrante da equipe de auditoria com função de gerência, em período não superior a 5 (cinco) anos consecutivos, com intervalo mínimo de 3 (três) anos para seu retorno. " (NR).

- **Interna:** é realizada por funcionários da própria empresa, que fazem parte de um departamento de auditoria interna ou de uma função equivalente, tendo com objetivo principal a avaliação, monitoramento da adequação e efetividade do controle interno.

Além disso, o auditor interno tem por objetivo verificar se as nor-mas e procedimentos internos e demais deliberações emanadas pela alta administração da instituição estão sendo seguidas, bem como, garantir a qualidade e o desempenho das áreas, em relação às atribuições e aos planos, às metas, aos objetivos e as políticas definidas na organização.

Com o crescimento da demanda dessa atividade dentro da empre-sa, o auditor interno passa a ter um papel fundamental na organização.

A definição tradicional do auditor interno está sendo há muito tem-po modificado pelas novas concepções da gestão empresarial, que veem na auditoria interna um importante aliado para a revisão das operações desenvolvidas pelas áreas operacionais e de base.

O auditor interno vêm se tornar um especialista na sua área de com-petência, de modo a estar preparado para auditar em qualquer atividade econômica ou empresarial. O conhecimento de instrumentos e técnicas de auditoria o coloca apto para concorrer o mercado. Auditoria inter-na envolve vários aspectos que vão desde a função de assessoramento até a forma e as atribuições que lhe competem. Tal característica, mais acentuada, permite coibir fraudes e ineficiências no processo. A seguir apresentaremos as principais características dentre as auditorias: exter-na e interna.

4.3. Principais características da auditoria externa x interna

As auditorias externas ou independentes e internas podem ser con-sideradas as principais categorias do ramo de auditoria, suas principais características destas duas modalidades estão descritas a seguir:

CAPÍTULO IV – TIPOS DE AUDITORIA | 47

	Auditoria Interna	Auditoria Externa ou Independente
Relação com a empresa	É executada por empregado da organização. Portanto, é realizada por profissionais que possuem uma independência relativa.	O profissional que realiza não possui qualquer vínculo empregatício nem relação de interesse com a empresa auditada.
Finalidade	Comunicar a alta administração sobre o risco e controle para as áreas apropriadas da organização. Examinar, avaliar e monitorar a adequação e efetividade do controle interno.	Emitir opinião sobre os demonstrativos contábeis.
Tipos de auditoria	Operacional, contábil, análise de legislação e regulamentos.	Contábil
Controles Internos	A avaliação do sistema de controle interno é realizada com a finalidade de desenvolver, aperfeiçoar e induzir ao cumprimento das normas.	A revisão do controle interno atende às normas de auditoria e objetiva determinar a extensão (escopo) do exame das informações contábeis, no caso da auditoria contábil.
Duração	Contínua	Pontual
Volume de testes	Maior	Menor
Gestão de risco	Os exames são direcionados para a identificação de erros e fraudes, que é responsabilidade primária da administração.	Os trabalhos devem ser planejados de modo a identificar erros e fraudes que ocasionem efeitos relevantes nas demonstrações contábeis.
Público alvo	É atender às necessidades e aos interesses da administração. Logo, a extensão (escopo) dos seus trabalhos será sempre definida em função dos anseios da alta direção.	É atender às necessidades de terceiros interessados pela empresa auditada, especialmente, na área privada, os acionistas que estão investindo seu capital na empresa.
Quem exerce a atividade	Contador com registro no CRC	
Documento que produz	Relatório	
Onde é realizada	Em pessoas jurídicas de direito público, interno ou externo, e de direito privado.	

Quadro 3 – Principais características da auditoria Interna X Externa.
Fonte: Os Autores (2016).

48 | AUDITORIA CONTÁBIL

Além das auditoria externa e interna, apresentada neste livro, também temos outros dois tipo de auditoria, são elas:

- **Auditoria Tributária** tem como objetivo efetuar um exame nos saldos contábeis das contas de impostos, taxas e contribuições, visando o controle de sua regularidade fiscal da empresa, respeitando os princípios norteadores da contabilidade e a legislação tributária vigente nesse país, com o intuito de evitar o pagamento indevido ou a maior.

Os auditores têm como atribuição, observar a correta contabilização de despesas gerais pelo regime de competência, tais como: seguros, aluguel, despesas de energia elétrica, água, telefone, leasing, combustível, despesas do dia a dia (notas fiscais de pequenos valores pagas pelo caixa ou fundo fixo do caixa), as quais são pagas após o encerramento do Balanço e contabilizadas no exercício seguinte.

O fato de não ser observada a competência tem como consequência o pagamento a maior de IRPJ, CSSL, PIS e Cofins, assim como verificar a correta contabilização das receitas financeiras provenientes das aplicações de renda variável, que devem ser registradas apenas, na data do resgate em consonância ao Princípio Contábil do Conservadorismo, e entre outras atribuições.

- **Auditoria de Trabalho** é uma importante ferramenta para certificar real situação da relação Empresa x Empregado, por meio de análise criteriosa na área de Recursos Humanos, a fim de se verificar o cumprimento da legislação, as formas de vínculos trabalhistas existentes e os procedimentos adotados, a interface com a legislação trabalhista e previdenciária, desde a admissão do empregado. Ela contempla, dentre outros, os cálculos da folha de folha de pagamento, verificação de horário e jornada de trabalho, concessão de férias, cálculos e recolhimentos do FGTS, INSS, do Seguro de Acidentes do Trabalho, IRRF e revisão das rescisões de contratos de trabalhos.

Engloba ainda, a identificação e a correção de procedimentos vulneráveis, com direcionamento a métodos seguros e de bons resultados e minimiza o risco de eventuais autuações por parte das autoridades fiscalizadoras do trabalho, da previdência social e de reclamações trabalhistas.

Ao término do capítulo, inserimos uma lista de exercícios elaborado pelo autor e questões mais recentes de concursos públicos para fixação da matéria.

CAPÍTULO IV – TIPOS DE AUDITORIA | 49

4.4. Exercícios – Tipos de auditoria

1. **(IF-BA- Auditor – FUNRIO – 2014)** - É correto afirmar que a auditoria externa:

   (A) possui dependência hierárquica em relação à empresa auditada.

   (B) tem como finalidade principal promover melhorias no controle operacional da organização.

   (C) emite opiniões que possuem baixo grau de confiabilidade junto aos acionistas.

   (D) desenvolve seu trabalho em função do escopo que é determinado pela gerência da empresa auditada.

   (E) tem como finalidade opinar acerca das demonstrações financeiras por meio de um parecer.

2. **(SEFAZ- MT - Auditor Fiscal Tributário da Receita Municipal – FGV – 2014)** - Sobre a auditoria interna, de acordo com a NBC TI 01 – da Auditoria Interna, assinale a afirmativa **incorreta.**

   (A) Deve ser documentada por meio de papéis de trabalho elaborados em meio físico ou eletrônico, que devem ser organizados e arquivados de forma sistemática e racional.

   (B) Deve incluir testes de observância e testes substantivos, que permitam ao auditor interno obter subsídios suficientes para fundamentar suas conclusões e recomendações para a administração da entidade.

   (C) Deve empregar recursos tecnológicos de processamento de informações, o que requer profissionais com conhecimentos suficientes para implementar os procedimentos, ou orientar, supervisionar e revisar os trabalhos de especialistas.

   (D) Deve avaliar a necessidade de emissão de relatório parcial, na hipótese de constatar impropriedades, irregularidades ou ilegalidades que exijam providências imediatas da administração da entidade e que não possam aguardar o final dos exames.

   (E) Deve assessorar a administração da entidade no trabalho de prevenção de fraudes e erros, obrigando-se a divulgar para os funcionários da empresa, por meio eletrônico, quaisquer indícios ou confirmações de irregularidades detectadas no decorrer de seu trabalho.

50 | AUDITORIA CONTÁBIL

3. **(SEFAZ-PE - Auditor Fiscal do Tesouro Estadual – FCC – 2014)** - Agregar valor ao resultado da organização, apresentando subsídios para o aperfeiçoamento dos processos, da gestão e dos controles internos, por meio da recomendação de soluções para as não conformidades apontadas nos relatórios, é finalidade, decorrente da atividade

(A) do controle interno.

(B) da auditoria interna.

(C) do conselho fiscal.

(D) da auditoria externa.

(E) do conselho de administração.

4. **(Auditor – UFSC 2011 – QUESTÃO 25)** Quanto às formas de auditoria, é **CORRETO** afirmar que:

(A) a auditoria geral é aquela que engloba todas as unidades operacionais de uma entidade.

(B) a auditoria geral é aquela que engloba todos os registros e todas as transações da entidade; pode ser comparada com uma perícia contábil, devido a sua profundidade.

(C) a auditoria parcial é aquela que atinge todos os registros contábeis e operacionais de uma entidade pública.

(D) a auditoria integral é aquela realizada com limitação nos testes, ou seja, audita-se por amostragem.

(E) a auditoria permanente é aquela realizada quando há uma suspeita de fraude na entidade.

5. **(Auditor – INFRAERO 2011 – QUESTÃO 32)** A auditoria operacional efetuada pelo órgão de controle interno

(A) tem por finalidade o exame de fatos ou situações consideradas relevantes, de natureza incomum ou extraordinária, sendo realizadas para atender determinação expressa de autoridade competente.

(B) compreende o exame dos registros e documentos e a coleta de informações e confirmações, mediante procedimentos específicos, pertinentes ao controle do patrimônio de uma unidade, entidade ou projeto.

(C) objetiva emitir opinião com vistas a certificar a regularidade das contas, verificar a execução de contratos, acordos, convênios ou ajustes, a probidade na aplicação dos dinheiros públicos e na guarda ou administração de valores e outros bens da entidade auditada ou a ela confiados.

(D) consiste em avaliar as ações gerenciais das unidades ou entidades da administração pública, programas de governo,

CAPÍTULO IV – TIPOS DE AUDITORIA | 51

projetos, atividades, ou segmentos destes, com a finalidade de emitir uma opinião sobre a gestão quanto aos aspectos da eficiência, eficácia e economicidade.

(E) tem por objetivo atuar em tempo real sobre os atos efetivos e os efeitos potenciais positivos e negativos de uma unidade ou entidade auditada, evidenciando melhorias e economias existentes no processo ou prevenindo gargalos ao desempenho da sua missão institucional.

6. **(CBTU-METROREC - Analista de Gestão - Contador – CONSULPLAN – 2014)** - Sobre a proteção que a auditoria oferece à riqueza patrimonial, dando maior segurança e garantia aos administradores, proprietários, fisco e financiadores do patrimônio, analise.

I. Sob o aspecto administrativo, contribui para redução de ineficiência, negligência, incapacidade e improbidade de empregados e administradores.

II. Sob o aspecto patrimonial, possibilita melhor controle dos bens, direitos e obrigações que constituem o patrimônio.

III. Sob o aspecto fiscal é fator de mais rigoroso cumprimento das obrigações fiscais, resguardando o patrimônio contra multas, o proprietário contra penalidades decorrentes da lei de sonegação fiscal e o fisco contra sonegação de impostos, sendo praticado apenas em empresas de médio porte.

IV. Sob o aspecto técnico, contribui para a mais adequada utilização das contas, maior eficiência dos serviços contábeis, maior precisão das informações e a garantia de que a escrituração e as demonstrações contábeis foram elaboradas de acordo com os princípios e normas de Contabilidade.

V. Sob o aspecto financeiro, resguarda créditos de terceiros – fornecedores e financiadores – contra possíveis fraudes e dilapidações do patrimônio, permitindo maior controle dos recursos para fazer face a esses compromissos.

VI. Sob o aspecto ético, examina a moralidade do ato praticado.

Estão corretas apenas as afirmativas :

(A) III, V e VI.

(B) I, II, III e IV.

(C) II, III, IV e V.

(D) I, II, IV, V e VI.

52 | AUDITORIA CONTÁBIL

7. **(PROCEMPA** - Analista Administrativo - Contador – **FGV** – **2014)** Em relação ao exercício da auditoria interna, o auditor interno deve

(A) Manter a sua autonomia profissional, não prestando assessoria ao Conselho Fiscal.

(B) manter sua independência, não realizando trabalhos de modo compartilhado.

(C) manter o zelo em relação a seus papéis de trabalho, não os apresentando aos auditores independentes.

(D) manter a abrangência, não limitando o seu trabalho à sua área de atuação.

(E) manter sigilo, sobre as informações obtidas durante o trabalho, as divulgando somente quando autorizado pela Entidade em que atua, inclusive depois de terminado o vínculo contratual ou empregatício.

8. **(TJ-SP – Contador – VUNESP – 2013)** - A atividade da Auditoria Interna está estruturada em procedimentos, com enfoque técnico, objetivo, sistemático e disciplinado, e tem a finalidade

(A) exclusiva de atender aos objetivos do conselho de administração e do conselho fiscal, em busca de eficiência dos controles internos.

(B) de reduzir custos com os riscos operacionais, bem como tornar os processos mais otimizados, ganhando em tempo e desempenho.

(C) de agregar valor ao resultado financeiro de qualquer organização, reduzindo o número de controles num processo de forma a torná-lo mais eficaz frente à atual busca de rapidez e eficiência de mercado, por meio de recomendação de soluções para as não conformidades apontadas nos relatórios.

(D) de agregar valor ao resultado da organização, apresentando subsídios para o aperfeiçoamento dos processos, da gestão e dos controles internos, por meio da recomendação de soluções para as não conformidades apontadas nos relatórios.

(E) de agregar valor ao resultado da organização, apresentando subsídios para o aperfeiçoamento dos controles internos, por meio da recomendação de soluções, bem como da eficiência dos trabalhos da auditoria externa de demonstrações financeiras.

9. **(Contador – BR distribuidora 2012 – QUESTÃO 54)** O objetivo a ser alcançado pelo auditor externo no momento da conclusão da auditoria é :

(A) verificar a existência, a suficiência e a aplicação dos controles internos, bem como contribuir para o seu aprimoramento, avaliando a necessidade de novas normas.

(B) analisar se as normas internas estão sendo seguidas, verificando a necessidade de melhoramento das normas internas vigentes.

(C) verificar a suficiência e a aplicação dos controles internos, bem como emitir relatório dos auditores independentes sobre a utilização das demonstrações contábeis.

(D) emitir relatório dos auditores independentes sobre as demonstrações contábeis, verificando se estas refletem adequadamente a posição patrimonial ou financeira, o resultado das operações e as origens e aplicações de recursos da empresa, bem como analisar se essas demonstrações foram elaboradas de acordo com os princípios contábeis e se esses princípios foram aplicados com uniformidade em relação ao exercício anterior.

(E) emitir opinião sobre a adequação das ações administrativas da empresa às normas contábeis, bem como verificar se o planejamento estratégico da empresa foi aplicado adequadamente e de acordo com as condições financeiras dos sócios e administradores.

54 | AUDITORIA CONTÁBIL

10. **(Auditor – Transpetro 2011 – QUESTÃO 21)** A administração das empresas utiliza a Auditoria Interna como:

(A) Forma de intimidar os fraudadores

(B) Órgão de assessoria e controle

(C) Órgão de linha para minimizar os impostos pagos

(D) Órgão para análise e implementação de projetos

(E) Instrumento de avaliação financeira

11. **(Auditor – Transpetro 2011 – QUESTÃO 22)** O(s) objetivo(s) da Auditoria Interna é (são):

(A) verificar o sistema tributário que a empresa opera, visando à redução de impostos.

(B) examinar as demonstrações contábeis encerradas no exercício findo.

(C) examinar os manuais de procedimento, visando a detectar não conformidades.

(D) verificar os sistemas informatizados da empresa, visando a detectar fraudes.

(E) examinar os controles internos e avaliar a eficiência e a eficácia da gestão.

12. **(QUESTÃO ADAPTADA PELOS AUTORES)** A auditoria realizada ao longo dos processos de gestão, com o objetivo de atentar para as transações sob a ótica da economicidade, eficiência e eficácia e das causas e dos efeitos decorrentes; verificar a efetividade de programas específicos; desempenho obtido diante das metas estabelecidas pela entidade:

(A) auditoria de avaliação da gestão.

(B) auditoria operacional.

(C) auditoria de acompanhamento da gestão.

(D) auditoria contábil. (E) auditoria especial.

13. **(Auditor–SEFAZ RJ 2011–QUESTÃO 92)** Consoante o Conselho Federal de Contabilidade (CFC), assinale a alternativa correta.

(A) O objetivo da auditoria é aumentar o grau de confiança nas demonstrações contábeis por parte dos usuários. Isso é alcançado mediante a expressão de uma opinião pelo auditor sobre se as demonstrações contábeis foram elaboradas, em todos os

CAPÍTULO IV – TIPOS DE AUDITORIA | 55

aspectos relevantes, em conformidade com uma estrutura de relatório financeiro aplicável.

(B) A auditoria de demonstrações contábeis pode ser exercida por técnicos de contabilidade (sem graduação na área), desde que tenham mais de 5 anos de experiência, devidamente comprovada.

(C) Se, porventura, o auditor julgar-se incompetente para realizar um serviço de auditoria de demonstrações contábeis, pode ele recomendar um auditor capacitado. Nesse caso, ao cobrar alguma remuneração pela indicação, não estará infringindo nenhuma norma, desde que o profissional indicado seja capaz e esteja regular perante o Conselho Regional de Contabilidade.

(D) Ao descobrir um erro ou fraude, o relatório do auditores independentes do auditor deverá, necessariamente, conter, pelo menos, uma ressalva (relatório do auditores independentes com ressalva).

(E) Ao descobrir um erro ou fraude, o relatório do auditores independentes do auditor deverá, necessariamente, ser emitido na modalidade "adverso".

14. **(Auditor – TCE RS 2011 – QUESTÃO 21)** Acerca da Norma Brasileira de Contabilidade - NBC TA 200, assinale a alternativa correta.

(A) a opinião do auditor sobre as demonstrações contábeis trata de determinar se tais demonstrações são elaboradas, em todos os aspectos relevantes, em conformidade com a estrutura de relatório financeiro aplicável. Assim é possível inferir que a opinião do auditor é capaz de assegurar a viabilidade futura da entidade, a sua eficácia ou eficiência com a qual a administração conduziu os negócios da entidade.

(B) para o auditor, é importante saber que lei ou regulamento não podem estabelecer as responsabilidades da administração ou dos responsáveis pela governança, em relação a relatórios financeiros produzidos pela entidade auditada.

(C) as demonstrações contábeis não podem ser elaboradas em conformidade com uma estrutura de relatório financeiro para satisfazer as necessidades de informação financeira de usuários específicos, isto é, "demonstrações contábeis para propósitos especiais".

(D) a estrutura dos relatórios financeiros depende exclusivamente das normas de informação contábil editadas pelo CFC.

56 | AUDITORIA CONTÁBIL

(E) a opinião expressa pelo auditor é se as demonstrações contábeis foram elaboradas, em todos os aspectos relevantes, em conformidade com a estrutura de relatório financeiro aplicável. Para o setor público, a forma da opinião do auditor depende da estrutura de relatório financeiro aplicável e de lei ou regulamento, que sejam aplicáveis.

15. **(QUESTÃO ADAPTADA PELOS AUTORES)** Os conceitos de extensão dos trabalhos de auditoria contém auditoria:

(A) geral;   (C) de sistemas;   (E) integral.
(B) operacional; (D) contábil;

16. **(Auditor – TCE RS 2011 – QUESTÃO 31). Há** determinados atributos que diferenciam a auditoria externa da interna. São elementos que caracterizam a auditoria externa, **exceto** o que está apontado na alternativa:

(A) relatório dos auditores independentes é o principal.
(B) grau de independência menor.
(C) responsabilidade profissional, civil e criminal.
(D) opinião sobre as demonstrações contábeis.
(E) os interessados são a empresa e o público em geral.

17. **(Auditor – TCE PA 2011 – QUESTÃO 22)** O objetivo de uma auditoria das demonstrações contábeis de uma empresa é permitir ao auditor independente

(A) estudar e controlar o patrimônio da empresa para fornecer informações sobre aspectos relevantes da sua composição patrimonial e suas variações.
(B) expressar opiniões acerca das técnicas de escrituração adotado na entidade e planejar maneiras para registrar os atos e fatos administrativos, em conformidade com as normas contábeis.
(C) avaliar e implantar normas e procedimentos de controle interno para proteção dos bens tangíveis e intangíveis da empresa.
(D) expressar opiniões se essas demonstrações traduzem ou não, em todos os aspectos relevantes, a situação do patrimônio da empresa, de acordo com as normas brasileiras de contabilidade.
(E) avaliar a confiabilidade, tendenciosidade, passividade e comparabilidade das demonstrações para que os usuários tenham segurança de que as informações estão de acordo com a legislações e normas previstas.

CAPÍTULO IV – TIPOS DE AUDITORIA | 57

18. (QUESTÃO ADAPTADA PELOS AUTORES) - A auditoria:

(A) integral refere-se a profundidade dos exames dos registros contábeis, documentos e do sistema de controle interno.

(B) especial compreende o exame dos registros e documentos e a coleta de informações e confirmações com o objetivo de controlar corretamente o patrimônio da unidade ou entidade pública.

(C) técnica tem por finalidade emitir uma opinião sobre a gestão da unidade ou entidade pública quanto aos aspectos de eficiência, economicidade e eficácia.

(D) operacional objetiva o exame de fatos ou situações considerados relevantes, de natureza incomum ou extraordinária, e é realizada com o intuito de atender determinação expressa de autoridade competente.

(E) contábil tem por finalidade verificar a probidade na aplicação dos recursos públicos e na guarda e administração dos bens da unidade ou entidade pública.

19. (Fiscal de Rendas – ISS RJ 2010 Adaptada – QUESTÃO 61) - A respeito dos objetivos da auditoria interna e da auditoria independente, é correto afirmar que:

(A) o objetivo da auditoria interna é apoiar a administração da entidade no cumprimento dos seus objetivos, enquanto o da auditoria independente é a emissão de Relatório dos auditores independentes sobre as demonstrações contábeis.

(B) a auditoria interna se preocupa em avaliar os métodos e as técnicas utilizadas pela contabilidade, enquanto a auditoria externa cuida de revisar os lançamentos e demonstrações contábeis.

(C) a atuação de ambas não difere na essência uma vez que os objetivos da avaliação é sempre a contabilidade.

(D) a auditoria interna cuida em verificar os aspectos financeiros da entidade, enquanto a auditoria externa se preocupa com os relatórios dos auditores independentes sobre as demonstrações contábeis.

(E) o objetivo da auditoria interna é produzir relatórios demonstrando as falhas e deficiências dos processos administrativos e os da auditoria externa é emitir Relatório dos auditores independentes sobre as demonstrações contábeis sobre a execução contábil e financeira da entidade.

58 | AUDITORIA CONTÁBIL

20. **(APOFP – SEFAZ SP 2010 – QUESTÃO 66)** - As auditorias internas e externas atuam em diferentes graus de profundidade e de extensão nas tarefas de auditoria. Embora exista uma conexão nos trabalhos de ambas, é função da auditoria externa

(A) acompanhar o cumprimento de normas técnicas e a política de administração da empresa, na consecução dos seus objetivos.

(B) avaliar e testar os sistemas de controles internos e contábil, em busca da razoável fidedignidade das Demonstrações Contábeis.

(C) desenvolver continuamente o trabalho de auditoria na empresa, concluindo as tarefas com a elaboração de relatórios.

(D) seguir as normas e procedimentos de auditoria na execução dos trabalhos, com grau de independência limitado.

(E) prevenir erros e fraudes, sugerindo aos administradores da empresa os ajustes necessários.

21. **(Contador – Sergipe Gás S.A 2010 – QUESTÃO 38)**. Analise as afirmações que seguem.

I. A auditoria externa tem menor independência do que a interna para realização de seus trabalhos.

II. O auditor externo tem como objetivo certificar que as demonstrações contábeis representam em sua relevância a posição econômica e financeira da entidade e que foram elaboradas de acordo com os princípios contábeis geralmente aceitos e com as normas de auditoria.

III. A auditoria interna da empresa deve assessorar a administração na prevenção de fraudes e erros.

Está correto o que se afirma em:

(A) III, somente.

(B) I e II, somente.

(C) I e III, somente.

(D) II e III, somente.

(E) I, II e III.

22. **(Técnico de Controle Externo – TCE TO 2009 – QUESTÃO 53)** -De acordo com a relação do auditor com a entidade auditada, distinguem-se as auditorias interna e externa. Acerca desse assunto, assinale a opção **correta**.

(A) o vínculo de emprego do auditor interno lhe retira a independência profissional desejável para atuar nos termos das normas vigentes.

CAPÍTULO IV – TIPOS DE AUDITORIA | 59

(B) as empresas, de um modo geral, independentemente de seu porte e da relação custo-benefício, devem dispor de auditoria interna permanente.

(C) a auditoria interna não tem como objetivo precípuo a emissão de relatório sobre as demonstrações contábeis, sendo executada mais para fins administrativos internos do que para prestação de contas a terceiros.

(D) a auditoria externa deve prescindir do concurso da auditoria interna, sob pena de ser induzida em seus exames e perder a desejável independência.

(E) A auditoria externa deve atuar permanentemente e continuamente, exercendo um controle prévio, concomitante e consequente.

23. **(Auditoria – AFTN RS 2009 – QUESTÃO 64)** - Assinale a alternativa **incorreta** quanto à distinção entre auditoria interna e auditoria externa.

(A) O relatório é o instrumento técnico pelo qual o auditor interno comunica os trabalhos realizados, suas conclusões, recomendações e as providências a serem tomadas pela administração.

(B) O relatório do auditores independentes do auditor independente é o documento e diante o qual ó auditor expressa sua opinião, de forma clara e objetiva, sobre as demonstrações contábeis nele indicadas.

(C) O relatório do auditores independentes do auditor independente é dirigido aos acionistas, cotistas, ou sócios, ao conselho de administração ou à diretoria da entidade, ou outro órgão equivalente, segundo a natureza desta. Em circunstâncias próprias, o relatório do auditores independentes é dirigido ao contratante dos serviços.

(D) O relatório do auditor interno é confidencial e deve ser apresentado ao superior imediato ou pessoa autorizada que o tenha solicitado.

(E) O auditor interno é funcionário da empresa, mas, como executa auditoria contábil e operacional, deve ter total independência dentro da entidade.

60 | AUDITORIA CONTÁBIL

24. (Auditor – Sefin Natal 2008 – QUESTÃO 41) - **No** processo de auditoria independente, deve-se:

(A) garantir a viabilidade futura da entidade.

(B) dividir a responsabilidade entre a equipe técnica e o auditor.

(C) abolir o uso de práticas consagradas pela Profissão Contábil.

(D) certificar a continuidade da empresa pelos próximos 5 anos.

(E) emitir opinião sobre as demonstrações contábeis com assinatura de contador devidamente registrado.

25. (Contador Júnior – Petrobrás Distribuidora 2008 – QUESTÃO 66) - De acordo com a Lei n. 6.404/76 e 11.638/07, estão obrigadas à auditagem por auditores independentes, registrados na Comissão de Valores Mobiliários (CVM), as sociedades anônimas

(A) e as demais sociedades.

(B) de capital aberto, somente.

(C) de capital aberto e de capital fechado, somente.

(D) de capital aberto e as sociedades de grande porte.

(E) de capital aberto, de capital fechado e as sociedades de grande porte.

26. (Auditor – Petrobras 2008 – QUESTÃO 60) Com o crescimento do volume de negócios e das normas legais, as Companhias sentiram a necessidade de dar maior ênfase aos procedimentos internos e instituir um setor de Auditoria Interna que fosse além dos testes realizados pela Auditoria Externa. Com relação às principais diferenças entre a Auditoria Interna e a Externa, analise as afirmativas abaixo:

I. O auditor externo não possui vínculo empregatício com a empresa auditada, enquanto que o auditor interno é empregado da empresa auditada.

II. O principal objetivo da auditoria externa é emitir um Relatório dos auditores independentes sobre as demonstrações contábeis sobre as demonstrações contábeis, já a auditoria interna executa a auditoria contábil e operacional, como revisão de procedimentos e normas internas.

CAPÍTULO IV – TIPOS DE AUDITORIA | 61

III. O relatório emitido pelos auditores externos deve conter notas sobre os testes realizados pelos auditores internos com suas conclusões, sendo que o contrário não ocorre.

IV. A auditoria externa está interessada em erros que possam alterar de maneira substancial as informações das demonstrações contábeis, enquanto a auditoria interna realiza testes buscando possíveis falhas operacionais nos procedimentos internos.

Estão corretas **APENAS** as afirmativas:

(A) II e III

(B) III e IV

(C) I, II e III

(D) I, II e IV

(E) II, III e IV

27. **(Contador – UNIRIO 2008 – QUESTÃO 11). Não** é obrigação do auditor independente, quando da auditoria das demonstrações contábeis:

(A) opinar sobre o conteúdo do relatório da administração.

(B) elaborar as notas explicativas às demonstrações contábeis.

(C) realizar reuniões com a diretoria da empresa auditada.

(D) elaborar papéis de trabalho.

(E) obter carta de responsabilidade da administração.

28. **(Consultor de orçamento – Senado Federal 2008 – QUESTÃO 65)** O foco da auditoria de _____ é o processo de gestão nos seus múltiplos aspectos de planejamento, de organização, de procedimentos operacionais e de acompanhamento gerencial, inclusive quanto aos seus resultados em termos de metas alcançadas.

Assinale a alternativa que complete corretamente a lacuna acima.

(A) gestão

(B) avaliação de programas

(C) regularidade

(D) cumprimento

(E) desempenho operacional

62 | AUDITORIA CONTÁBIL

29. **(Contador – TCE RO 2007 – QUESTÃO 56)** De modo diferente do auditor externo, o auditor interno é um empregado da empresa, o que lhe permite, em decorrência, maior dedicação para realizar o seu trabalho. Além dessa, outra diferença do trabalho do <u>auditor interno</u> em relação ao auditor externo é:

(A) Emitir opinião fundamentada sobre as demonstrações contábeis.

(B) Executar, apenas, auditoria contábil.

(C) Realizar menor volume de testes.

(D) Utilizar testes que visam a identificar erros que possam alterar substancialmente as demonstrações.

(E) Verificar a necessidade de aprimorar normas operacionais.

30. **(Auditor Pleno – PUC PR 2010 – QUESTÃO 11)** Assinale a opção que **NÃO** representa uma responsabilidade do auditor interno na execução dos seus trabalhos, conforme as Normas Profissionais do Auditor Interno:

(A) Ter o máximo de cuidado, imparcialidade e zelo na realização dos trabalhos e na exposição das conclusões.

(B) Prevenir e detectar todas as fraudes e os erros ocorridos na entidade é responsabilidade primária do auditor interno.

(C) A amplitude do trabalho e a responsabilidade do auditor interno limitam-se a sua área de atuação.

(D) Formar equipe de auditoria interna composta por pessoas com capacitação profissional requerida pelas circunstâncias.

(E) Cabe ao auditor interno, quando solicitado, prestar assessoria ao Conselho Fiscal ou órgão equivalente.

31. **(Auditor – Petrobrás 2011 – QUESTÃO 33)** O processo de auditoria interna em uma empresa privada requer do auditor uma série de características relacionadas à conduta ética do profissional, principalmente por conta da convivência constante com os auditados. Em relação a essa conduta, considere os deveres a seguir.

I. Estabelecer um relacionamento pessoal e íntimo com os demais colegas de trabalho, principalmente em atividades após a jornada de trabalho, o que facilitaria a execução da auditoria.

CAPÍTULO IV – TIPOS DE AUDITORIA | 63

II. Manter um determinado grau de independência em relação aos auditados e à alta administração da empresa, gerando maior conforto e transparência na execução dos testes.

III. Cuidar do marketing pessoal vestindo-se de acordo com as normas da empresa, cuidando da higiene pessoal, da postura e do linguajar, evitando gírias e piadas excessivas.

IV. Estar sempre atualizado em relação aos negócios da empresa e aos processos auditados, passando maior credibilidade aos envolvidos na auditoria.

V. Concluir sobre os testes efetuados, mesmo sem evidências suficientes, desde que a informação tenha sido passada por um funcionário de confiança dentro da empresa.

São corretos **APENAS** os deveres apresentados em:

(A) I, IV e V.

(B) II, III e IV.

(C) II, III e V.

(D) I, II, III e IV.

(E) I, III, IV e V.

32. (Auditor Jr.. - ITAIPU Binacional 2012 – QUESTÃO 27) A NBC PI 01 estabelece as normas profissionais para o auditor interno. Os assuntos tratados nessa norma são:

(A) objetivos, conceito, execução, procedimentos e planejamento.

(B) objetivos, conceito, competência técnico-profissional, responsabilidade do auditor externo e sigilo.

(C) objetivos, conceito, competência técnico-profissional, responsabilidade do auditor interno na execução dos trabalhos e sigilo.

(D) competência técnico-profissional, autonomia profissional, responsabilidade do auditor interno na execução dos trabalhos, relacionamento com profissionais de outras áreas, sigilo e cooperação com o auditor independente.

(E) objetivos, conceito, competência técnico-profissional, autonomia profissional, responsabilidade do auditor interno na execução dos trabalhos, relacionamento com profissionais de outras áreas, sigilo e cooperação com o auditor independente.

64 | AUDITORIA CONTÁBIL

33. (Auditor Jr.. - ITAIPU Binacional 2012 – QUESTÃO 28)
Quanto à responsabilidade do auditor interno, considere as seguintes afirmativas:

1. A amplitude do trabalho do auditor interno não pode ser limitada à sua área de atuação.
2. A utilização da equipe técnica supõe razoável segurança de que o trabalho venha a ser executado por pessoas com capacitação profissional e treinamento requerido nas circunstâncias.
3. Cabe também ao auditor interno, quando solicitado, prestar assessoria ao Conselho Fiscal ou órgãos equivalentes.

Assinale a alternativa correta.

(A) Somente a afirmativa 1 é verdadeira.

(B) Somente a afirmativa 2 é verdadeira.

(C) Somente as afirmativas 1 e 3 são verdadeiras.

(D) Somente as afirmativas 2 e 3 são verdadeiras.

(E) As afirmativas 1, 2 e 3 são verdadeiras.

CAPÍTULO V – PLANEJAMENTO DE AUDITORIA

"Antes da batalha o planejamento é tudo. Assim que o tiroteio começa, planos são inúteis."

Dwight Eisenhower

5.1. Introdução

Planejar é a técnica de pensar hoje as implicações futuras de uma decisão que pode ser ou não tomada no presente. É o prever hoje o que poderá ou não ocorrer amanhã. É uma das funções básicas da administração e, também, da atividade auditorial. Significa o "trabalho de preparação para qualquer empreendimento, segundo roteiro e métodos determinados; elaboração, por etapas, com bases técnicas (especialmente no campo socioeconômico), de planos e programas com objetivos definidos", conforme define Aurélio (Ferreira,1986).

Megginson et. al. (1998) registram que o planejamento pode ser conceituado como "o processo de estabelecer objetivos ou metas, determinando a melhor maneira de atingi-las. O planejamento estabelece o alicerce para as subsequentes funções de organizar, liderar e controlar, por isso é considerado função fundamental do administrador".

No planejamento definem - se as diretrizes (princípios norteadores), os objetivos que visam planejar a auditoria de forma a realizá-la de maneira eficaz e as ações necessárias para implementação dos controles relevantes para a auditoria, estabelecendo assim os procedimentos metodológicos.

De fato, o auditor deverá obter o entendimento do negócio da empresa para que possa compreender a substância econômica das transações da entidade e desenvolver um estudo de como desempenhará o trabalho.

Com isso o auditor tomará a decisão de como elabora o seu planejamento a respeito dos fatos que são relevantes nas demonstrações e quantificar o risco na execução do seu trabalho.

A NBC TA 300 (R1) define o planejamento como um processo contínuo e interativo que muitas vezes começa logo após (ou em conexão com) a conclusão da auditoria anterior, continuando até a conclusão

66 | AUDITORIA CONTÁBIL

do trabalho de auditoria atual nas demonstrações contábeis. O planejamento inclui a necessidade de considerar, antes da identificação e avaliação dos riscos e distorções relevantes, os seguintes aspectos:

(a) os procedimentos analíticos a serem aplicados como avaliação de risco. (Vide capítulo IX);

(b) obtenção de entendimento global da estrutura jurídica e o ambiente regulatório aplicável à entidade e como ela cumpre;

(c) a determinação da materialidade;

(d) o envolvimento de especialistas;

(e) a aplicação de outros procedimentos de avaliação de risco.

5.2. Fases do planejamento

O item 7 da NBC TA 300 (R1) define duas grandes fases de planejamento, são elas:

- Estratégia global;
- Plano de auditoria.

5.2.1. Estratégia global

O auditor deverá estabelecer uma estratégia global de auditoria antes de iniciar os procedimentos técnicos que possam definir o alcance (atingir), a época (período) e a direção (caminho a ser percorrido pelo auditor), de forma a identificar o escopo (extensão dos trabalhos de auditoria) para implementar o desenvolvimento do plano de auditoria, devendo:

(a) identificar as características do trabalho para definir o seu alcance;

(b) definir os objetivos do relatório do trabalho de forma a planejar a época da auditoria e a natureza das comunicações requeridas;

(c) considerar os fatores que no julgamento profissional do auditor são significativos para orientar os esforços da equipe do trabalho;

(d) considerar os resultados das atividades preliminares do trabalho de auditoria; e

(e) determinar a natureza, a época e a extensão dos recursos necessários para realizar o trabalho.

A seguir elaboramos um fluxograma, para entendermos todos os caminhos que serão percorrido na fase de planejamento. Vejamos:

CAPÍTULO V – PLANEJAMENTO DE AUDITORIA | 67

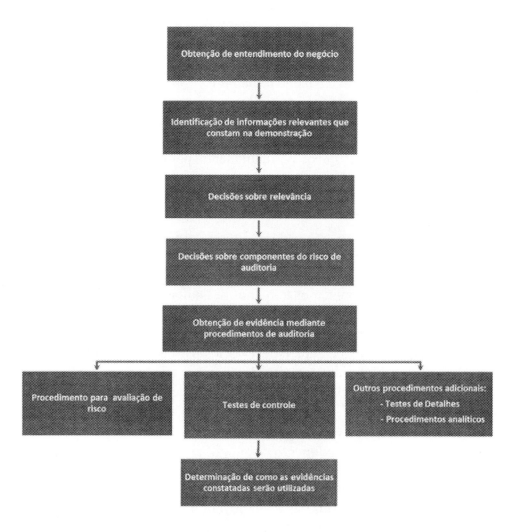

Figura 2 - Visão geral do processo de auditoria.
Fonte: Adaptado de Boynton, Willian C. Auditoria, São Paulo: Atlas,2002.

5.2.1.1. Documentação da estratégia global

A documentação da estratégia global de auditoria é o registro das decisões-chave consideradas necessárias para planejar adequadamente a auditoria e comunicar temas importantes à equipe de trabalho. Por exemplo, o auditor pode resumir a estratégia global de auditoria na forma de memorando contendo as decisões-chave relativas ao alcance global, a época e a condução da auditoria.

A estratégia global e o plano de auditoria estão relacionados entre si e não são processos estanques e isolados, qualquer alteração em um deles irá trazer impacto no outro, temos como exemplo a conjuntura econômica e política vivida pelo país em 2016, que teve como consequência redução dos investimentos, queda no faturamento, por conseguinte aumento do risco que traz impacto direto na estratégia e no plano de auditoria.

5.2.2. Plano de auditoria

Ao desenvolver o plano de auditoria, também conhecido como programa de auditoria, o auditor deve detalhar os procedimentos a serem realizados no decurso da auditoria pelos membros da equipe com objetivo de operacionalizar os trabalhos de auditagem, devendo incluir:

(a) a natureza, a época, extensão dos procedimentos planejados de avaliação de risco e outros procedimentos adicionais de auditoria planejados e necessários para que o trabalho esteja em conformidade com as normas de auditoria, na qual serão realizados pelos auditores, conforme definição a seguir:

5.2.2.1. Natureza

A natureza do procedimento de auditoria se refere à sua finalidade (isto é, teste de controle ou teste de detalhes) e ao seu tipo (isto é, inspeção, observação, indagação, confirmação, recálculo, reexecução ou procedimento analítico) que serão abordados no capítulo IX. A natureza dos procedimentos de auditoria é de suma importância na resposta aos riscos avaliados.

5.2.2.2. Época

A época dos procedimento de auditoria refere-se ao momento em que ele é executado ou ao período ou, ainda, a data em que a evidência de auditoria se aplica.

5.2.2.3. Extensão do procedimento

A extensão do procedimento de auditoria refere-se à quantidade a ser executada, por exemplo, o tamanho da amostra ou a quantidade de observações de uma atividade de controle.

5.2.3. Documentação do plano de auditoria

A documentação do plano de auditoria é o registro da natureza, época e extensão planejadas dos procedimentos de avaliação de risco e dos procedimentos adicionais de auditoria no nível da afirmação, em resposta aos riscos avaliados. Também serve para registrar o apropriado planejamento dos procedimentos de auditoria que podem ser revisados e aprovados antes da sua aplicação. O auditor pode utilizar planos de auditoria padrão ou listas de verificação de conclusão da auditoria, adaptados de forma a refletirem as circunstâncias particulares do trabalho.

A seguir apresentamos documentação referente ao fluxo do plano/programa de auditoria e previsão do tempo para realização do trabalho.

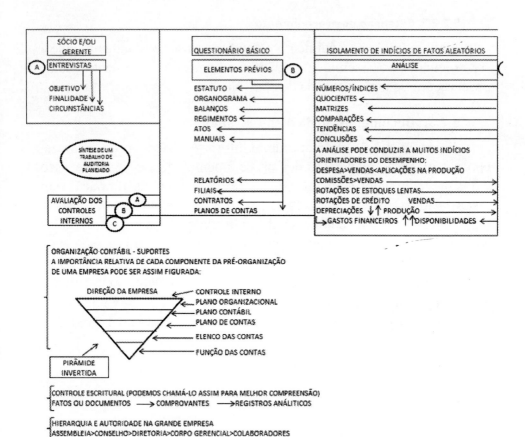

Quadro 4 - Plano de Auditoria
Fonte: Adaptado pelos autores.

MODELO

Cliente:

ORÇAMENTO DE HORAS

LEGENDA: S = SÓCIO G = GERENTE
P = PLENO A = ASSISTENTE T = TOTAL

Classificação do Trabalho (1)	Durante o ano (2) S	G	P	A	T	VISITAS FINAL (3) S	G	P	A	T	TOTAL (4) S	G	P	A	T
1 Contatos, Orçamentos e Proposta	7	8			15						7	8			15
2 Relatórios e Recomendações ao cliente	3	7			10			20		20	3	7	20		30
3 Contatos, Orçamentos e Proposta									5	5				5	5
4 Contagem de Caixa			5	10	15								5	10	15
5 Reconciliações Bancárias				5	5			5	5	10			5	10	15
6 Confirmações de Saldos Bancários			5		5			5		5			10		10
7 Teste de Vendas e Custo dos Produtos Vendidos				5	5				5	5				10	10
8 Confirmações de Saldos de Clientes				15	15			5	5	10			5	20	25
9 Exame do Balancete de Clientes			10		10			10		10			20		20
10 Exame de Pagamentos Subsequentes			10		10								10		10
11 Pastas Permanentes				5	5									5	5
12 Exame de Adiantamentos a Terceiros									10	10				10	10
13 Exame de Impostos a Recuperar				5	5				5	5				10	10
14 Teste de Compras		5	10		15							5	10		15
15 Inventários Físicos								5	10	15			5	10	15
16 Exame Final dos Estoques								10		10			10		10
17 Despesas Pagas Antecipadamente									5	5				5	5

Preliminar: itens 1 – 13
Estoques: itens 14 – 16
Ativo Circulante: item 17

Quadro 5 – Orçamento por horas

Imobilizado e seus partos:

Item					Total
18 Adições e Baixas do Ativo Imobilizado		5			5
19 Depreciação				5	5
20 Exame de Folha de Pagamento			5		5
21 Exame dos Fornecedores				5	5
22 Exame de Pagamentos Subsequentes					
23 Exame das contas a Pagar		5		10	15
24 Exame de Capital				5	5
25 Reservas			5		5
26 Exame de Receitas e Despesas			10		10
TOTAL	**10**	**25**	**60**	**65**	**160**

Patrimônio Líquido:

Item					Total
18 Adições e Baixas do Ativo Imobilizado				5	5
19 Depreciação			5	5	5
20 Exame de Folha de Pagamento			10	10	
21 Exame dos Fornecedores			10	10	
22 Exame de Pagamentos Subsequentes		5	10	15	
23 Exame das contas a Pagar			5	5	
24 Exame de Capital		5	5	10	
25 Reservas		5	5	10	
26 Exame de Receitas e Despesas					
TOTAL	**0**	**20**	**60**	**110**	**190**

Revisão Analítica:

Item					Total
18 Adições e Baixas do Ativo Imobilizado		5			5
19 Depreciação			10	10	
20 Exame de Folha de Pagamento			5	10	
21 Exame dos Fornecedores			15	15	
22 Exame de Pagamentos Subsequentes			10	10	
23 Exame das contas a Pagar	10	20	30		
24 Exame de Capital		10	10		
25 Reservas	10	5	15		
26 Exame de Receitas e Despesas	15	5	20		
TOTAL	**10**	**25**	**135**	**180**	**350**

Quadro 5 – Orçamento por horas

Fonte: adaptado pelos autores

Cliente:			
ORÇAMENTO EM MOEDA			
① CATEGORIAS DE PESSOAL	② TOTAL DE HORAS ˣ	③ TAXA HORÁRIA ⁼	④ TOTAL
SÓCIO	10	2.500,00	25.000,00
GERENTE	25	900,00	22.500,00
PLENO	135	300,00	40.500,00
ASSISTENTE	180	100,00	18.000,00
TOTAL	350	-	106.000,00
ESCRITÓRIO (10% DO TOTAL)			10.600,00
PREÇO FINAL (CUSTO) ⟶			116.600,00
MARGEM (LUCRO, OVER-HEAD-35%) ⟶			40.810,00
PREÇO TOTAL DO SERVIÇO DE AUDITORIA ⟶			157.410,00

Quadro 6 - Modelo de Orçamento de Moeda

Fonte: Os Autores (ano.

74 | AUDITORIA CONTÁBIL

Lembrando que o auditor deve ter flexibilidade no seu plano/ programa de trabalho, pois durante a sua execução poderão ocorrer imprevistos.

5.3. Materialidade

No passado, a norma de auditoria aplicável no país, não determinava quanto seria aplicado e sim deixava a critério do julgamento profissional do auditor. Hoje com a NBC TA 320 (R1) que trata especificamente sobre o assunto reconhece que é um assunto delicado sobre a quantificação da materialidade, mais permite o auditor quantificá-lo.

A materialidade refere-se às demonstrações contábeis sobre as quais o auditor está emitindo um relatório, para período de apresentação de mais ou menos doze meses, a materialidade refere-se ao período de apresentação.

A determinação da porcentagem a ser aplicada ao referencial selecionado envolve o exercício de julgamento profissional. A quantificação de um percentual determinado pelo auditor naquela situação, com por exemplo 10% do resultado da empresa auditada, não significa que o valor encontrado pelo auditor leve em consideração que todas as distorções abaixo desse percentual serão sempre consideradas irrelevantes.

Neste sentido, caso o auditor identifique uma distorção que representa 8% do resultado, ele não pode ignorá-la sob o argumento de que está abaixo do percentual estipulado como materialidade no planejamento. É importante ressaltar que na quantificação da materialidade levará em consideração o risco que o auditor corre para emissão do seu relatório, logo quanto maior o risco menor será o percentual estabelecido para materialidade.

5.4. Planejamento da primeira auditoria

No caso de uma primeira auditoria ou quando as demonstrações contábeis do exercício anterior tenham sido examinadas por outros auditores, as normas brasileiras de auditoria estabelecem cuidados especiais.

Nessas circunstâncias: o auditor deverá incluir na estratégia global e no seu plano de auditoria análise dos saldos de abertura, revisão dos procedimentos contábeis adotados, uniformidade dos procedimentos contábeis, identificação de relevantes eventos subsequentes ao exercício anterior e a revisão dos documentos da auditoria anterior, conforme descrito na NBC TA 510 (R1), combinado com a Resolução n.º 1.203/2009 do CFC, detalhados a seguir.

▶ **Saldo de abertura:** o auditor deve examinar e confrontar os saldos de abertura com os saldos finais do período anterior, os efeitos de transações, eventos e políticas contábeis aplicadas no período anterior. Os saldos iniciais incluem, também, assuntos existentes no início do período, que precisam ser divulgados, tais como contingências e compromissos.

▶ **Revisão dos procedimentos contábeis adotados:** para avaliar a observância dos princípios contábeis e das normas brasileiras de contabilidade, o auditor independente deve proceder à revisão dos procedimentos contábeis adotados pela entidade no exercício anterior e naquele a ser auditado. Quanto ao exercício anterior, essa revisão resulta da necessidade da comparabilidade com os procedimentos do exercício a ser auditado.

Para se certificar dos procedimentos contábeis adotados no exercício anterior, cabe ao auditor proceder a um exame sumário daqueles procedimentos adotados na entidade, inclusive pelo que constam nas respectivas demonstrações contábeis. Se o exercício anterior foi examinado por outro auditor independente, deverá ser analisado o relatório dos auditores independentes sobre as demonstrações, inclusive as notas explicativas, como fonte de informação para uma avaliação.

▶ **Uniformidade dos procedimentos contábeis:** no planejamento de uma primeira auditoria, o exame dos procedimentos contábeis adotados no exercício, comparativamente com os adotados no exercício anterior, é fator relevante para a formação de uma opinião sobre as demonstrações contábeis do exercício.

▶ **Eventos relevantes subsequentes ao exercício anterior:** na realização de uma primeira auditoria na entidade, se constatadas situações que caracterizem eventos subsequentes relevantes ao exercício anterior, o auditor deve imediatamente discuti-las com a administração da entidade e quando as demonstrações contábeis daquele exercício tenham sido examinadas por outros auditores independentes, discuti-las com esses, inteirando-se, se for o caso, dos fatos que sejam de seu conhecimento com respeito aos eventos subsequentes.

► **Revisão da documentação do auditor:** no planejamento da primeira auditoria, o auditor deve avaliar a necessidade de revisão dos documentos do auditor e dos relatórios emitidos pelo seu antecessor. Assim o planejamento de uma primeira auditoria deve contemplar os seguintes procedimentos:

a) obtenção de evidências suficientes de que os saldos de abertura do exercício não contenham representações errôneas ou inconsistentes que, de alguma maneira, distorçam as demonstrações contábeis do exercício atual;

b) exame da adequação dos saldos de encerramento do exercício anterior com os saldos de abertura do exercício atual;

c) verificar se às práticas contábeis adotadas no atual exercício são uniformes com as adotadas no exercício anterior;

d) identificação de fatos relevantes que possam afetar as atividades da entidade e suas situações patrimonial e financeira;

e) identificação de eventos subsequentes relevantes ao exercício anterior, revelados ou não.

A seguir será apresentada para fixação do conhecimento, uma série de exercícios que complementam os conteúdos do capítulo apresentado.

5.5. Exercícios – Planejamento de auditoria

1. **(TRT - 13ª Região (PB)** - Analista Judiciário - Contabilidade – **FCC – 2014)** - A execução dos trabalhos de auditoria é dividida em fases. O conhecimento detalhado da política e dos instrumentos de gestão de riscos do ente auditado é elemento que deve ser verificado na fase de

   (A) testes de auditoria.
   (B) conclusão dos trabalhos de auditoria.
   (C) planejamento de auditoria.
   (D) triagem de achados de auditoria.
   (E) avaliação de resultados de auditoria.

2. **(Prefeitura de Vassouras – RJ -** Auditor de Tributos Fiscais – **FUNCAB – 2013)** – O plano de auditoria deve incluir:

   (A) natureza, época e extensão dos procedimentos planejados de avaliação de risco, de conformidade com as normas de auditoria, e de resposta aos riscos.
   (B) composição da equipe e evidências da capacitação técnica, do treinamento continuado e da revisão entre os pares.
   (C) carteira de clientes, inclusive os de assessoria, e os trabalhos executados em cada entidade a fim de garantir o rodízio de auditores.
   (D) os detalhamentos dos testes de auditoria realizados, incluindo data de realização, alterações posteriores e as cópias dos documentos obtidos junto ao cliente.
   (E) programa de treinamentos capaz de instruir os auditores sobre a avaliação de risco e os procedimentos a serem realizados em resposta aos riscos e às circunstâncias que determinam a perda da independência.

78 | AUDITORIA CONTÁBIL

3. **(TRE-MA** - Analista Judiciário - Contabilidade – **IESES – 2015)** - De acordo com a Resolução CFC Nº. 1.211/09, que aprova a NBC TA 300 (R1) – Planejamento da Auditoria de Demonstrações Contábeis, ao definir a estratégia global, o auditor deve:

I. Identificar as características do trabalho para definir o seu alcance.

II. Definir os objetivos do relatório do trabalho de forma a planejar a época da auditoria e a natureza das comunicações requeridas.

III. Desconsiderar os fatores que no julgamento profissional do auditor são significativos para orientar os esforços da equipe do trabalho.

IV. Desconsiderar os resultados das atividades preliminares do trabalho de auditoria e, quando aplicável, se é relevante o conhecimento obtido em outros trabalhos realizados pelo sócio do trabalho para a entidade.

Das afirmações descritas, pode-se concluir que:

(A) Todas as afirmações estão corretas.

(B) Todas as afirmações estão incorretas.

(C) Apenas as afirmações I e II estão corretas.

(D) Apenas as afirmações II e III estão corretas.

4. **(IF-RJ – Auditor - BIO-RIO ADAPTADO – 2015) -** Avalie se, no planejamento da auditoria, devem ser considerados os fatores relevantes na execução dos trabalhos indicados nos itens a seguir:

I. O conhecimento detalhado da política e dos instrumentos de gestão de riscos da entidade.

II. O conhecimento das atividades operacionais e dos sistemas contábil e de controles internos e seu grau de confiabilidade da entidade.

III. Os riscos de auditoria, quer pelo volume, quer pela complexidade das transações e operações.

IV. A natureza, a oportunidade e a extensão dos procedimentos de relacionamento com auditoria externa.

Estão corretos:

(A) I, II e III, apenas.
(B) II, III e IV apenas.
(C) I, II e IV, apenas.
(D) I, III e IV, apenas.
(E) I, II, III e IV.

5. **(CONTADOR – CFC 2012.II – QUESTÃO 43)** - Em relação ao papel e à época do planejamento de Auditoria estabelecido na NBC TA 300 - Planejamento da Auditoria de Demonstrações Contábeis, a etapa de planejamento deve considerar diversos fatos, **EXCETO** que:

(A) a natureza e a extensão das atividades de planejamento variam conforme o porte e a complexidade da entidade.

(B) o auditor pode optar por discutir alguns elementos do planejamento da auditoria especificado na norma de auditoria com a administração da entidade, de forma a facilitar a condução e o gerenciamento do trabalho de auditoria.

(C) o planejamento como atividade principal é uma fase inicial e isolada da auditoria e que inicia e termina no início da auditoria.

(D) o planejamento inclui a consideração da época de certas atividades e procedimentos de auditoria que devem ser concluídos antes da realização de procedimentos adicionais de auditoria.

6. **(QC -** Ciências Contábeis – **Marinha – 2015)** - Segundo Almeida (2012) , as normas de auditoria geralmente aceitas exigem que o trabalho de auditoria seja adequadamente planejado. Planejar significa estabelecer metas para que o serviço de auditoria seja de excelente qualidade e com o menor custo possível. Dentre os principais objetivos a serem atingidos no planejamento da auditoria, assinale a opção INCORRETA.

(A) Adquirir conhecimento sobre a natureza das operações, dos negócios e sobre a forma de organização da empresa.

(B) Obter maior cooperação do pessoal da empresa.

(C) Determinar a natureza, a amplitude e as datas dos testes de auditoria.

(D) Planejar menor volume de horas nas auditorias preliminares.

(E) Identificar previamente problemas relacionados à contabilidade, à auditoria e aos impostos.

80 | AUDITORIA CONTÁBIL

7. **(TJ-SP – Contador – VUNESP – 2013)** - Compreende(m) os exames preliminares das áreas, atividades, produtos e processos, para definir a amplitude e a época do trabalho a ser realizado, de acordo com as diretrizes estabelecidas pela administração da entidade. Trata-se

(A) da fase final de execução dos trabalhos para emissão do parecer técnico.

(B) do planejamento dos trabalhos.

(C) dos procedimentos de auditoria.

(D) da documentação dos trabalhos de auditoria.

(E) do relatório de recomendações.

8. **(Auditor – TCE PA 2012 – PROVA 1 – QUESTÃO 25)** O plano de ação detalhado, destinado a orientar adequadamente o trabalho de auditoria, denomina-se:

(A) planejamento e controle dos riscos e confirmação em auditoria.

(B) programa de controle de qualidade em auditoria.

(C) relatório de auditoria.

(D) plano de amostragem.

(E) programa de auditoria.

9. **(TJ-PI - Analista Judiciário - Contador – FGV – 2015)** - Nos trabalhos de auditoria, o planejamento é a etapa na qual se determinam os objetivos a serem atingidos, definindo-se como, quando e o que deve ser feito para alcançá-los. A Resolução CNJ nº 171/2013 dispõe algumas orientações acerca dessa etapa.

A esse respeito, analise as afirmativas a seguir:

I. A construção de uma visão do objeto auditado pela equipe de auditoria deve ser preliminar na etapa de planejamento.

II. Durante a fase de planejamento é suficiente a avaliação de riscos de processos, pois estes trazem os maiores impactos.

III. Os riscos considerados de baixo impacto poderão ser aceitos, inclusive sem redirecionamento de procedimentos.

IV. Teste e revisão dos formulários, questionários e roteiros de entrevista constituem aspectos básicos na etapa de planejamento da auditoria.

Está correto apenas o que se afirma em:

CAPÍTULO V – PLANEJAMENTO DE AUDITORIA | 81

(A) I e II;   (C) III e IV;   (E) I, III e IV.
(B) II e IV;   (D) I, II e III;

10. **(Prefeitura de Goiânia – GO - Auditor de Tributos - CS-UFG – 2016)** - O conceito de materialidade é aplicado pelo auditor no planejamento e na execução da auditoria, e na:

(A) utilização da seção de aplicação e outros materiais explicativos que se destinam a resistir ao auditor na obtenção de segurança razoável.

(B) avaliação do efeito de distorções identificadas sobre a auditoria e de distorções não corrigidas, se houver, sobre as demonstrações contábeis.

(C) dedução contábil com base em conclusões obtidas das evidências de auditoria interna das mutações patrimoniais.

(D) opinião implícita do auditor independente na estrutura de relatório financeiro aplicável e de lei ou regulamento aplicáveis aos demonstrativos contábeis.

11. **(Auditor – MPE RO 2012 – QUESTÃO 50)** A aceitação e a continuidade do relacionamento com o cliente, a avaliação da conformidade com os requisitos éticos e o entendimento dos termos do trabalho do auditor ocorrem:

(A) na fase da revisão.   (D) na discussão do relatório.
(B) na fase do planejamento.   (E) no término dos trabalhos.
(C) no controle de qualidade.

12. **(Auditor – Transpetro 2011 – QUESTÃO 23).** Compreende os exames preliminares das áreas, atividades, produtos e processos, para definir a amplitude e a época do trabalho a ser realizado, de acordo com as diretrizes estabelecidas pela administração da entidade.

(A) trabalho realizado pelo Comitê de Auditoria.

(B) planejamento de trabalho da Auditoria Externa.

(C) planejamento do trabalho da Auditoria Interna.

(D) relatório emitido pela Auditoria Interna.

(E) procedimentos dos auditores independentes.

82 | AUDITORIA CONTÁBIL

13. **(Auditor – Transpetro 2011 – QUESTÃO 24)**Um dos objetivos do planejamento da Auditoria é

(A) verificar se o Comitê de Auditoria Interna está agindo de forma competente para coibir fraudes e corrigir as deficiências da administração:

(B) adquirir conhecimento sobre a natureza das operações, dos negócios e da forma de organização da empresa.

(C) avaliar se ocorreu mudança no controle acionário da empresa nos dois períodos anteriores à realização da auditoria.

(D) investigar a composição dos inventários de estoques e do ativo imobilizado, e se estão adequadamente classificados.

(E) envidar esforços para ampliar a lucratividade da empresa, aconselhando sobre a otimização dos produtos e serviços oferecidos.

14. **(Auditor – Transpetro 2011 – QUESTÃO 27)** - O planejamento da Auditoria deve ser realizado de tal maneira que duas áreas sejam examinadas em primeiro lugar, para que se determinem a natureza, a extensão e as datas dos testes detalhados ou procedimentos de auditoria para as diversas contas do balanço patrimonial e da demonstração do resultado do exercício. Tais áreas são:

(A) estoques e imobilizado.

(B) políticas estratégicas e operacionais.

(C) aplicações financeiras e empréstimos obtidos.

(D) contabilidade e tesouraria.

(E) controle interno e revisão analítica.

15. **(Auditor – Transpetro 2011 – QUESTÃO 31)**. Caso o auditor externo esteja realizando a primeira Auditoria na empresa, um item especialmente relevante do programa geral de Auditoria é:

(A) visitar o auditor externo anterior e ler seus papéis de trabalho.

(B) ler a legislação tributária pertinente à atividade da empresa.

(C) verificar os ativos que foram registrados como despesas e as despesas que foram registradas como ativos.

(D) preencher os papéis de trabalho de movimentação de contas de investimento previamente.

(E) reconciliar as cartas de confirmação de saldos de clientes e fornecedores.

CAPÍTULO V – PLANEJAMENTO DE AUDITORIA | 83

16. **(Auditor – Petrobras 2011 – QUESTÃO 22)** Para que o processo de auditoria interna atinja seus objetivos, é preciso, antes de tudo, ocorrer o planejamento da auditoria. No início de cada ano, geralmente, as empresas realizam o planejamento anual de auditoria, também chamado de planejamento global. A esse respeito, observe os procedimentos a seguir:

I. Definir os processos que serão auditados durante o ano, levando-se em consideração os riscos envolvidos frente ao planejamento estratégico da empresa para aquele ano.

II. Realizar uma pesquisa global com os funcionários, solicitando-se a opinião de todos sobre os processos a serem auditados.

III. Definir um prazo para realização do trabalho, estabelecendo-se as prioridades de acordo com a criticidade de cada processo.

IV. Obter a aprovação da alta administração da empresa em relação à escolha dos processos que serão auditados.

V. Realizar ata de reunião do planejamento e divulgar, internamente, no mural da empresa.

Durante a etapa do planejamento anual, são deveres do auditor **APENAS** os procedimentos apresentados em:

(A) I, II e III. (C) II, IV e V. (E) II, III, IV e V.
(B) I, III e IV. (D) I, II, III e V.

17. **(Auditor – Petrobras 2011 – QUESTÃO 23)** - Durante o processo de planejamento da auditoria anual, a equipe de auditores deve cumprir algumas etapas ou fases essenciais para que a auditoria programada obtenha sucesso. Sendo assim, para que os trabalhos de auditoria definidos para o ano sejam efetuados dentro do período proposto, é imprescindível o cumprimento da fase de:

(A) avaliação dos riscos e controles do processo auditado.

(B) classificação de cada processo auditado de acordo com o seu risco.

(C) definição prévia do prazo para realização de cada trabalho.

(D) definição da equipe de auditoria responsável para cada processo.

(E) realização do mapeamento dos processos na organização.

84 | AUDITORIA CONTÁBIL

18. **(Auditor – TCE RS 2011 – QUESTÃO 27)**Acerca do planejamento da auditoria, assinale a alternativa correta.

(A) não são atividades do planejamento da auditoria a estratégia global para o trabalho e o desenvolvimento do plano de auditoria.

(B) não é permitida a atualização e a alteração dos procedimentos de auditoria no curso da auditoria.

(C) os procedimentos de planejamento de uma determinada auditoria, uma vez discutidos entre o auditor e a administração, faz com que a responsabilidade sobre a aplicação dos procedimentos eleitos seja compartilhada entre eles.

(D) a finalidade e o objetivo do planejamento da auditoria não mudam, caso a auditoria seja inicial ou em trabalho recorrente.

(E) depende da empresa auditada a utilização ou não, por parte do auditor, de programas de auditoria padrão ou listas de verificação, adaptados de forma a refletirem as circunstâncias particulares do trabalho.

19. **(Analista de Desenvolvimento – BDMG 2011 – QUESTÃO 60)** Assinale a alternativa que **NÃO** corresponde aos principais objetivos do Planejamento da Auditoria:

(A) obter conhecimento das atividades da entidade, para identificar eventos e transações relevantes, desde que não afetem as demonstrações contábeis.

(B) propiciar o cumprimento dos serviços contratados com a entidade dentro dos prazos e compromissos previamente estabelecidos.

(C) assegurar que as áreas importantes da entidade e os valores relevantes contidos em suas demonstrações contábeis recebam a atenção requerida.

(D) identificar os problemas potenciais da entidade.

20. **(Auditor – Prefeitura de Várzea Grande MT 2011 – QUESTÃO 30)** - De acordo com a Norma de Auditoria aprovada pela Resolução CFC nº 1.203/09, o fato do Auditor não ter tomado conhecimento de eventos futuros ou condições adicionais que possam interromper a continuidade da entidade, demonstra que:

CAPÍTULO V – PLANEJAMENTO DE AUDITORIA | 85

(A) a auditoria não foi planejada e executada em conformidade com as Normas de Auditoria.

(B) embora a auditoria possa ter sido planejada adequadamente, certamente não foi executada em conformidade com as Normas de Auditoria.

(C) há um risco inevitável de que algumas distorções relevantes não sejam detectadas, embora a auditoria, tenha sido adequadamente planejada e executada em conformidade com as Normas de Auditoria.

(D) os eventos futuros podem ser considerados um risco inerente e, portanto, não fazem parte do escopo do trabalho de auditoria, apesar de determinadas condições poderem interromper a continuidade da entidade.

(E) necessariamente houve má-fé da administração da empresa que omitiu informações relevantes à equipe de auditoria, cabendo ao Auditor o dever de comunicar o fato à pessoa no nível apropriado da administração, responsável pela governança.

21. **(Auditor – SEFAZ RJ 2011 – QUESTÃO 98)** - A atividade de planejamento é fundamental em qualquer atividade, revelando-se a etapa mais importante do ciclo administrativo (planejar, organizar, coordenar e controlar), segundo Henry Fayol (Teoria Clássica da Administração). Isso ocorre em função de o planejamento considerar a definição de um objetivo, dos caminhos alternativos para atingi-lo, da escolha (processo decisório) e da formulação de um plano de ação. Sobretudo na auditoria, tendo em vista o número de transações a serem validadas, de áreas a serem testadas, de saldos a serem verificados, o planejamento bem elaborado contribui para a otimização da aplicação dos recursos materiais e humanos (evitando desperdícios) e para minimização dos riscos de auditoria. Dessa forma, embora não seja garantia de sucesso, o planejamento, quando bem elaborado, minimiza o risco de o trabalho ser ineficaz e ineficiente. O planejamento na auditoria é dinâmico, ou seja, uma vez elaborado, deve ser revisado sempre que surgirem novas circunstâncias ou os resultados apontarem para uma direção diferente da leitura feita inicialmente. Nesse sentido, o planejamento deverá ser revisto, por exemplo, quando os testes substantivos revelarem

86 | AUDITORIA CONTÁBIL

uma quantidade de erros superior àquela prevista quando do levantamento do controle interno. Quando da auditoria pela primeira vez, alguns cuidados especiais de planejamento devem ser observados, tais como os listados a seguir, **À EXCEÇÃO DE UM**. Assinale-o.

(A) leitura dos relatórios de auditoria anteriores (como mecanismo de "conhecimento" da auditada).

(B) uniformidade de critérios contábeis (uma vez que pode ter havido alterações de um exercício para o outro, tais como mudança no método de avaliação de estoques, uso de reavaliação, mudança no critério de tributação – lucro presumido para real, por exemplo).

(C) valor da cotação da ação investida na bolsa de valores, se companhia aberta.

(D) identificação de relevantes eventos subsequentes ocorridos após a data-base do exercício, revelados ou não.

(E) levantamento das principais alterações ocorridas no sistema de controle interno.

22. **(QUESTÃO ADAPTADA PELOS AUTORES)** Assinale a alternativa correta quanto revisão da documentação do auditor

(A) no que tange ao planejamento, é necessário que o auditor planeje a auditoria de modo que ela seja executada de maneira eficaz e dirija o esforço de auditoria às áreas com menor expectativa de distorção relevante, independentemente se causada por fraude ou a erro, com esforço correspondentemente maior dirigido a outras áreas. O plano de auditoria não precisa incluir a descrição da natureza, a época e a extensão dos procedimentos adicionais de auditoria planejados no nível de afirmação.

(B) o envolvimento do sócio do trabalho e de outros membros--chave da equipe de trabalho no planejamento da auditoria não deve resultar em incorporação de seus pontos de vista, podendo prejudicar a eficiência e independência do processo de planejamento.

(C) em auditoria de entidade de pequeno porte, todo o processo pode ser conduzido por equipe pequena de auditoria. Muitas auditorias de entidades de pequeno porte envolvem o sócio do trabalho trabalhando com um membro da equipe de trabalho ou sozinho. Com uma equipe menor, a coordenação e a comunicação entre membros da equipe ficam facilitadas. A definição da estratégia global para a auditoria de entidade de pequeno porte precisa ser igualmente complexa.

(D) no planejamento da primeira auditoria o auditor deve avaliar a necessidade de revisão dos documentos e relatórios emitidos pelo seu antecessor.

(E) o planejamento adequado ajuda a tornar suficientes o tempo e os recursos disponíveis para a condução da auditoria. A dificuldade, falta de tempo ou custo envolvido são, por si só, base válida para que o auditor omita um procedimento de auditoria para o qual não há alternativa ou que deva ser satisfeito com evidências de auditoria menos que persuasivas.

23. **(Auditor – IBGE 2010 – QUESTÃO 64)-** Como é denominado o plano de trabalho para exame de área específica que prevê os procedimentos a serem aplicados, a fim de que se possa alcançar o resultado desejado?

(A) revisão analítica.

(B) circularização.

(C) carta-proposta .

(D) programa de auditoria.

(E) relatório de auditoria.

24. **(Auditor – Petrobras 2010 – QUESTÃO 08)** - Em uma organização, a implantação do processo de auditoria deve ser dividida em etapas, que devem ser cumpridas para que se alcancem todos os objetivos propostos com a execução desse processo. A primeira etapa do processo de auditoria deve ser o:

(A) controle de testes.

(B) controle dos resultados.

(C) orçamento.

(D) planejamento.

(E) monitoramento.

88 | AUDITORIA CONTÁBIL

25. **(Analista – CVM 2010 – QUESTÃO 24)** A respeito de planejamento na realização de auditorias é correto afirmar:

(A) é a fase inicial dos trabalhos e deve ser concluída antes que as equipes específicas e/ou especializadas iniciem suas avaliações.

(B) constitui-se nos trabalhos iniciais de coleta de informações a respeito da entidade a ser auditada e dos mecanismos de controle existentes.

(C) não é uma fase isolada da auditoria, mas um processo contínuo e iterativo, que muitas vezes começa logo após (ou em conexão com) a conclusão da auditoria anterior, continuando até a conclusão do trabalho de auditoria atual.

(D) é a fase em que participa, além da equipe de auditoria, toda a área de gestão e governança da entidade, em especial, a área responsável pela elaboração das demonstrações contábeis.

(E) consiste em definir as estratégias gerais e o plano de trabalho antes do início de qualquer atividade de avaliação e revisão das demonstrações.

26. **(Fiscal de Rendas – SEFAZ RJ 2010 – QUESTÃO 96)** - Com relação ao planejamento e execução da auditoria de demonstrações contábeis, analise as afirmativas a seguir.

I. O auditor deve adotar julgamento profissional quanto à natureza, à época e à extensão dos procedimentos aplicados para o cumprimento das exigências das normas e a coleta de evidências.

II. O auditor deve avaliar se foi obtida evidência de auditoria suficiente e apropriada e se algo mais precisa ser feito para que sejam cumpridos os objetivos das normas e, com isso, os objetivos gerais do auditor.

III. O auditor deve extrair conclusões baseadas nas evidências obtidas, por exemplo, pela avaliação da razoabilidade das estimativas feitas pela administração na elaboração das demonstrações contábeis.

Assinale:

(A) se somente a afirmativa I estiver correta.

(B) se somente a afirmativa II estiver correta.

(C) se somente as afirmativas I e II estiverem corretas.

(D) se somente as afirmativas II e III estiverem corretas.

(E) se todas as afirmativas estiverem corretas.

CAPÍTULO V – PLANEJAMENTO DE AUDITORIA | 89

27. **(Fiscal de Rendas – SEFAZ RJ 2010 – QUESTÃO 97). Nas** atividades de planejamento o auditor deve estabelecer uma estratégia global definindo o alcance, a época e a direção para o desenvolvimento do plano de auditoria.

A respeito do planejamento da auditoria, assinale a afirmativa **incorreta.**

(A) o auditor deve identificar as características do trabalho para definir o seu alcance, bem como definir os objetivos do relatório do trabalho de forma a planejar a época da auditoria e a natureza das comunicações requeridas.

(B) o auditor deve considerar os fatores que no seu julgamento profissional são significativos para orientar os esforços da equipe do trabalho e determinar a natureza, a época e a extensão dos recursos necessários para realizar o trabalho.

(C) o auditor deve considerar os resultados das atividades preliminares do trabalho de auditoria e, quando for o caso, a relevância do conhecimento obtido em outros trabalhos.

(D) o auditor deve desenvolver o plano de auditoria e nele deve incluir a descrição da natureza, a época e a extensão dos procedimentos planejados de avaliação de risco.

(E) o auditor deve atualizar e alterar a estratégia global e o plano de auditoria, para definir o tipo de técnica e os procedimentos aplicáveis na revisão do seu trabalho.

28. **(Analista – TCE AC 2009 – QUESTÃO 54)** A respeito do planejamento de auditoria, julgue os itens abaixo.

I. Entre os objetivos do planejamento de auditoria, está a identificação da legislação aplicável à entidade.

II. Um dos fatores econômicos que precisam ser avaliados pelo planejamento de auditoria são as políticas de negócio dos concorrentes da entidade auditada.

III. Para planejar uma auditoria, o auditor ou a entidade de auditoria deve conhecer não apenas as práticas contábeis correspondentes ao período auditado, mas também as práticas adotadas em períodos anteriores.

90 | AUDITORIA CONTÁBIL

IV. Quando o auditor de uma entidade investidora não examinar as demonstrações contábeis das entidades investidas e, se os ativos destas representarem parte relevante dos ativos totais daquela, deve considerar se pode assumir a incumbência de auditar as referidas demonstrações.

A quantidade de itens certos é igual a

(A) 0.   (B) 1.   (C) 2.   (D) 3.   (E) 4.

29. (Fiscal de Rendas – SEFAZ RJ 2009 – QUESTÃO 76) - A Resolução CFC n.º 1035/05 relaciona os principais objetivos do planejamento da auditoria.

Com base na Resolução, assinale a alternativa que **não** compreenda um objetivo do planejamento.

(A) propiciar a coordenação do trabalho a ser efetuado por outros auditores independentes e especialistas.

(B) propiciar o cumprimento dos serviços contratados com a entidade dentro dos prazos e compromissos previamente estabelecidos.

(C) assegurar que as áreas importantes da entidade e os valores relevantes contidos em suas demonstrações contábeis recebam a atenção requerida.

(D) estabelecer a natureza, a oportunidade e a extensão dos exames a serem efetuados, em consonância com os termos constantes na sua proposta de serviços para a realização do trabalho.

(E) obter conhecimento das atividades da entidade, para identificar eventos e transações irrelevantes que afetem as demonstrações contábeis.

30. (Contador – Senado Federal 2008 – QUESTÃO 72) - No processo do planejamento da auditoria deve ser considerada a participação de auditores internos e de especialistas na execução do trabalho na entidade auditada, e a possibilidade de as controladas e coligadas serem examinadas por outros auditores independentes. Ao determinar a necessidade de utilizar-se do trabalho de especialistas, o auditor independente não deve considerar:

CAPÍTULO V – PLANEJAMENTO DE AUDITORIA | 91

(A) a relevância do item da demonstração contábil que está sendo analisada.

(B) o risco de distorção ou erro, levando em conta a natureza e a complexidade do assunto que está sendo analisado.

(C) o conhecimento da equipe de trabalho e a experiência prévia dos aspectos que estão sendo considerados.

(D) a quantidade e qualidade de outras evidências de auditoria disponíveis para sua análise.

(E) a medição do estágio de trabalhos completados ou a completar em contratos em andamento.

31. **(Contador – Senado Federal 2008 – QUESTÃO 74)**. No planejamento da auditoria devem ser considerados os aspectos relacionados nas alternativas a seguir, à exceção de uma. Assinale-a.

(A) fatores econômicos.

(B) legislação aplicável.

(C) localização das unidades regionais.

(D) práticas operacionais da entidade.

(E) competência da administração.

32. **(Contador Júnior – Transpetro 2011 – QUESTÃO 36)** - O auditor deve atentar para que o valor ou os valores fixados anteriormente sejam inferiores ao considerado relevante para as demonstrações contábeis como um todo. Tal procedimento visa a reduzir, de forma apropriada, a probabilidade de que distorções não corrigidas e não detectadas em conjunto possam exceder:

(A) os riscos recomendados para as demonstrações como um todo.

(B) os valores considerados relevantes para a emissão do Relatório dos auditores independentes sobre as Demonstrações Contábeis.

(C) os limites estabelecidos pelas Normas aplicáveis ao caso.

(D) a uniformidade das aplicações dos princípios contábeis.

(E) a materialidade para as demonstrações como um todo.

92 | AUDITORIA CONTÁBIL

33. (Auditor – Petrobras 2011 – QUESTÃO 24) Na definição do escopo de auditoria, a equipe deve definir a abrangência e o volume dos testes a serem aplicados. Para isso, é preciso que a materialidade dos testes esteja bem definida. O termo materialidade, em auditoria, consiste na:

(A) Aplicação de testes no controle de estoque de materiais e equipamentos que representam, aproximadamente, setenta por cento do patrimônio líquido das empresas.

(B) Classificação da natureza das contas contábeis a serem auditadas para aplicação direta dos testes substantivos de auditoria.

(C) Classificação de cada processo auditado quanto aos riscos e sua importância de acordo com o negócio da empresa para que se possa definir a prioridade dos testes substantivos e patrimoniais.

(D) Definição de um limite, atrelado a um percentual de contas contábeis, para aceitação de possíveis falhas (GAPS) encontradas durante os testes de auditoria, garantindo que essas falhas não impactem o patrimônio da empresa.

(E) Definição de um limite aceitável relacionado à capacitação técnica de cada membro da equipe de auditoria, eximindo o trabalho de todo risco que possa impactar significativamente o patrimônio da empresa.

CAPÍTULO VI – RISCOS DE AUDITORIA

6.1. Introdução

A emissão de um relatório de auditoria livre de riscos, é uma tarefa muito difícil de realizar, pois a auditoria trabalha com amostras (vide capítulo VIII), e o seu conteúdo pode não refletir a realidade das transações ocorridas, isso significa que o auditor pode selecionar uma amostra de lançamentos contábeis ocorridos em um determinado grupo de conta aonde não encontrará qualquer erro, sendo que na outra amostra não selecionada poderá conter diversos lançamentos incorretos, acarretando assim uma aprovação das demonstrações contábeis, que não representa a realidade da empresa.

Sendo assim, a NBC TA 200 (R1), discorre sobre o risco de auditoria como a possibilidade do auditor expressar uma opinião tecnicamente inadequada sobre as demonstrações contábeis com distorções relevantes, esse risco é chamado de distorção relevante ou significativo.

6.2. Risco de distorção relevante

Esse risco é avaliado para determinar a natureza, a época e a extensão dos procedimentos necessários para a obtenção de evidência e se existe algum erro, classificação incorreta nas transações e saldo ou nos sistemas de controle interno da companhia que possa afetar as demonstrações. Essas evidências possibilitam o auditor a expressar uma opinião sobre as demonstrações contábeis.

No item A36 da norma em epígrafe, dividiu os níveis de riscos de distorção relevante em dois, são eles:

6.2.1. Nível geral da demonstração contábeis

Referem-se aos riscos que se relacionam às demonstrações contábeis como um todo e que afetam potencialmente muitas contas contábeis.

6.2.2. Nível da afirmação para classes de transações, saldos contábeis e divulgações

São riscos de distorção avaliados para determinar a natureza, a época e a extensão dos procedimentos de auditoria para a obtenção de evidência apropriada e suficiente. O risco no nível de afirmação consiste em dois componentes: risco inerente e controle, que são riscos da entidade e existem independente da auditoria.

6.2.2.1. Risco inerente

É a possibilidade de ocorrência de erros ou irregularidades relevantes antes de conhecer-se a eficácia dos sistemas de controle, normalmente relacionado com a atividade fim (operacional) da entidade, NBC TA 200 (R1).

As circunstâncias externas que dão origem ao risco do negócio também podem influenciar o risco inerente. Por exemplo, desenvolvimentos tecnológicos podem tornar obsoleto um produto específico, tornando assim o estoque mais suscetível de distorção em relação à superavaliação.

Este tipo de risco é grande nas tarefas simples e rotineiras. Exemplificando, erro na execução (contagem) de inventário (exatamente por isto que o inventário é recontado, geralmente por outra equipe, confirmado e dadas soluções a possíveis diferenças), cálculos simples e rotineiros, como métodos de controle de estoque (PEPS, média e outros), contagem de dinheiro, e outros.

6.2.2.2. Risco de controle

Este risco depende da eficácia dos controles planejados e implementados pela administração da companhia cujo o objetivo é monitorar constantemente o grau de eficácia do sistema dos controles internos da empresa, possibilitando verificar se o saldo de uma conta (classe ou transação), possa estar errado, conforme NBC TA 200 (R1). O risco de controle é uma função da eficácia do desenho (controles estabelecidos), da implementação e da manutenção do controle interno pela administração no tratamento dos riscos identificados que ameaçam o cumprimento dos objetivos da entidade, que são relevantes para a elaboração das demonstrações contábeis da entidade. Já NBC TA 315 (R1) estabelece orientações sobre os riscos de detecção.

6.3. Risco de detecção

Este risco está relacionado diretamente à extensão e procedimentos adotado pelo auditor. Ocorre quando o auditor não detectar uma distorção relevante ou levá-lo a concluir pela sua inexistência, devido a execução de procedimentos inadequados.

O risco de detecção se relaciona com a natureza, a época e a extensão dos procedimentos que são determinados pelo auditor para reduzir o risco de auditoria a um nível aceitável. O risco de detecção, só pode ser reduzido, não eliminado, devido às limitações inerentes de uma auditoria. Portanto, sempre existirá risco de detecção.

Para facilitar o entendimento do leitor, elaboramos um fluxograma dos riscos de auditoria.

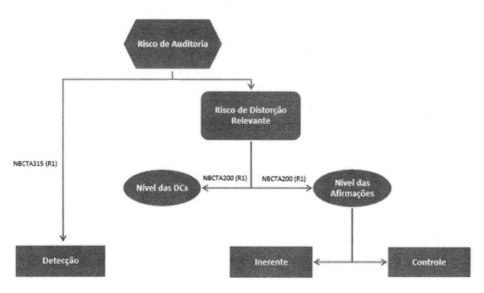

Figura 3 - Risco de Auditoria
Fonte: Os Autores (2016).

6.4. Determinação do risco de auditoria

Para determinar o risco da auditoria deverá ser avaliado o ambiente de controle da entidade, compreendendo:

a) a função e o envolvimento dos administradores nas atividades da entidade;

b) a estrutura organizacional e os métodos de administração adotados, especialmente quanto a limites de autoridade e responsabilidade;
c) as políticas de pessoal e a segregação de funções;
d) a fixação, pela administração, de normas para inventário, para conciliação de contas, preparação das demonstrações contábeis e demais informes adicionais;
e) as implantações, as modificações e o acesso aos sistemas de informação computadorizada, bem como acesso a arquivos de dados e possibilidade de inclusão ou exclusão de dados;
f) o sistema de aprovação e o registro de transações;
g) as limitações de acesso físico a ativos e registros contábeis e/ou administrativos;
h) as comparações e as análises dos resultados financeiros com dados históricos e/ou projetados.

Sendo assim ao utilizar a base conceitual, podemos aplicar como ferramenta de auxílio as tarefas de auditoria, um modelo proposto pelo AICPA *(American Institute of Certified Public Accountants* – Instituto Americano de Contadores Públicos Certificados), que está em consonância com a NBC TA 200 (R1), para calcular o risco de auditoria, utilizando a seguinte equação:

Figura 4–Equação dos riscos
Fonte: Os Autores (2016).

6.5. Limitação inerente da auditoria

As limitações do auditor ocorrem do fato de que administração ou outros possam não fornecer, intencionalmente ou não, as informações relevantes para efetuar os testes necessários nas demonstrações contábeis, impossibilitando assim o auditor de obter certeza da integridade da informação, embora tenha executado todos os procedimentos de auditoria. Tais procedimentos adotado pela administração da companhia

CAPÍTULO VI – RISCOS DE AUDITORIA | 97

poderá elevar o auditor a aumentar o volume de teste para obter uma segurança razoável na emissão de sua opinião no relatório de auditoria.

Em caso de esquemas sofisticados e cuidadosamente organizados para sua ocultação de documentos (fraude). Os procedimentos de auditoria aplicados para coletar evidências de auditoria podem ser ineficazes para a detecção de distorção relevante que envolva, por exemplo, conluio para a falsificação de documentação que possa fazer o auditor acreditar que a evidência de auditoria é válida quando ela não é. O fato que o auditor não é treinado nem obrigado a ser especialista na verificação de autenticidade de documentos.

6.6. Fraude x Erro

A auditoria não é uma investigação oficial de um suposto delito. Logo, se as distorções nas demonstrações contábeis contêm fraude ou erros não há como se afirmar que a responsabilidade do auditor é identificá-los. O fator distintivo entre fraude e erro está no fato de ser intencional ou não intencional.

A **fraude** é um ato intencional de omissão ou manipulação de transações, documentos, registros e dos demonstrativos contábeis. A responsabilidade primária na detecção de fraude e erro é da administração e além disso, deve analisar os riscos e implementar respostas apropriadas para melhor o sistema de controle.

Já o **erro** é ato não intencional, resultante de desatenção ou má interpretação de fatos, na elaboração de registros e das demonstrações contábeis.

Em caso de distorções decorrentes de fraude ou suspeita e encontrar circunstâncias excepcionais que coloquem em dúvida sua capacidade de continuar a realizar a auditoria, o auditor deve:

(a) determinar as responsabilidades profissionais e legais aplicáveis à situação, inclusive se é necessário, ou não, o auditor informar à pessoa ou pessoas que aprovaram a contratação da auditoria ou, em alguns casos, às autoridades reguladoras. No Brasil, existem obrigações determinadas pelas autoridades reguladoras;

(b) considerar se seria apropriado o auditor retirar-se do trabalho, quando essa saída for possível conforme a lei ou regulamentação aplicável;

98 | AUDITORIA CONTÁBIL

(c) caso o auditor se retire, discutir com pessoa no nível apropriado da administração e com os responsáveis pela governança a sua saída do trabalho e as razões para a interrupção;

(d) determinar se existe exigência profissional ou legal de comunicar a retirada do auditor do trabalho e as razões da saída à pessoa ou pessoas que contrataram a auditoria ou, em alguns casos, às autoridades reguladoras.

Consequentemente, é necessário que o auditor planeje a auditoria de modo que ela seja executada de maneira eficaz, dirija o esforço de auditoria às áreas com maior expectativa de distorção relevante, independentemente se causada por fraude ou erro.

O auditor deverá estar sempre em alerta com fatos que contradigam outras evidências obtidas, informações que coloquem em dúvida a confiabilidade dos documentos e respostas a indagações a serem usadas como evidências de auditoria, condições que possam indicar possível fraude.

Enfim, após as explicações do capítulo, preparamos uma série de exercícios complementares específico sobre o assunto em foco.

6.7. Exercícios – Riscos de auditoria

1. **(Prefeitura de Goiânia – GO - Auditor de Tributos - CS-UFG – 2016)** - Risco de auditoria é o risco de que o auditor expressa uma opinião de auditoria inadequada quando as demonstrações contábeis contiverem distorção relevante. O risco de auditoria é uma:

   (A) exigência do risco de percepção e do risco pelo sócio do trabalho.

   (B) renúncia de suporte aos riscos em que se baseia a opinião do auditor.

   (C) função dos riscos de distorção relevante e do risco de detecção.

   (D) relação de eventos que exige conformidade com os riscos da auditoria.

2. **(Prefeitura de Goiânia – GO - Auditor de Tributos - CS-UFG – 2016)** - Em função da natureza da fraude e das dificuldades encontradas pelos auditores na detecção de distorções relevantes nas demonstrações contábeis decorrentes de fraude, é importante que o auditor obtenha representação formal dos responsáveis pela governança, confirmando que eles revelaram ao auditor

CAPÍTULO VI – RISCOS DE AUDITORIA | 99

(A) o conhecimento da administração de casos reais, suspeita ou indícios de fraude que afetem a entidade.

(B) a omissão da administração em remediar, de forma tempestiva, deficiências relevantes conhecidas nos controles internos.

(C) a rotatividade da alta administração, departamento jurídico ou dos responsáveis pela governança.

(D) o interesse da administração em empregar meios inadequados para diminuir indevidamente o resultado por motivações tributárias.

3. **(Prefeitura de São José dos Campos – SP - Auditor Tributário Municipal – Gestão Tributária – VUNESP – 2015) -** Segundo a NBC TA 200, o risco de auditoria é função dos riscos

(A) de amostragem e de aderência.

(B) inerentes e sistemáticos.

(C) sistemáticos e não sistemáticos.

(D) de distorções relevantes e de detecção.

(E) de aderência e materialidade.

4. **(MF – Contador – ESAF – 2013) -** Com base nas afirmativas a seguir, assinale **V** para as verdadeiras e **F** para as falsas e, a seguir, indique a opção correta.

( ) A auditoria é uma investigação oficial de suposto delito. Portanto, o auditor não recebe poderes legais específicos, tais como o poder de busca, que podem ser necessários para tal investigação.

( ) O risco de detecção se relaciona com a natureza, a época e a extensão dos procedimentos que são determinados pelo auditor para reduzir o risco de auditoria a um nível baixo aceitável. Portanto, é uma função da eficácia do procedimento de auditoria e de sua aplicação pelo auditor.

( ) Os riscos de distorção relevante no nível da afirmação consistem em dois componentes: risco inerente e risco de controle. O risco inerente e o risco de controle são riscos da entidade; eles existem independentemente da auditoria das demonstrações contábeis.

(A) F, V, V   (D) V, V, V

(B) F, F, F   (E) V, F, F

(C) F, V, F

100 | AUDITORIA CONTÁBIL

5. **(Auditor – Transpetro 2011 – QUESTÃO 44)** Um dos grandes problemas dos auditores reside no Risco de Auditoria, que consiste na probabilidade de que a conclusão ou opinião do auditor sobre as contas tomadas em conjunto seja diferente da realidade efetiva.

Esse risco decorre do Risco Inerente (RI), do Risco de Controle (RC) e do Risco de Detecção (RD), que devem ser analisados cuidadosamente para que o Risco de Auditoria seja minimizado, de forma a ficar dentro da margem de razoabilidade.

O Risco de Auditoria, sob o enfoque do modelo da AICPA, é apurado pela fórmula abaixo.

	Onde:
	RA: Risco de Auditoria
$RA = RI \times RC \times RD$	RI : Risco Inerente
	RC: Risco de Controle
	RD: Risco de Detecção

Considere que, na avaliação das Contas a Receber, o auditor anotou, nos papéis de trabalho, os seguintes percentuais de seu julgamento de valor sobre o risco auditoria:

2,8% para o risco de auditoria;

20% para o risco que mede a incapacidade do sistema evitar ou perceber um erro importante; e

40% para o risco de natureza da própria conta.

Adotando-se o modelo acima, a probabilidade de que o risco que permite prever erros importantes em contas individuais não identificados pelos testes se manifeste é:

(A) 19,9%.   (C) 35,0%.   (E) 65,0%.
(B) 22,4%.   (D) 62,8%.

6. **(QUESTÃO ADAPTADA PELOS AUTORES)** - Constitui risco de Auditoria:

(A) o auditor ter dificuldades em manifestar sua opinião em razão de documentos incompletos.

(B) a possibilidade de o auditor vir a emitir uma opinião tecnicamente inadequada sobre as demonstrações contábeis significativamente incorreta.

CAPÍTULO VI – RISCOS DE AUDITORIA | 101

(C) o relatório de auditoria conter elementos que contribuam para a liquidação da entidade.

(D) os manuais internos da organização não possuírem definição clara das responsabilidades.

7. **(QUESTÃO ADAPTADA PELOS AUTORES)** - Ao detectar erros relevantes ou fraudes no decorrer dos seus trabalhos, o auditor deve:

(A) comunicar aos funcionários da área auditada.

(B) desprezar as informações apuradas.

(C) comunicar à administração da entidade, sugerindo medidas corretivas.

(D) modificar o planejamento da auditoria.

(E) Comunicar aos órgãos de fiscalização.

8. **(QUESTÃO ADAPTADA PELOS AUTORES)** - O sistema adquirido pela empresa Certifica S.A. continha um erro de parametrização interna, não registrando na contabilidade dez notas fiscais. O auditor ao realizar os testes de auditoria constata o erro. Esse risco de auditoria é denominado risco de

(A) negócio.

(B) detecção.

(C) inerência.

(D) controle.

(E) estrutura.

9. **(QUESTÃO ADAPTADA PELOS AUTORES)** - A elaboração e a adequada apresentação das demonstrações contábeis, de acordo com as práticas contábeis adotadas no Brasil, e com os controles internos que foram determinados como necessários para permitir a elaboração de demonstrações contábeis livres de distorção relevante, independentemente se causada por fraude ou erro, é responsabilidade:

(A) Dos auditores independentes.

(B) Dos órgãos reguladores.

(C) Do conselho fiscal.

(D) Da assembleia dos acionistas.

(E) Da administração da Companhia.

102 | AUDITORIA CONTÁBIL

10. **(QUESTÃO ADAPTADA PELOS AUTORES)** - De acordo com a NBC TA 240 – Responsabilidade do Auditor em Relação à Fraude no Contexto da Auditoria de Demonstrações Contábeis, julgue os itens abaixo e, em seguida, assinale a opção CORRETA.

I. É objetivo do auditor identificar e avaliar os riscos de distorção relevantes nas demonstrações contábeis decorrentes de fraudes.

II. É objetivo do auditor obter evidências de auditoria suficientes e apropriadas sobre os riscos identificados de distorção relevante decorrente de fraude, por meio da definição e implantação de respostas apropriadas.

III. É objetivo do auditor responder adequadamente face à fraude ou à suspeita de fraudes identificada durante a auditoria.

Estão certos os itens:

(A) I, II e III.

(B) I e II, apenas.

(C) I e III, apenas.

(D) II e III, apenas.

11. **(QUESTÃO ADAPTADA PELOS AUTORES)** - Ao confrontar-se com as situações a seguir expostas, o auditor as classificaria como uma situação:

I. Um funcionário da Contabilidade, com três períodos de férias não gozados, constantes da folha de pagamentos e da provisão de férias reconhecendo os valores a serem recebidos.

II. Contrato vigente de prestação de serviços de manutenção em ar condicionado. A empresa nunca possuiu este tipo de equipamento instalado em suas unidades.

III. O diretor financeiro da empresa comercial Betal S.A. possui um prédio fora de operação e resolve alugá-lo por 5 anos, recebendo o aluguel a vista, mas com cláusula de devolução parcial, caso seja rescindido o contrato. O diretor financeiro juntamente com o contador determinam que seja contabilizado em Resultado de Exercícios Futuros.

(A) normal, fraude e erro.

(B) fraude, normal e normal.

(C) erro, normal e erro.

(D) fraude, fraude e normal.

(E) normal, fraude e fraude.

CAPÍTULO VI – RISCOS DE AUDITORIA | 103

12. **(Analista de Controle – TCE PR 2011 – QUESTÃO 41)** - Risco de auditoria pode ser definido como a possibilidade do auditor:

(A) não encontrar os documentos, processos nem demonstrativos necessários à realização dos trabalhos.

(B) trabalhar com informações falsas, fraudulentas ou incompletas.

(C) ter sua integridade física ameaçada em razão de sua opinião.

(D) expressar uma opinião inadequada quando as demonstrações contábeis contiverem distorções relevantes.

(E) emitir relatório dos auditores independentes, pelo tempo de auditoria exíguo estabelecido na fase de planejamento.

13. **(Auditor – Transpetro 2011 – QUESTÃO 41)** - Os riscos de Auditoria Interna dizem respeito, diretamente,à atuação do auditor e, principalmente, à grande probabilidade de ele emitir opinião sobre a adequabilidade de procedimentos e demonstrações contábeis sem perceber dos possíveis erros contidos. Tais erros estão relacionados à possibilidade de que objetivos não sejam alcançados. Consequentemente, o auditor deve estar sempre atento aos riscos e, mais especificamente, à avaliação da fase mais adequada para fazer essa análise. No que se refere à melhor fase para analisar os riscos de auditoria, considere as afirmativas a seguir:

I. A fase de elaboração dos programas e papéis de trabalho constitui momento ideal para a análise de riscos.

II. A fase de execução da análise e avaliação dos controles internos é propícia para a análise de riscos de Auditoria.

III. A fase de planejamento dos trabalhos de Auditoria é adequada para a análise de riscos.

É correto o que se afirma em:

(A) I, apenas.

(B) II, apenas.

(C) III, apenas.

(D) II e III, apenas.

(E) I, II e III.

104 | AUDITORIA CONTÁBIL

14. **(Auditor – Petrobras 2011 – QUESTÃO 35)** - O gerenciamento de riscos dentro da empresa é uma atividade Fundamental que servirá de apoio para diversas outras atividades, como planejamento estratégico, auditoria interna, etc. Nesse contexto, durante uma auditoria, o auditor interno deve:

(A) preparar toda a estrutura da gestão de riscos, realizando o mapeamento de todas as atividades chaves relacionadas ao processo auditado.

(B) justificar à alta administração da empresa os pontos levantados em consequência de falhas na gestão de riscos dos processos auditados.

(C) identificar o tipo de risco associado aos processos auditados, verificando se estão classificados adequadamente quanto à sua natureza, evitando a ocorrência de duplicidade nos testes de auditoria.

(D) avaliar a aplicação de ferramentas de alta tecnologia que são eficazes para a realização da gestão dos riscos associados aos processos auditados.

(E) avaliar e monitorar os riscos dos processos auditados, verificando as consequências quando os objetivos não são atingidos e se os controles associados mitigam os riscos existentes.

15. **(Analista de Controle – AL AM 2011 – QUESTÃO 62)** - Assinale a alternativa que apresenta os dois componentes do Risco de Distorção Relevante.

(A) risco inerente e risco específico.

(B) risco de controle e risco de evidência.

(C) risco de benefício e risco de custo.

(D) risco inerente e risco de controle.

(E) risco específico e risco de evidência.

16. **(Auditor – Prefeitura de Várzea Grande MT 2011 – QUESTÃO 29)** - De acordo com a Norma de Auditoria aprovada pela Resolução CFC nº 1.203/09, no que se refere à fraude, os procedimentos aplicados para coletar evidências de auditoria:

CAPÍTULO VI – RISCOS DE AUDITORIA | 105

(A) podem ser ineficazes para a detecção de distorção relevante.
(B) são eficazes para a detecção de fraudes que geram distorção relevante.
(C) não são capazes de detectar fraudes.
(D) não são capazes de detectar fraudes que envolvam conluio.
(E) podem ser eficazes na detecção de fraudes se o Auditor usar seu poder de busca.

17. **(Auditor – Prefeitura de Várzea Grande MT 2011 – QUESTÃO 32)** - Conforme descrito na Norma de Auditoria aprovada pela Resolução CFC nº 1.207/09, as implicações das fraudes identificadas dependem das circunstâncias. Assim, uma fraude, que sob outros aspectos é insignificante, pode ser relevante se envolver a alta administração da empresa. Nessas circunstâncias:

(A) deve o Auditor emitir um relatório dos auditores independentes com ressalvas e suspender a execução dos trabalhos.
(B) pode o Auditor colocar em dúvida a confiabilidade das evidências anteriormente obtidas.
(C) pode o Auditor encerrar os trabalhos e emitir relatório dos auditores independentes, se abstendo de emitir opinião.
(D) o Auditor descarta as evidências já obtidas, uma vez que uma fraude não costuma estar isolada.
(E) o Auditor deve, necessariamente, refazer todos os exames realizados anteriormente.

18. **(Contador – CFC 2011 – QUESTÃO 43)** - De acordo com a NBC TA 240 – Responsabilidade do Auditor em Relação a Fraude no Contexto da Auditoria de Demonstrações Contábeis, a fraude é considerada o ato intencional de um ou mais indivíduos da administração, dos responsáveis pela governança, empregados ou terceiros que envolva:

(A) a obtenção de vantagem justa ou legal.
(B) culpa para obtenção de vantagens.
(C) dolo ou culpa para obtenção de vantagem injusta ou ilegal.
(D) dolo para obtenção de vantagem injusta ou ilegal.

106 | AUDITORIA CONTÁBIL

19. **(Auditor – SEA AP 2010 – QUESTÃO 26)**- De acordo com as normas vigentes de auditoria, emanadas pelo CFC - Conselho Federal de Contabilidade, os riscos de distorção relevante podem existir nos seguintes níveis:

(A) nível específico da demonstração contábil e nível geral da afirmação para classes de transações, saldos contábeis e divulgações.

(B) nível relevante da demonstração contábil e nível geral afirmação para classes de transações, saldos contábeis e divulgações.

(C) nível substantivo da demonstração contábil e nível de aderência da afirmação para classes de transações, saldos contábeis e divulgações.

(D) nível de aderência da demonstração contábil e nível específico da afirmação para classes de transações, saldos contábeis e divulgações.

(E) nível geral da demonstração contábil e nível da afirmação para classes de transações, saldos contábeis e divulgações.

20. **(Auditor – IBGE 2010 – QUESTÃO 60)** - De conformidade com as Normas do CFC, a quem pertence a responsabilidade primária pela detecção de fraudes?

(A) auditor.

(B) perito.

(C) administração da empresa.

(D) Ibracon.

(E) advogado da empresa.

21. **(Auditor – IBGE 2010 – QUESTÃO 65)** - O auditor lida com o risco de não identificar erros ou irregularidades relevantes, por ser o exame efetuado em base de testes. Esse risco é classificado como:

(A) inerente.

(B) geral.

(C) iminente.

(D) de controle.

(E) de detecção.

22. **(Auditor – Petrobras 2010 – QUESTÃO 28)** - As fraudes ocorrem nas empresas por diversos motivos, tais como inexistência de normas e controles internos fragilizados, entre outros. Elas ocorrem em determinados processos das empresas de forma conjunta ou isoladamente. Uma das formas de prevenção da fraude no processo de contas a pagar é a implantação do controle de:

(A) inventário físico.
(B) mapeamento operacional.
(C) segregação de funções.
(D) revisão analítica.
(E) acesso operacional.

23. (Auditor – AFTE RS 2009 – QUESTÃO 66) - A análise dos riscos da Auditoria Interna deve ser feita na fase de planejamento dos trabalhos; estão relacionados à possibilidade de não se atingir, de forma satisfatória, o objetivo dos trabalhos. Nesse sentido, um dos aspectos a ser considerado é a:

(A) extensão da responsabilidade do auditor interno no uso dos trabalhos de especialistas.

(B) supervisão do sistema contábil, especificamente as demonstrações contábeis.

(C) obtenção de informações perante pessoas físicas ou jurídicas conhecedoras das transações e das operações da entidade.

(D) estrutura organizacional da empresa, a integridade da administração e a continuidade normal das atividades.

(E) utilização de processamento eletrônico de dados pela entidade.

24. **(Contador – UNIRIO 2008 – QUESTÃO 12)** - Risco de Auditoria é:

(A) o auditor não corre risco de emitir um relatório tecnicamente inadequado por ser a auditoria realizada por amostragem.

(B) a possibilidade de o auditor vir a emitir um relatório que contenha opinião tecnicamente inadequada sobre o controle interno.

(C) a possibilidade de o auditor vir a emitir um relatório que contenha opinião tecnicamente inadequada apenas sobre o balanço patrimonial.

(D) a possibilidade de o auditor vir a emitir um relatório que contenha opinião tecnicamente inadequada sobre demonstrações contábeis.

(E) o auditor só corre risco de emitir opinião tecnicamente inadequada, quando as mesmas são realizadas em empresas de capital aberto.

108 | AUDITORIA CONTÁBIL

25. **(Auditor – AFTE RS 2006 – QUESTÃO 57)** - Em auditoria, considera-se risco quando o auditor pode concluir e opinar que as demonstrações contábeis refletem corretamente a situação econômico-financeira e patrimonial da empresa, quando na realidade não refletem. Entre os riscos de auditoria, existe o de que erros importantes, individualmente ou em conjunto, não sejam identificados pelos testes substantivos. Este risco corresponde ao:

(A) risco inerente.
(B) risco de controle.
(C) risco de segregação de função.
(D) risco de testagem amostral.
(E) risco de detecção.

26. **Auditor – CGU 2004 – QUESTÃO 26)** - A avaliação de riscos de controle é:

(A) o processo de avaliação da eficácia dos controles internos na detecção de erros ou classificações devidas nas demonstrações contábeis.

(B) o procedimento de avaliação da eficiência dos controles externos na eliminação de erros ou classificações indevidas nas demonstrações contábeis.

(C) o processo de avaliação da eficácia dos controles internos na detecção de erros ou classificações indevidas nas demonstrações contábeis.

(D) a incapacidade de avaliação da eficiência dos controles internos na retificação dos erros e fraudes nas demonstrações contábeis.

(E) a capacidade de detecção de operações que eliminem os erros ou classificações devidas nas demonstrações contábeis com o objetivo de mudá-las.

27. **(Auditor – AFRF 2002 – QUESTÃO 38)** - Quando os produtos que estão sendo vendidos pela empresa auditada estão sujeitos a alterações significativas de preços, o auditor deve:

(A) aumentar o risco inerente.
(B) reduzir o risco inerente.
(C) aumentar risco de detecção.
(D) reduzir risco de controle.
(E) aumentar o risco de controle.

CAPÍTULO VI – RISCOS DE AUDITORIA | 109

28. **(Auditor – AFRF 2002 – QUESTÃO 39)** Quando um auditor eleva o nível de risco de controle, porque determinados procedimentos de controle do cliente mostraram-se ineficientes, o auditor deve:

(A) aumentar o nível de risco inerente.

(B) estender os testes de controle.

(C) aumentar o nível de risco de detecção.

(D) efetuar testes alternativos de controle.

(E) aumentar o nível de testes substantivos.

29. **(Auditor – AFTE 2001 – QUESTÃO 44)** - O risco de sistemas contábeis e de controles internos deixarem de prevenir e/ou detectar uma distorção no saldo de uma conta que pode ser relevante, classifica-se como risco:

(A) inerente.

(B) do trabalho.

(C) de detecção.

(D) de controle.

(E) do negócio.

30. **(Auditor – AFRF 2001 – QUESTÃO 40)** - A possibilidade de o auditor vir a emitir uma opinião tecnicamente inadequada sobre demonstrações contábeis significativamente incorretas é denominada:

(A) risco de controle.

(B) risco de detecção.

(C) risco inerente.

(D) risco de auditoria.

(E) risco sistêmico.

31. **(Auditor – ATM CE 1998 – QUESTÃO 43)** Os três componentes básicos do Risco de Auditoria são:

(A) risco de amostragem, risco dos procedimentos e risco de materialidade.

(B) risco de fraude, risco de erro e risco de omissão.

(C) risco de planejamento, risco de supervisão e risco de execução.

(D) risco do ambiente, risco de sistemas e risco de Relatório dos auditores independentes sobre as Demonstrações Contábeis.

(E) risco inerente, risco de controle e risco de detecção.

CAPÍTULO VII – CONTROLES INTERNOS

7.1. Introdução

Este tema é entendido como um dos importantes elementos para gestão empresarial, pois se refere a todo arcabouço de normas e procedimentos existentes na companhia, que visam a tornar os seus processos mais ágeis, seguros e rastreáveis, de forma que as informações sejam fidedignas, proporcionando ao gestor a tomada de decisões mais seguras com objetivo de salvaguarda os ativos da companhia.

Para administração alcançar os resultados pretendidos, é de fundamental importância a implantação de controles internos adequados, compreendidos como um conjunto de normas e procedimentos adotados para assegurar a proteção dos bens e valores, garantir a adequação e tempestividade das informações assim como promover a eficiência, eficácia e efetividade operacional do sistema.

A NBC TA 315 (R1) define controle interno como: "o processo planejado, implementado e mantido pelos responsáveis da governança, administração e outros funcionários para fornecer segurança razoável quanto à realização dos objetivos da companhia no que se refere à confiabilidade dos relatórios financeiros, efetividade e eficiência das operações e conformidade com leis e regulamentos aplicáveis".

Já o Professor Cavalcanti, em uma obra (2003) define como: um conjunto de procedimentos, métodos ou rotinas com os seguintes objetivos:

- proteger os ativos;
- produzir dados contábeis confiáveis;
- ajudar a administração na condução ordenada dos negócios da empresa.

Os controles contábeis são definidos pelo Crepaldi (2002) como um plano de organização e todos os métodos e procedimentos que tem ligação com a proteção do patrimônio da empresa e integridade dos registros contábeis, temos como exemplos:

CAPÍTULO VII – CONTROLES INTERNOS | 111

- sistema de conferência, aprovação e autorização;
- segregação de funções;
- controles físicos sobre ativos;
- auditoria interna.

O controle administrativo trata-se de plano de organização e todos os métodos e procedimentos que tem ligação direta com a eficiência das operações e com a política da empresa, temos como exemplo:

- análises estatísticas de lucratividade;
- treinamento de pessoal;
- estudos de tempos e movimentos;
- controle de qualidade;
- análises de variações entre os valores orçados e os incorridos.

Entretanto, tão importante quanto implantar os controles internos é mantê-los, garantindo-se sua efetividade mediante constante atualização e acompanhamento. Essa última ação deve ser realizada primeiramente pela auditoria interna, que pode ser conceituada como sendo o controle dos controles internos.

Em segunda instância, em face da confiança depositada no sistema de controle interno, a auditoria independente estabelecerá a amplitude dos exames a serem realizados durante a execução das atividades de auditoria.

7.2. Princípios de controles internos

O professor Cavalcanti, cita em sua obra os princípios que rege os controles internos, são elas:

- <u>Responsabilidades</u>: estabelecer, de preferência por escrito, as atribuições dos empregados e setores internos da entidade.

- <u>Rotinas internas</u>: definir no manual de organização todas as suas rotinas internas. Ex: formulários (internos e externos) e instruções para preenchimento; e evidências de execução de procedimentos (assinatura e carimbos).

- <u>Acesso aos ativos</u>: limitar o acesso de pessoas e estabelecer controles físicos sobre os ativos.

- Segregação de funções: estabelecer que uma mesma pessoa não poderá ter acesso aos ativos e aos registros contábeis.

- Confronto dos ativos com os registros: estabelecer procedimentos de forma que seus ativos sejam confrontados com registros contábeis periodicamente.

- Amarrações do sistema: estabelecer que somente os registros autorizados sejam efetivadas, por seus valores corretos e dentro do período de competência.

- Auditoria interna: verificar se os empregados estão cumprindo as normas e avaliar a necessidade de novas atualizações no controle interno.

- Custo do controle x benefícios: o custo do controle não deve ser superior aos benefícios proporcionados por ele. Ex: Estabelecer limites de alçada (compras ou vendas).

7.3. Componente do controle interno

O ambiente de controle abrange os valores éticos da governança corporativa, que são divididos em cinco componentes que fornecem um arcabouço útil para que os auditores avaliem a estrutura organizacional e a atribuição de cada responsável na condução das políticas da empresa. Os cincos componentes do controle interno da entidade que podem afetar a auditoria, são:

(a) **o ambiente de controle**- São funções de governança e administração corporativas no que se refere ao controle interno da entidade. A comunicação e aplicação de valores de integridade e ética, são alguns dos elementos essenciais que influenciam a efetividade do desenho, administração e monitoramento dos controles.

(b) **o processo de avaliação de risco da entidade** - É a forma de como a administração identifica os riscos a serem gerenciados. Esse processo é apropriado às circunstâncias, incluindo a natureza, tamanho e complexidade da entidade, ele auxilia o auditor na identificação de riscos e distorções relevantes.

CAPÍTULO VII – CONTROLES INTERNOS | 113

(c) **o sistema de informação, inclusive os processos relacionados de negócio relevantes para os relatórios financeiros e a comunicação-** É um conjunto de informações do negócio da companhia que o auditor necessita compreender a forma como são originadas, registradas, processadas e reportadas pelo sistema de informação.

(d) **atividades de controle** - São as políticas e procedimentos que ajudam a assegurar que as orientações da administração sejam executadas. As atividades de controle, sejam em sistemas de Tecnologia da Informação - (TI), sejam manuais, têm vários objetivos e são aplicadas em vários níveis organizacionais e funcionais. Exemplos de atividades de controle específicas incluem: autorização, revisões de desempenho, processamento de informações, controles físicos e segregação de funções.

(e) **monitoramento de controles** – É um processo para avaliar a efetividade do desempenho dos controles internos ao longo do tempo. Envolve avaliar a efetividade dos controles tempestivamente e tomar as necessárias ações corretivas. A administração consegue o monitoramento de controles por meio de atividades contínuas, avaliações separadas ou a combinação de ambos.

Esses componentes do controle são desenhados para impedir, detectar erros ou distorções na classificação contábil. Abaixo elaboramos um modelo de questionário do controle interno do componente de **ambiente de controle,** item (a) da seção 3, para o leitor se familiarizar com um dos componentes do controle interno. Vejamos:

114 | AUDITORIA CONTÁBIL

Quadro 7- Controle interno - Questionário de Ambiente

Cliente Alfa Ldta. **Data do balanço** 31/12/X1

Concluído por J. J. Melo **Data** 22/9/X1 **Revisto por** M. M. Melo **Data** 29/9/X1

Questionário de controle interno

Componente: Ambiente de controle

Questão	Sim, Não, N/A	Comentários
Integridade e valores éticos:		
1. A administração demonstra comprometimento com a integridade e ética em palavras e ações?	Sim	A administração está consciente
2. Políticas apropriadas da entidade sobre práticas de negócios aceitáveis, conflitos de interesse e código de conduta foram estabelecidas e adequadamente comunicadas?	Sim	
3. Incentivos e tentações que possam levar a comportamentos não éticos foram reduzidos ou eliminados?	Sim	
Conselho de administração e comitê de auditoria:		
1. O conselho se reúne regularmente e as atas das reuniões são preparadas tempestivamente?	Sim	O conselho consiste de novembro
2. Os membros do conselho têm suficiente conhecimento, experiência e tempo para servir eficazmente?	Sim	
3. Existe um comitê de auditoria composto por conselhos externos?	Não	
Filosofia e estilo operacional da administração:		
1. Os riscos do negócio são cuidadosamente considerados e adequadamente monitorados?	Sim	
2. A escolha de princípios contábeis e desenvolvimento de estimativas contábeis pela administração é coerente com a apresentação adequada das demonstrações contábeis?	Sim	A Administração é conservadora
3. A administração tem-se mostrado disposta a realizar ajustes em demonstrações contábeis, em decorrência de erros ou classificações indevidas em demonstrações contábeis?	Sim	
Políticas e práticas de recursos humanos:		
1. Políticas e procedimentos atuais resultam em recrutamento ou desenvolvimento de pessoas competentes e confiáveis, necessárias à operação de uma estrutura eficaz de controles internos?	Sim	
2. O pessoal entende os deveres e procedimentos que se aplicam as suas funções?	Sim	Existem descrições de cargo formais
3. A rotação de pessoal em posições-chaves situa-se em nível aceitável?	Sim	

Fonte: Adaptado de Boynton, Willian C. Auditoria, São Paulo: Atlas, 2002

7.4. Planejamento e controle do risco

O controle interno deve ser planejado, implementado e mantido para enfrentar riscos do negócio que possam afetar o cumprimento de qualquer um dos objetivos da entidade com relação à confiabilidade das informações que possa a vir a distorcer as demonstrações contábeis da entidade, acarretando em perda da eficiência e efetividade de suas operações.

Sendo assim, este livro traz algumas sugestões para auxiliar e ou aprimorar os controles da companhia, são eles:

- aplicar consistentemente regras de negócio pré-definidas e executar cálculos complexos no processamento de grandes volumes de transações ou dados;
- aprimorar a tempestividade, disponibilidade e exatidão das informações;
- facilitar a análise adicional das informações;
- aprimorar a capacidade de monitorar o desempenho das atividades da companhia suas políticas e procedimentos;
- mitigar o risco de que os controles sejam transgredidos;
- aperfeiçoar a capacidade de segregar as funções por meio da implementação de controles de segurança em aplicativos, bases de dados e sistemas operacionais.

7.5. Relevância dos controles internos

Na seção A60 da NBC TA 315 (R1), discorre sobre a relação direta entre os objetivos da entidade e dos controles, que foram implementados para fornecer segurança razoável a respeito do seu cumprimento.

Os fatores relevantes para o julgamento do auditor ao determinar se um controle, individualmente ou em combinação com outros, são:

- materialidade das contas;
- importância do risco relacionado;
- tamanho da entidade;
- natureza do negócio da entidade, inclusive suas características de organização e propriedade;
- diversidade e complexidade das operações da entidade;
- exigências legais e regulatórias aplicáveis;

116 | AUDITORIA CONTÁBIL

- circunstâncias e o componente aplicável do controle interno;
- natureza e complexidade dos sistemas que fazem parte do controle interno da entidade, inclusive o uso de organizações de serviços;
- se, e como, um controle específico, individualmente ou em combinação com outros, impede ou detecta e corrige distorção relevante.

7.6. Levantamento do sistema de controle interno

As informações colhidas nos sistemas de controle ajudam o auditor na identifica**ção de riscos de distorções relevantes**. Esses dados poderão ser extraídos dos manuais internos da companhia, inspeção física de documentos e entrevistas com empregados. A partir da coleta dessas informações o auditor armazena em suas pastas de forma harmônica e coesa para servir de evidência de auditoria e das conclusões obtidas antes da finalização do relatório.

7.7. Distorções e deficiência no controle interno

De acordo com a NBC TA 265, a deficiência ou a combinação de deficiências no controle interno que, no julgamento do auditor, é de importância suficiente para merecer a atenção dos responsáveis pela governança. O auditor deverá comunicar imediatamente tal fato aos responsáveis pela administração.

Para que possamos atender os controles internos é necessário avaliar os tipos de distorções que possam acontecer, neste sentido a NBC TA 315 (R1), no item A50, menciona que "... *o controle interno auxilia o auditor na identificação de tipos de distorções potenciais e fatores que afetem os riscos de distorção relevante, e no planejamento da natureza, época e extensão de procedimentos adicionais de auditoria.*

A NBC TA 315 (R1) traz alguns exemplos de deficiência significativas nos controles internos que o auditor deverá observar atentamente, são eles:

- a probabilidade das deficiências levarem a distorção relevante nas demonstrações contábeis no futuro;
- a suscetibilidades à perda ou à fraude do respectivo ativo ou passivo;

CAPÍTULO VII – CONTROLES INTERNOS | 117

- a subjetividade e a complexidade da determinação de valores estimados, como estimativas contábeis a valor de mercado;
- os valores das demonstrações contábeis expostos às deficiências;
- o volume de atividade que ocorreu ou poderia ocorrer nos saldos contábeis ou na classe de transações expostas à deficiência ou às deficiências;
- a importância dos controles para o processo de elaboração das demonstrações contábeis, por exemplo:
  - controle de monitoramento geral (tais como supervisão da administração);
  - controle sobre a prevenção e a detecção de fraude;
  - controle sobre a seleção e a aplicação das principais práticas contábeis;
  - controle sobre transações significativas fora do curso normal dos negócios da entidade;
  - controles sobre o processo de elaboração das demonstrações contábeis do final de um período (tais como controle sobre lançamentos não recorrentes ou não usuais).

7.8. Limitações do controle interno

O professor Cavalcanti, cita em sua obra algumas limitações, são elas:

- conluio de empregados.
- empregados negligentes na execução de tarefas.
- empregados não são adequadamente instruídos com relação às normas internas.

Embora a entidade tenha um excelente sistema de controle interno, podem existir algumas limitações é por isso que o auditor externo deve efetuar alguns procedimentos para avaliar o desempenho do controle, a partir da qual é possível definir regiões de prioridade de melhoria dos controles em função do nível de tolerância ao risco. A seguir, demonstraremos os impactos dos controles internos da entidade sobre risco no nível das demonstrações contábeis.

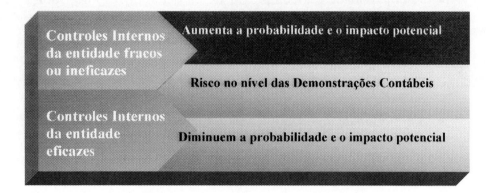

Figura 5 - Impacto do controles internos na entidade sobre o risco nas demonstrações contábeis
Fonte: KPMG Audit Manual.

7.9. Desfalques temporários e permanentes

O professor Cavalcanti, cita em sua obra as diferenças entre desfalques temporários e permanentes.

Temporário: empregado apossa-se de um bem da empresa e não altera os registros contábeis.

Exemplo:
O empregado desvia um bem qualquer da empresa (dinheiro em caixa, estoques etc.), mas não altera os registros contábeis. Esse desfalque poderia ser descoberto através do confronto dos ativos com os registros contábeis.

Permanente: empregado apossa-se de um bem da empresa e altera os registros contábeis.

Exemplo:
O empregado responsável pelos recebimentos de clientes e pelos registros contábeis de vendas e recebimentos, ele desvia um recebimento de vendas a prazo e baixa a duplicata correspondente contra receita de vendas no resultado. O empregado desvia um determinado ativo e debita em uma conta de resultado, isto é, na conta de despesa.

Enfim, após a conclusão da fundamentação dos fatos, a próximo etapa é aprimorar os conhecimentos através dos exercícios.

7.10. Exercícios – Controles Internos

1. **(ABIN - AUDITOR - 2008 - QUESTÃO 18)** Com relação ao controle interno, é correto afirmar que:
   a) O sistema contábil e de controles internos compreende o plano de organização e o conjunto integrado de métodos e procedimentos adotados pela entidade na proteção da confiabilidade e tempestividade dos seus registros e demonstrações contábeis, e de sua eficácia operacional.
   b) Controle interno é o que se realiza por órgão estranho à administração responsável pelo ato controlado, como, por exemplo, a apreciação de contas do Executivo e do Judiciário pelo Legislativo;
   c) O controle interno é de competência exclusiva do Poder Executivo;
   d) A avaliação de riscos envolve uma combinação de técnicas qualitativas e especiais.

2. **(TJ-PI - Analista Judiciário - Auditor – FGV – 2015) -** O gráfico a seguir apresenta os resultados da avaliação da estrutura de controle interno em cinco entidades, bem como a amplitude dos testes de auditoria a serem executados em cada uma delas.

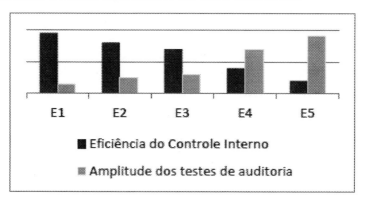

A partir da análise do gráfico, é correto afirmar que:
(A) a amplitude dos testes de auditoria é diretamente proporcional à eficiência do controle interno;
(B) a amplitude dos testes de auditoria independe da eficiência do controle interno;
(C) a eficiência do controle interno é o único fator relevante na definição da amplitude dos testes de auditoria;
(D) quando a eficiência do controle interno for plena, deve-se reduzir a zero os testes de auditoria;
(E) quando a eficiência do controle interno for alta, deve-se executar ao menos um volume mínimo de testes.

120 | AUDITORIA CONTÁBIL

3. **(QUESTÃO ADAPTADA PELOS AUTORES)**- A empresa Compra Via Ltda. determinou que a partir do mês de dezembro as funções de pagamento das compras efetuadas passarão a ser feitas pelo departamento de compras, extinguindo-se o setor de Contas a Pagar. Esse procedimento afeta a eficácia da medida de controle interno denominada:

(A) confirmação.

(D) repartição.

(B) segregação.

(E) atribuição.

(C) evidenciação.

4. **(Prefeitura do Rio de Janeiro – CGM /RJ – Contador/2015 – QUESTÃO 8)** - É um processo conduzido pela estrutura de governança, administração e outros profissionais da entidade e desenvolvido para proporcionar segurança razoável, com respeito à realização dos objetivos relacionados a operações, divulgação e conformidade:

Parte superior do formulário

a) governabilidade

b) controle externo

c) controle interno

d) COSO

5. **(TJ-PI - Analista Judiciário - Contador – FGV – 2015)** - De acordo com as Normas internacionais para a prática profissional de auditoria interna, emitidas pelo *Institute of Internal Auditors*, a avaliação do ambiente de controle é componente essencial para se atingir os principais objetivos do sistema de controle interno. São elementos constituintes do ambiente de controle, EXCETO:

(A) atividades de controle sobre a tecnologia;

(B) atribuição de autoridade e responsabilidade;

(C) estilo operacional da administração;

(D) integridade e valores éticos;

(E) políticas e práticas de recursos humanos.

6. **(Auditor – Transpetro 2011 – QUESTÃO 34).** Os objetivos do controle interno são: proteger os ativos, produzir dados contábeis confiáveis e ajudar a equipe gestora na condução organizada dos negócios da empresa. Para atingir esses objetivos, torna-se necessária a realização de:

CAPÍTULO VII – CONTROLES INTERNOS | 121

(A) testes substantivos e de testes de observância.

(B) controles contábeis e de controles administrativos.

(C) controles físicos e de controles documentais.

(D) padronização de procedimentos e de cumprimento de normas.

(E) inspeção física e de análise.

7. **(Auditor – Transpetro 2011 – QUESTÃO 46). Os** controles internos são de fundamental importância para o trabalho do auditor. Quanto mais precisos eles forem, maior segurança haverá na formação da opinião. Quanto mais imprecisos forem, maiores terão de ser os cuidados do auditor na formação de sua opinião. Sob esse enfoque do controle interno, a segregação de funções:

(A) compreende a separação dos dados de acordo com estrutura formal da empresa e do plano de contas que a atende.

(B) contribui para reforçar a fidedignidade e tempestividade dos registros contábeis de uma empresa.

(C) permite a criação de pontos de verificação de auditoria nos sistemas de controle operacional.

(D) estabelece o controle das operações de acordo com a responsabilidade de seus executores e dos riscos envolvidos.

(E) cria independência entre a execução operacional, custódia de bens patrimoniais e respectiva contabilização.

8. **(Auditor – Transpetro 2011 – QUESTÃO 49)** O controle interno pode ser entendido, de forma objetiva, como o conjunto de rotinas, métodos e procedimentos utilizados na proteção dos ativos e na geração de dados confiáveis, auxiliando os administradores da empresa em suas tomadas de decisão. Sob o enfoque do controle interno, entende-se que o Plano de Organização representa o:

(A) modo pelo qual se organiza um sistema.

(B) sistema de regras relativas à direção do negócio.

(C) projeto de defesa e salvaguarda dos bens e direitos da empresa.

(D) caminho e os meios de comparação para se chegar a um objetivo.

(E) meio adequado de precisão e observância dos elementos pela contabilidade.

122 | AUDITORIA CONTÁBIL

9. **(Contador – BNDES 2011 – QUESTÃO 55). Na** gestão empresarial cabe à Administração da empresa estabelecer o sistema de controle interno e o respectivo acompanhamento de sua correta adoção por parte dos executores, como um todo, visando a adaptá-lo rapidamente a novas circunstâncias gerenciais, se necessário. Ao se dizer que os acessos aos ativos e aos registros contábeis devem ser realizados por indivíduos distintos, está sendo enunciado o princípio do controle interno do (a)

(A) acesso aos ativos.

(B) confronto dos ativos com os registros.

(C) responsabilidade.

(D) rotina interna.

(E) segregação de funções.

10. **(Auditor – Petrobras 2011 – QUESTÃO 27)** As normas de auditoria estabelecem que o auditor deve avaliar o sistema de controles internos a fim de determinar a natureza, época e extensão dos procedimentos de auditoria. A esse respeito, considere os procedimentos a seguir:

I. Implementar novos controles internos que, porventura, estiverem faltando.

II. Levantar e identificar o sistema de controle interno utilizado na empresa.

III. Realizar o mapeamento de toda a organização, elaborando fluxos e normas de processo.

IV. Verificar se o sistema levantado está realmente sendo utilizado pela empresa.

V. Avaliar, por meio de testes, a eficácia dos controles internos utilizados.

Durante a avaliação do sistema de controles internos, são deveres dos auditores **APENAS** os procedimentos apresentados em:

(A) I, II e V.

(B) I, III e IV.

(C) II, IV e V.

(D) I, II, III e IV.

(E) II, III, IV e V.

CAPÍTULO VII – CONTROLES INTERNOS | 123

11. **(Auditor – Petrobras 2011 – QUESTÃO 36)** O sistema de controles internos de uma empresa abrange as áreas contábeis e administrativas ou gerenciais. Um exemplo de controle interno contábil é o(a):

(A) controle de qualidade.

(B) treinamento de pessoal.

(C) análise da lucratividade.

(D) conciliação bancária.

(E) análise de tempos e movimentos.

12. **(Auditor – Petrobras 2010 – QUESTÃO 27)** Uma empresa é formada por diversos processos operacionais que irão fazê-la funcionar adequadamente, se os seus objetivos forem alcançados. No entanto, existem riscos relacionados aos processos que podem impedir o alcance desses objetivos. Nesse sentido, a função do controle interno é:

(A) extinguir completamente os riscos inerentes aos processos operacionais, aumentando a margem de sucesso na cadeia produtiva.

(B) mapear todos os processos operacionais da empresa, associando os objetivos finais de cada processo ao seu devido risco.

(C) mitigar os riscos existentes em um grau razoável de segurança, para que os objetivos finais dos processos operacionais sejam alcançados.

(D) concentrar todos os riscos da empresa em um só processo, facilitando sua investigação e possível extinção.

(E) avaliar o impacto e a probabilidade de ocorrência de cada risco em relação aos processos e seus objetivos finais.

13. **(Auditor – Petrobras 2011 – QUESTÃO 38)** Em um sistema de controle interno eficaz, é importante que existam mais controles preventivos do que detectivos. Contudo, os controles detectivos também são muito importantes, pois:

(A) corrigem os problemas encontrados nos processos, diminuindo o risco.

(B) detectam falhas no processo antes do seu acontecimento, garantindo o cumprimento dos objetivos.

(C) facilitam a implementação do programa de áuditoria interna.

(D) encontram falhas ou problemas nos processos, possibilitando a correção futura.

(E) possibilitam a detecção de falhas no mapeamento do processos.

124 | AUDITORIA CONTÁBIL

14. **(Auditor – Petrobras 2011 – QUESTÃO 39)** Uma das etapas que deve ser sempre executada e repetida no sistema de controles internos é o monitoramento contínuo das atividades de controle. O monitoramento tem a função de:

(A) adequar a empresa ao sistema de normas externas no qual está inserida.

(B) auxiliar na implantação de novos processos na empresa.

(C) detectar falhas nos processos auditados.

(D) manter o equilíbrio entre a carga de controles preventivos e detectivos utilizados no sistema de controles internos.

(E) verificar se os controles internos estão adequados e efetivos, ou se necessitam de melhorias.

15. **(Auditor – Petrobras 2011 – QUESTÃO 40)** Nas empresas, falhas que ocorram no sistema de controles internos podem facilitar o aparecimento das fraudes internas, como as mostradas a seguir:

I. Atraso no pagamento dos salários.

II. Inexistência ou ineficiência das normas internas.

III. Plano de auditoria burocrático e repetitivo.

IV. Atraso nas conciliações.

V. Ausência de afinidade entre a alta administração e a equipe de auditoria.

São falhas ligadas ao aparecimento de fraudes internas **APENAS** as apresentadas em:

(A) I, II e III.

(B) I, IV e V.

(C) II, III e IV.

(D) I, II, III e V.

(E) II, III, IV e V.

16. **(Auditor – Petrobras 2010 – QUESTÃO 12)** A atividade de auditoria interna deve avaliar a adequação e a eficácia dos controles, abrangendo a governança, as operações e os sistemas de informação. Esta avaliação deve assegurar que os controles internos garantam uma série de medidas, **EXCETO:**

CAPÍTULO VII – CONTROLES INTERNOS | 125

(A) confiabilidade e integridade das informações financeiras e operacionais.

(B) eficácia e eficiência de operações.

(C) salvaguarda dos ativos.

(D) conformidade às leis, aos regulamentos e aos contratos.

(E) integridade dos diretores executivos.

17. **(Auditor – Petrobras 2010 – QUESTÃO 15)** Um auditor, ao iniciar a avaliação dos controles internos em um processo que, pela primeira vez, está sendo auditado, deve proceder de várias formas. Nessa perspectiva, analise os procedimentos a seguir:

I. Emitir um relatório dos auditores independentes conclusivo em relação ao processo avaliado.

II. Realizar o levantamento completo do processo.

III. Analisar os riscos e os controles relacionados ao processo.

IV. Realizar um levantamento histórico das pessoas envolvidas no processo desde sua criação.

V. Verificar a eficácia dos controles internos quanto à garantia dos objetivos propostos no processo.

Estão corretos **APENAS** os procedimentos

(A) I, II e III.

(B) II, III e V.

(C) II, IV e V.

(D) I, II, IV e V.

(E) I, III, IV e V.

18. **(Auditor – Petrobras 2010 – QUESTÃO 25)** O sistema de controles internos em uma empresa é de fundamental importância para o processo de fechamento do balanço contábil, pois um dos seus objetivos principais é:

(A) verificar a exatidão e a fidedignidade dos dados contábeis.

(B) calcular os índices de balanço.

(C) mensurar a capacidade financeira da empresa.

(D) testar a exatidão do volume registrado no patrimônio líquido.

(E) monitorar o resultado de exercícios futuros.

126 | AUDITORIA CONTÁBIL

19. **(Auditor – Petrobras 2010 – QUESTÃO 26)** Por definição, um dos objetivos do controle interno é incrementar a eficiência operacional. Um exemplo de controle operacional, utilizado com essa finalidade na prevenção de falhas na linha de produção, é a(o):

(A) verificação dos produtos com defeito no final do dia.

(B) implementação de programas de incentivo aos trabalhadores de fábrica.

(C) revisão de desempenho do processo.

(D) revisão periódica do orçamento.

(E) monitoramento e a manutenção periódica de máquinas e equipamentos.

20. **(Auditor – Petrobras 2010 – QUESTÃO 29)** A implantação de um sistema efetivo de controles passa por várias etapas, como por exemplo, levantamento dos processos, riscos, controles envolvidos, planejamento, execução e monitoramento. Em uma organização, os responsáveis pelo sistema de controles internos, considerando todas as etapas, são os:

(A) conselheiros e os acionistas.

(B) auditores externos e os diretores.

(C) gerentes, os auditores internos e os investidores.

(D) diretores, os gerentes, os auditores e os demais colaboradores.

(E) órgãos reguladores, os auditores em geral e os fiscais.

21. **(Auditor – Petrobras 2010 – QUESTÃO 30)** Um exemplo de controle interno contábil, utilizado para confrontar a mesma informação com dados vindos de bases diferentes e estabelecido para detecção de falhas nos procedimentos, é a:

(A) revisão de desempenho.

(B) revisão analítica.

(C) segurança física.

(D) conciliação de registros.

(E) análise de alçadas.

CAPÍTULO VII – CONTROLES INTERNOS | 127

22. **(Auditor – Petrobras 2010 – QUESTÃO 31)** Dependendo da forma como irão atuar em cada processo, os controles internos podem ser classificados em duas categorias: controles preventivos e controles detectivos. Nesse contexto, analise os seguintes exemplos:

I. Limites de alçada;

II. Segregação de funções;

III. Revisão analítica;

IV. Análise estatística da lucratividade;

V. Autorização prévia.

Referem-se a controles preventivos **Apenas** os exemplos:

(A) I e II.

(B) III e V.

(C) I, II, e V.

(D) II, III e IV.

(E) I, III, IV e V.

23. **(Auditor – IBGE 2010 – QUESTÃO 61)** Os controles que compreendem o plano de organização e de procedimentos referentes, principalmente, à eficiência operacional e à obediência às diretrizes administrativas, que normalmente se relacionam apenas de forma indireta com os registros contábeis e financeiros, são:

(A) contábeis.

(B) especiais.

(C) operacionais.

(D) organizacionais.

(E) administrativos.

24. **(Contador – IBGE 2010 – QUESTÃO 63 – ADAPTADA)** O Conselho Federal de Contabilidade define que "o controle interno é o conjunto de recursos, métodos e processos adotados pela entidade governamental".

De acordo com as Normas Brasileiras de Contabilidade TA 315 (R1), o controle interno é classificado nas seguintes categorias:

(A) interno, externo e consolidado.

(B) contábil, financeiro e administrativo.

(C) operacional, contábil e de cumprimento legal.

(D) orçamentário, administrativo e financeiro.

(E) inerente, preventivo e detectivo

128 | AUDITORIA CONTÁBIL

25. **(Auditor – Petrobras 2008 – QUESTÃO 62)** Em uma auditoria de processo, é importante que o auditor realize a avaliação dos controles internos passando pelas fases de levantamento do processo, análise dos controles internos e verificação da conformidade dos processos e eficácia dos controles adotados. Nas fases de análise e verificação da eficácia dos controles internos, o auditor deverá avaliar se as (os):

(A) atividades inerentes à execução do processo auditado foram descritas na fase de levantamento do processo, e se os correspondentes controles internos estão descritos no fluxo.

(B) riscos relacionados ao processo auditado foram avaliados de acordo com a metodologia estabelecida pela empresa, e se estão associados às atividades do processo.

(C) objetivos relacionados à execução dos processos estão sendo alcançados, e se os riscos envolvidos estão devidamente suportados pelos controles existentes, de tal forma que possibilitem a prevenção de falhas e a detecção de problemas.

(D) responsáveis pela execução dos controles internos possuem a experiência necessária para a execução da tarefa, e se os riscos envolvidos estão sendo mitigados com a execução dos controles existentes.

(E) controles internos foram classificados corretamente quanto ao tipo, preventivo ou detectivo, e se estão relacionados aos objetivos descritos no fluxo do processo auditado.

26. **(Auditor – Petrobras 2008 – QUESTÃO 66)** Segundo o AICPA (*American Institute of Certified Public Accountant*), o Controle Interno compreende o plano de organização e todos os métodos e medidas adotados em uma empresa para:

(A) correção dos dados contábeis, verificação dos fluxos e procedimentos internos e valorização dos ativos.

(B) verificação dos sistemas de dados internos, produção de relatórios gerenciais confiáveis e aumento da transparência no processo de divulgação dos dados contábeis ao mercado.

CAPÍTULO VII – CONTROLES INTERNOS | 129

(C) proteção dos ativos, verificação da exatidão e da fidedignidade dos dados contábeis, incremento da eficiência operacional e promoção da obediência às diretrizes administrativas estabelecidas.

(D) detecção de fraudes operacionais e contábeis, elaboração de testes de conformidade e proteção dos acionistas.

(E) criação de mecanismos operacionais que visam à valorização dos ativos financeiros da empresa e implantação de planos de ação para melhoria dos processos internos.

27. **(Auditor – Petrobras 2008 – QUESTÃO 67)** A administração da empresa é responsável pelo estabelecimento do sistema de controle interno e pela atribuição de funções de controle aos funcionários, que devem ser claramente definidas e limitadas com o objetivo de:

(A) estabelecer políticas e normas internas.

(B) assegurar que todos os procedimentos de controle sejam executados e que erros e irregularidades sejam detectados.

(C) produzir relatórios operacionais confiáveis.

(D) evitar o retrabalho na execução dos procedimentos internos, como a dupla conferência.

(E) estabelecer um guia de responsabilidades e funções para diminuir o risco de reclamações trabalhistas.

28. **(Auditor – Petrobras 2008 – QUESTÃO 68)** Uma estrutura de controles internos eficaz deve conter controles preventivos e detectivos relacionados aos processos da empresa, para a devida mitigação dos riscos envolvidos em cada processo. Um exemplo de controle preventivo utilizado em um processo de fechamento contábil é a:

(A) política de segurança da informação.

(B) contagem física das notas fiscais de venda.

(C) conferência do balanço publicado.

(D) segregação de funções entre a análise e o registro contábil.

(E) transmissão automática de dados para emissão do balancete.

130 | AUDITORIA CONTÁBIL

29. **(Auditor – Petrobras 2008 – QUESTÃO 70)** A atividade de monitoramento dos controles é um componente chave no sistema de controles internos de uma empresa e de fundamental importância para sua continuidade. A atividade de monitoramento dos controles internos consiste na:

(A) avaliação dos riscos relacionados aos controles e eficácia dos processos operacionais, por meio de testes sazonais realizados pela auditoria interna ou externa.

(B) verificação da eficiência e efetividade dos controles, por meio de auditoria interna, autoavaliação e revisões eventuais nas quais serão avaliados a capacidade de mitigação de riscos, o custo-benefício do controle e o atingimento dos objetivos propostos.

(C) observação do cumprimento de normas e procedimentos internos, por meio de testes de auditoria interna, visando ao atingimento dos objetivos e à mitigação dos riscos relacionados aos processos.

(D) avaliação dos critérios utilizados para identificação e avaliação dos riscos relacionados aos processos críticos da empresa, face aos controles internos associados a cada processo.

(E) verificação da eficiência e da eficácia dos testes de auditoria interna relacionados ao processo de autoavaliação dos controles.

30. **(Auditor – Transpetro 2011 – QUESTÃO 48).** Um empregado apropriou-se do dinheiro entregue por um cliente para pagar uma duplicata a receber, emitida por venda aprazo, antes do respectivo registro contábil do recebimento.

A Auditoria Interna pode descobrir esse desfalque temporário mediante:

(A) Conciliação dos saldos bancários

(B) Confirmação de saldos

(C) Confronto dos ativos físicos com os registros do razão

(D) Correlação das vendas com as duplicatas em carteira

(E) Verificação física da carteira de duplicata a receber

CAPÍTULO VIII – AMOSTRAGEM

8.1. Introdução

O auditor necessita obter informações para aplicar os testes e colher às devidas comprovações, conforme podemos verificar no capítulo IX. O examine de todos os registros é extremamente custoso, devido à complexidade das organizações, o tempo despendido e a qualidade do trabalho prestado, o auditor deve opta pela utilização de amostras a serem examinadas e testadas que abrange toda a população. Ao mencionar alguns termos técnicos, vale a pena conceituá-los.

- **Unidade de amostragem** – É cada um dos itens individuais que constituem uma população;
- **População** – É um conjunto completo de dados sobre o qual a amostra é selecionada.

A NBC TA 530 define amostragem como uma aplicação de procedimentos de auditoria em menos de 100% dos itens de população relevante, de maneira que todas as unidades de amostragem tenham a mesma chance de ser selecionada, para proporcionar uma base razoável que possibilite o auditor concluir sobre toda a população.

Para Crespo (1996), amostragem é uma técnica utilizada para seleção de amostra, que representa um subconjunto finito de uma população.

Já o economista alemão Gottfried Achenwall (1719-1772), conceitua a palavra "estatística", como um método auxiliar de estudo dos fenômenos coletivos, econômicos, sociais ou científicos.

A técnica de amostragem constitui num método viável para conduzir à execução dos procedimentos técnicos de auditoria, que permite comprovar através do escopo da investigação científica, e com a utilização de conceitos estatísticos. Amostragens são apropriadas a inúmeros tipos de auditoria, mas especialmente para a auditoria independente, que efetua seus trabalhos em diversas companhias, com o propósito de alcançar os objetivos delineados com os seus clientes, com um menor espaço de tempo, não perdendo a qualidade e a independência exigida.

132 | AUDITORIA CONTÁBIL

O hoje com rápido desenvolvimento tecnológico da computação e pela introdução de novas técnicas de análise de dados, notadamente de gráficos, os softwares específicos para esse tipo de trabalho, calculam o tamanho adequado da amostra para o auditor efetuar seus testes.

A amostragem de auditoria permite a obtenção e avaliação de evidências em relação a algumas características dos itens selecionados. A amostragem em auditoria pode ser aplicada usando tanto a abordagem estatística e a não estatística.

8.2. Tipos de amostragens

a) estatística - Sua seleção é científica com a finalidade de que os resultados obtidos possam ser estendidos ao conjunto de acordo com a teoria das probabilidades ou as regras estatísticas. A amostra estatística é recomendável quando os itens da população apresentam características homogêneas. São elas:

(i) seleção aleatória dos itens da amostra;

(ii) o uso da teoria das probabilidades para avaliar os resultados das amostras, incluindo a mensuração do risco de amostragem.

b) não estatística - Sua seleção é feita pelo julgamento do auditor, utilizando sua experiência, critérios subjetivos aliados ao conhecimento, que o auditor possui da empresa.

8.3. Métodos de seleção da amostra

Existem inúmeros métodos de amostras, os principais encontram-se descrito na NBC TA 530, apêndice 4, são eles: seleção aleatória, seleção sistemática, amostragem de unidade monetária, seleção ao acaso e seleção em blocos.

(a) Seleção aleatória (aplicada por meio de geradores de números aleatórios como, por exemplo, tabelas de números aleatórios);

(b) Seleção sistemática, em que a quantidade de unidades de amostragem na população é dividida pelo tamanho da amostra para dar um intervalo de amostragem como, por exemplo, 50, e após determinar um ponto de início dentro das primeiras 50, toda 50ª unidade de amostragem seguinte é selecionada. Embora o ponto de início possa ser determinado ao acaso, é mais provável que a amostra seja realmente aleatória se ela for determinada pelo uso de um gerador computadorizado de números aleatórios ou de tabelas de números aleatórios. Ao usar uma seleção sistemática, o auditor precisaria determinar que as unidades de amostragem da população não estão estruturadas de modo que o intervalo de amostragem corresponda a um padrão em particular da população;

(c) Amostragem de unidade monetária é um tipo de seleção com base em valores, na qual o tamanho, a seleção e a avaliação da amostra resultam em uma conclusão em valores monetários;

(d) Seleção ao acaso ou randômica, na qual o auditor seleciona a amostra sem seguir uma técnica estruturada. Embora nenhuma técnica estruturada seja usada, o auditor, ainda assim, evitaria qualquer tendenciosidade ou previsibilidade consciente (por exemplo, evitar itens difíceis de localizar ou escolher ou evitar sempre os primeiros ou os últimos lançamentos de uma página) e, desse modo, procuraria se assegurar de que todos os itens da população têm uma mesma chance de seleção. A seleção ao acaso não é apropriada quando se usar a amostragem estatística;

(e) Seleção de bloco envolve a seleção de um ou mais blocos de itens contíguos da população. A seleção de bloco geralmente não pode ser usada em amostragem de auditoria porque a maioria das populações está estruturada de modo que esses itens em sequência podem ter características semelhantes entre si, mas características diferentes de outros itens de outros lugares da população. Embora, em algumas circunstâncias, possa ser apropriado que um procedimento de auditoria examine um bloco de itens, ela raramente seria uma técnica de seleção de amostra apropriada quando o auditor pretende obter inferências válidas sobre toda a população com base na amostra.

8.4. Tamanho da amostra

Quando houver uma amostra dependente das características da população dos dados que a companhia irá fornecer, logo o auditor deverá prestar atenção e assegurar de que está trabalhando com a população completa, isto é, todas as informações. A partir desses dados o auditor irá definir o tamanho se é suficiente para reduzir o risco de amostragem a um nível mínimo aceitável, pois quanto menor for o risco maior será o tamanho da amostra.

134 | AUDITORIA CONTÁBIL

Caso o auditor conclua que a amostra selecionada não forneceu uma base razoável para conclusões sobre a população, como por exemplo, pelo fato dos números de erros encontrados ser superior ao que ele estima como razoável, o auditor pode:

- solicitar que a administração investigue as distorções identificadas e o potencial para distorções adicionais e faça quaisquer ajustes necessários;
- ajustar a natureza, época e extensão desses procedimentos adicionais de auditoria para melhor alcançar a segurança exigida. Por exemplo, no caso de testes de controles, o auditor pode aumentar o tamanho da amostra, testar um controle alternativo ou modificar os respectivos procedimentos substantivos. Assim substantivos. Assim, a preocupação do auditor não ficará restrito ao tamanho da amostra selecionada, mas sim, no risco de selecionar sua amostra, pois pode atingir a eficiência e a eficácia do seu trabalho.

8.5. Risco de amostragem

É o risco de que a conclusão atingida com a base na amostra seja diferente da conclusão que seria obtida sobre toda a população, caso fosse possível examinar a população como um todo utilizando o mesmo procedimento de auditoria. O risco de amostragem pode levar a dois tipos de conclusões errôneas: (NBC TA 530), vejamos:

a) no caso dos testes de controles, em que os controles são considerados mais eficazes do que realmente são ou no caso de teste de detalhes, em que não seja identificada distorção relevante, quando, na verdade, ela existe. O auditor está preocupado com esse tipo de conclusão errônea porque ela afeta a eficácia da auditoria e é provável que leve a uma opinião de auditoria não apropriada.

b) no caso de teste de controles, em que os controles são considerados menos eficazes do que realmente são ou no caso de teste de detalhes, em que seja identificada distorção relevante, quando, na verdade, ela não existe. Esse tipo de conclusão errônea afeta a eficiência da auditoria porque ela normalmente levaria a um trabalho adicional para estabelecer que as conclusões iniciais estavam incorretas.

A seguir elaboramos um fluxograma de todas as etapas que o auditor deverá percorrer para minimizar o risco de deixar alguma evidência de fora da seleção.

CAPÍTULO VIII – AMOSTRAGEM | 135

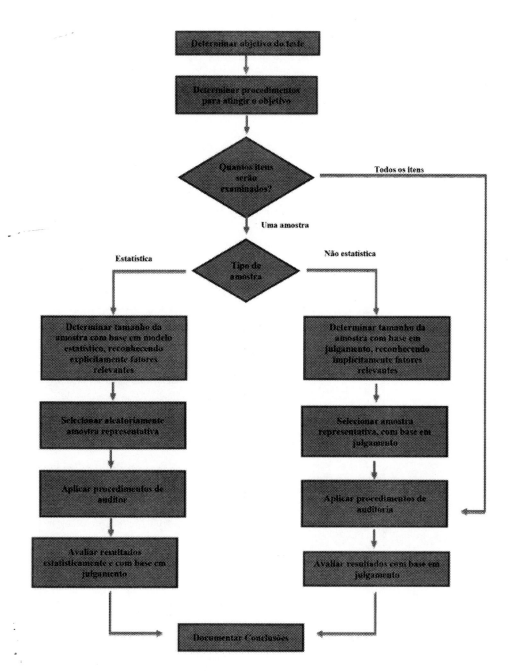

Figura 6 - Amostragem Estatística X Não Estatística.
Fonte: Adaptado de Boynton, Willian C. Auditoria, São Paulo: Atlas, 2002

136 | AUDITORIA CONTÁBIL

A seguir, destacamos alguns destacamos alguns exemplos contidos nos apêndices 2 e 3 da NBC TA 530, que tratam de fatores que podem influenciar a amostra nos testes de controle e de detalhes, explicaremos no capítulo seguinte.

Quadro 8 - Exemplos de fatores que influenciam o tamanho da amostra para os testes de controles

FATOR	EFEITO NO TAMANHO DA AMOSTRA	
1. Aumento na extensão na qual a avaliação de risco do auditor leva em consideração os controles relevantes.	Aumento	Quanto mais segurança o auditor pretende obter da efetividade operacional dos controles, menor será a avaliação do auditor quanto ao risco de distorção relevante e maior deve ser o tamanho da amostra. Quando a avaliação do auditor quanto ao risco de distorção relevante no nível de afirmações inclui uma expectativa da efetividade operacional dos controles, o auditor tem que executar os testes de controles. Sendo os outros fatores iguais, quanto maior for à confiança que o auditor deposita na efetividade operacional dos controles na avaliação de risco, maior será a extensão dos testes de controles do auditor (e, portanto, maior o tamanho da amostra).
2. Aumento na taxa tolerável de desvio.	Redução	Quanto menor a taxa tolerável de desvio, maior o tamanho da amostra precisa ser.
3. Aumento na taxa esperada de desvio da população a ser testada.	Aumento	Quanto mais alta a taxa esperada de desvio, maior o tamanho da amostra precisa ser para que o auditor esteja em posição de fazer uma estimativa razoável da taxa real de desvio. Fatores relevantes para a consideração do auditor sobre a taxa esperada de desvio incluem o entendimento do auditor dos negócios da entidade (em particular, procedimentos de avaliação de risco realizados para obter entendimento do controle interno), mudanças no pessoal ou no controle interno, resultados dos procedimentos de auditoria aplicados em períodos anteriores e os resultados de outros procedimentos de auditoria. Altas taxas esperadas de desvio de controle geralmente garantem, se garantirem, pouca redução do risco de distorção relevante avaliado.

4. Aumento no nível de segurança desejado do auditor de que a taxa tolerável de desvio não seja excedida pela taxa real de desvio na população.	Aumento	Quanto maior for o nível de segurança de que o auditor espera que os resultados da amostra sejam de fato indicativos com relação à incidência real de desvio na população, maior deve ser o tamanho da amostra.
5. Aumento na quantidade de unidades de amostragem na população.	Efeito negligenciável	Para populações grandes, o tamanho real da população tem pouco efeito, se houver, no tamanho da amostra. Para pequenas populações, entretanto, a amostragem de auditoria pode não ser tão eficiente quanto os meios alternativos para obter evidência de auditoria apropriada e suficiente.

Fonte : NBC TA 530.

Quadro 9- Exemplos de fatores que influenciam o tamanho da amostra para os testes de detalhes

FATOR	EFEITO NO TAMANHO DA AMOSTRA	
1. Aumento na avaliação do risco de distorção relevante do auditor.	Aumento	Quanto mais alta a avaliação do risco de distorção relevante do auditor, maior deve ser o tamanho da amostra. A avaliação do risco de distorção relevante do auditor é afetada pelo risco inerente e pelo risco de controle. Por exemplo, se o auditor não executar os testes de controles, a avaliação de risco do auditor não pode ser reduzida pela operação eficiente dos controles internos com relação à afirmação em particular. Portanto, para reduzir o risco de auditoria a um nível baixo aceitável, o auditor precisa de um risco baixo de detecção e pode confiar mais em procedimentos substantivos. Quanto mais evidência de auditoria for obtida com os testes de detalhes (ou seja, quanto mais baixo for o risco de detecção), maior precisa ser o tamanho da amostra.

138 | AUDITORIA CONTÁBIL

FATOR	EFEITO NO TAMANHO DA AMOSTRA	
2. Aumento no uso de outros procedimentos substantivos direcionados à mesma afirmação.	Redução	Quanto mais o auditor confia em outros procedimentos substantivos (testes de detalhes ou procedimentos analíticos substantivos) para reduzir a um nível aceitável o risco de detecção relacionado com uma população em particular, menos segurança o auditor precisa da amostragem e, portanto, menor pode ser o tamanho da amostra.
3. Aumento no nível de segurança desejado pelo auditor de que uma distorção tolerável não é excedida pela distorção real na população.	Aumento	Quanto maior o nível de segurança de que o auditor precisa de que os resultados da amostra sejam de fato indicativos do valor real de distorção na população, excedido pela distorção real na população, maior o tamanho da amostra precisa ser.
4. Aumento na distorção tolerável.	Redução	Quanto menor for à distorção tolerável, maior o tamanho da amostra precisa ser.
5. Aumento no valor da distorção que o auditor espera encontrar na população.	Aumento	Quanto maior for o valor da distorção que o auditor espera encontrar na população, maior deve ser o tamanho da amostra para se fazer uma estimativa razoável do valor real de distorção na população. Os fatores relevantes para a consideração do auditor do valor de distorção esperado incluem a extensão na qual os valores dos itens são determinados subjetivamente, os resultados dos procedimentos de avaliação de risco, os resultados dos testes de controle, os resultados de procedimentos de auditoria aplicados em períodos anteriores e os resultados de outros procedimentos substantivos.

FATOR	EFEITO NO TAMANHO DA AMOSTRA	
6. Estratificação da população, quando apropriado.	Redução	Quando houver uma faixa ampla (variabilidade) no tamanho monetário dos itens da população, pode ser útil estratificar a população. Quando a população pode ser adequadamente estratificada, o conjunto de tamanhos de amostra dos estratos geralmente será menor do que o tamanho da amostra que seria necessário para alcançar certo nível de risco de amostragem se uma amostra tivesse sido retirada de toda a população.
7. Quantidade de unidades de amostragem na população.	Efeito negligenciável	Para populações grandes, o tamanho real da população tem pouco efeito, se houver, no tamanho da amostra. Assim, para pequenas populações, a amostragem de auditoria não é geralmente tão eficiente quanto os meios alternativos para obter evidência de auditoria apropriada e suficiente. Entretanto, ao usar a amostragem de unidade monetária, um aumento no valor monetário da população aumenta o tamanho da amostra, a menos que isso seja compensado por um aumento proporcional na materialidade para as demonstrações contábeis como um todo e, se aplicável, nível ou níveis de materialidade para classes específicas de operações, saldos de contas e divulgações.

Fonte : NBC TA 530.

8.6. Determinação do tamanho da amostra nos testes de controle e de detalhes

Para os testes de controles, não é necessária qualquer projeção explícita dos desvios, uma vez que a taxa de desvio da amostra também é a taxa de desvio projetada para a população como um todo.

Já os testes substantivos **(detalhes)** conforme Boynton, Johnson e Kell (2002), a determinação do tamanho da amostra é obtida mediante a aplicação da seguinte fórmula: (grifo nosso).

$$n = \frac{VC \times FC}{EA - (EP \times FE)}$$

onde:

VC = valor contábil da população testada;

FC = fator de confiabilidade para o risco especificado de aceitação incorreta;

EA = erro aceitável;

EP = distorção prevista;

FE = fator de expansão para a distorção prevista.

Cada item que compõe a fórmula para a determinação do tamanho da amostra é explicado na sequência:

a) *VC – valor contábil da população testada -* É o valor monetário da classe de transações ou saldo de conta a ser testado.

b) *FC – Fator de confiabilidade para o risco esperado de aceitação incorreta -* O risco de aceitação incorreta é o risco de que a amostra suporte a conclusão de que o saldo de conta não contém erro ou irregularidade relevante, quando de fato tem. A confiabilidade é o grau de segurança que o auditor espera obter em termos percentuais. Um dos fatores da escolha é o resultado obtido nos testes de controle, ao constatar que os controles internos estabelecidos pela empresa são observados e cumpridos ou não.

c) *EA – Erro aceitável -* É o erro máximo que se acredita existir num saldo de conta antes de se considerar que ela contenha erros ou irregularidades relevantes. Jund (2002) descreve que "é o erro máximo na população que o auditor estaria disposto a aceitar e ainda assim concluir que o resultado da amostra atingiu o objetivo da auditoria".

O erro aceitável é determinado mediante o julgamento do auditor sobre a relevância que terão os testes de detalhes, ou seja, a relevância que o saldo da conta que se está auditando representa sobre as demonstrações contábeis e se não contém erros ou irregularidades relevantes.

d) *EP – Distorção prevista -* De acordo com Boynton, Johnson e Kell (2002), "em amostragem, o auditor não quantifica o risco de rejeição incorreta. Esse risco é controlado indiretamente, mediante especificação da *distorção prevista (EP)*".

e) *FE – Fator de expansão -* A utilização do fator de expansão somente tem razão de aplicação quando há previsão de existência de erros na população.

CAPÍTULO VIII – AMOSTRAGEM | 141

A seguir será apresentada uma série de exercícios para fixação do conhecimento, que irão complementar os conteúdos do capítulo apresentado.

8.7. Exercícios – Amostragem

1. **(Prefeitura de Goiânia – GO -** Auditor de Tributos **- CS-UFG – 2016) -** A NBC TA 530, que trata de Amostragem em Auditoria, preconiza que é importante o auditor selecionar uma amostra representativa, de modo a evitar tendenciosidade mediante a escolha de itens da amostra que tenham características

   a) semelhantes de amostragem.

   b) típicas da população.

   c) estratificadas por valor monetário.

   d) multivariadas na obtenção de evidências.

2. **(TJ-SP -** Contador Judiciário **– VUNESP – 2015) -** Quando a auditoria é feita por amostragem, se o método utilizado para essa amostragem é a seleção sistemática, então a seleção de itens é

   a) a critério do auditor, com base em sua experiência.

   b) com base em valores monetários.

   c) procedida de tal maneira que haja sempre um intervalo constante entre cada item selecionado.

   d) de tal forma que assegure que todos tenham idêntica probabilidade de serem selecionados.

   e) por meio da seleção de um ou mais blocos contíguos da população.

3. **(TRF-3ª REGIÃO / FCC - Analista Judiciário - Contadoria/2016 - Adaptada)** - Um auditor interno precisou determinar a extensão de um teste de auditoria para proporcionar evidência suficiente e apropriada. Nos termos regulados pela NBC TÄs, essa determinação pode ser alcançada por meio do uso da técnica de

   a) amostragem.

   b) normatização.

   c) dimensionamento.

   d) ajustamento.

   e) projeção.

142 | AUDITORIA CONTÁBIL

4. **(TJ-CE** - Analista Judiciário - Ciências Contábeis – **CESPE** – **2014)** - Acerca da utilização da amostragem na execução dos trabalhos de auditoria, assinale a opção correta.

a) A amostragem por unidade monetária ou por atributo, baseada na distribuição hipergeométrica, é uma técnica comumente utilizada nas auditorias operacionais, e tem por objetivo verificar se as informações são fidedignas

b) Um erro de amostragem reflete a variação ou as diferenças decorrentes do acaso, de amostra para amostra, com base na probabilidade de determinados indivíduos ou itens a serem selecionados em amostras específicas

c) A amostragem aleatória pode ser selecionada e analisada a partir da população discreta. Nesse caso, nem todos os elementos da população devem ter a mesma chance de fazer parte da amostra

d) Uma forma de o auditor mitigar possíveis erros de auditoria decorrentes da presença de irregularidades, como valores extremos ou distribuições de frequência não convencionais, é a aplicação de conceitos de medidas de posição central, classificando a ocorrência dos eventos, por exemplo, de acordo com o desvio padrão em relação à média geral.

e) O auditor, em prol do refinamento dos testes aplicados e minimização dos riscos de amostragem, poderá utilizar a amostragem por quotas para obter subgrupos homogêneos, que apresentem variação das características estudadas menor que a da população.

5. **(QUESTÃO ADAPTADA PELOS AUTORES)** - Com base na NBC TA 530, analise as assertivas abaixo e assinale A, para aumento, ou R, para redução, em relação aos fatores que influenciam o tamanho da amostra para os testes de detalhes.

( ) Aumento na avaliação do auditor sobre o risco de distorção relevante.

( ) Aumento no uso de outros procedimentos substantivos direcionados à mesma afirmação.

( ) Aumento no nível de segurança desejado pelo auditor de que uma distorção tolerável não é excedida pela distorção real na população.

( ) Aumento na distorção tolerável.

A ordem correta de preenchimento dos parênteses, de cima para baixo, é:

a) A – R – A – R.

b) A – A – A – R.

c) R – R – R – A.

d) A – R – R – A.

e) A – A – A – A.

6. **(QUESTÃO ADAPTADA PELOS AUTORES)** - De acordo com a NBC TA 530 – Amostragem em Auditoria, em relação à definição da amostra, tamanho e seleção dos itens para teste em Auditoria Independente, é INCORRETO afirmar que:

a) a amostragem de auditoria permite que o auditor obtenha e avalie a evidência de auditoria em relação a algumas características dos itens selecionados de modo a concluir, ou ajudar a concluir sobre a população da qual a amostra é retirada.

b) ao definir uma amostra de auditoria, o auditor deve considerar a finalidade do procedimento de auditoria e as características da população da qual será retirada a amostra.

c) o auditor deve selecionar itens para a amostragem, de forma que cada unidade de amostragem da população tenha a mesma chance de ser selecionada.

d) o nível de risco de amostragem que o auditor está disposto a aceitar é afetado pelo tamanho da amostra exigido. Quanto maior o risco que o auditor está disposto a aceitar, maior deve ser o tamanho da amostra a ser efetuada.

144 | AUDITORIA CONTÁBIL

7. **(CONTADOR – CFC 2012.II – QUESTÃO 44)** - De acordo com a NBC TA 530 – Amostragem em Auditoria, em relação à definição da amostra, tamanho e seleção dos itens para teste em Auditoria Independente, é **INCORRETO** afirmar que:

a) a amostragem de auditoria permite que o auditor obtenha e avalie a evidência de auditoria em relação a algumas características dos itens selecionados de modo a concluir, ou ajudar a concluir sobre a população da qual a amostra é retirada.

b) ao definir uma amostra de auditoria, o auditor deve considerar a finalidade do procedimento de auditoria e as características da população da qual será retirada a amostra.

c) o auditor deve selecionar itens para a amostragem, de forma que cada unidade de amostragem da população tenha a mesma chance de ser selecionada.

d) o nível de risco de amostragem que o auditor está disposto a aceitar é afetado pelo tamanho da amostra exigido. Quanto maior o risco que o auditor está disposto a aceitar, maior deve ser o tamanho da amostra a ser efetuada.

8. **(Auditor – Petrobras 2011 – QUESTÃO 30). Para** a execução dos testes de auditoria, é necessário que o auditor escolha uma amostra dentro do universo do processo auditado a fim de otimizar o tempo da auditoria, reduzir os custos e produzir o relatório final dentro do prazo determinado. Para a definição da amostragem, o auditor deve:

(A) escolher as primeiras e as últimas três transações ou registros para teste por possuírem maior probabilidade de estar com erros ou fraudes.

(B) definir a população para teste de acordo com sua experiência ou utilizando alguma metodologia predefinida, como *softwares* e planilhas de seleção aleatória.

(C) definir uma população para teste superior a 90% do universo total do processo auditado, garantindo que todos os riscos sejam cobertos.

(D) selecionar o processo com maior risco para a empresa, ou seja, aquele que possa impactar significativamente seu patrimônio e afetar a continuidade dos negócios.

(E) selecionar a população para teste de acordo com as auditorias anteriores, ratificando os resultados já alcançados e garantindo a qualidade da auditoria.

CAPÍTULO VIII – AMOSTRAGEM | 145

9. **(Auditor – Prefeitura de Várzea Grande MT 2011 – QUESTÃO 41)** Considere a sentença "O Auditor pode decidir que será mais apropriado examinar toda a população de itens que constituem uma classe de transações ou saldo contábil". Sob a luz da Norma de Auditoria aprovada pela Resolução CFC nº 1.217/09, é correto afirmar que:

(A) em uma auditoria são analisadas apenas amostras, portanto a decisão de examinar 100% da população não é adequada.

(A) é improvável um exame de 100% no caso de testes de detalhes, contudo, é mais comum para testes de controles.

(B) a natureza repetitiva de um cálculo ou processo executado, automaticamente, por sistema de informação torna um exame de 100% eficiente quanto aos custos.

(C) um exame de 100% da população pode ser apropriado quando, por exemplo, a população constitui um número grande de itens de grande valor.

(D) um exame de 100% da população pode ser apropriado quando há um risco significativo, mesmo que outros meios forneçam evidência de auditoria apropriada e suficiente.

10. **(Auditor - Prefeitura de Várzea Grande MT 2011 – QUESTÃO 43)** A respeito dos fatores que influenciam o tamanho da amostra para os testes de detalhes, de acordo com a Norma de Auditoria aprovada pela Resolução CFC nº 1.222/09, é correto afirmar que:

(A) quanto mais alta for a avaliação do risco de distorção relevante do Auditor, menor poderá ser o tamanho da amostra.

(B) a avaliação do risco de distorção relevante do Auditor não é afetada pelo risco inerente e pelo risco de controle.

(C) quanto mais evidência de auditoria for obtida com os testes de detalhes, ou seja, quanto mais baixo for o risco de detecção, maior precisará ser o tamanho da amostra.

(D) a operação eficiente dos controles internos, quando observada na execução dos testes de controle, não afeta a avaliação de risco do Auditor.

(E) para reduzir o risco de auditoria a um nível baixo aceitável, o Auditor precisa de um risco baixo de detecção, mas não pode confiar nos procedimentos substantivos.

146 | AUDITORIA CONTÁBIL

11. **(Auditor – Prefeitura de Várzea Grande MT 2011 – QUESTÃO 44)** De acordo com a Norma de Auditoria aprovada pela Resolução CFC nº 1.222/09, é correto afirmar que a amostragem estatística é aquela com característica de seleção:

(A) na qual a quantidade de unidades de amostragem na população é dividida pelo tamanho da amostra para dar um intervalo de amostragem, determinando as unidades de amostragem da população estruturadas em um padrão particular da população.

(B) aleatória dos itens da amostra e que usa a teoria das probabilidades para avaliar os resultados das amostras, incluindo a mensuração do risco de amostragem.

(C) estratificada a partir da divisão de uma população em subpopulações, cada uma sendo um grupo de unidades de amostragem com características semelhantes.

(D) de um ou mais blocos de itens contíguos da população apropriada, para o Auditor obter inferências válidas sobre toda a população.

(E) ao acaso, na qual o Auditor seleciona a amostra sem seguir uma técnica estruturada, evitando qualquer tendenciosidade ou previsibilidade consciente.

12 **(Prefeitura de Goiânia – GO- Auditor de Tributos-2016)** A NBC TA 530, que trata de Amostragem em Auditoria, preconiza que é importante o auditor selecionar uma amostra representativa, de modo a evitar tendenciosidade mediante a escolha de itens da amostra que tenham características

a) semelhantes de amostragem;.

b) típicas da população.

c) estratificadas por valor monetário.

d) multivariadas na obtenção de evidências.

13. **(Auditor – IBGE 2010 – QUESTÃO 67). Sobre** as técnicas de auditoria, analise as afirmativas a seguir.

I. A existência, a efetividade e a continuidade dos controles internos da entidade são verificadas pelo auditor independente por meio dos testes substantivos.

II. A divisão da população em subgrupos homogêneos, com o objetivo de diminuir o tamanho da amostra, é uma técnica denominada amostragem direcionada.

III. Os riscos de amostragem nos testes de observância podem ser classificados em subavaliação e superavaliação da confiabilidade.

IV. A carta de responsabilidade da administração deve ser emitida com a mesma data do relatório dos auditores independentes sobre as demonstrações contábeis a que ela se refere.

É (São) correta(s) **APENAS** a(s) afirmativa(s):

(A) I.   (C) I e IV.   (E) III e IV.
(B) II.   (D) II e III.

14. **(FCC – APOFP – Sefaz SP 2010 – QUESTÃO 73).** Para propiciar representatividade da população contábil aplicada nos testes de auditoria, o auditor pode estipular intervalos uniformes entre os itens a serem selecionados como um método de seleção de amostras denominado:

(A) números aleatórios.   (D) amostragem por bloco.
(B) amostragem de atributos.   (E) amostragem ao acaso.
(C) amostragem sistêmica.

15. **(Fiscal de Rendas – ISS RJ 2010 – QUESTÃO 64). Avalie** se verdadeiro ou falso, os itens a seguir a respeito do uso de amostragem estatística em auditoria e assinale a opção que indica a sequência correta.

I. O nível de risco que o auditor está disposto a aceitar não afeta o tamanho da amostra exigido em razão da existência de outros controles a serem utilizados;

II. O auditor seleciona itens para a amostragem de forma que cada unidade de amostragem da população tenha a mesma chance de ser selecionada;

III. Existem outros riscos não resultantes da amostragem tais como o uso de procedimentos de auditoria não apropriados;

IV. Para os testes de controle, uma taxa de desvio da amostra inesperadamente alta pode levar a um aumento no risco identificado de distorção relevante.

(A) V, V, F, V.   (C) V, V, V, F.   (E) V, F, V, F.
(B) F, V, V, V.   (D) F, F, F, V.

148 | AUDITORIA CONTÁBIL

16. **(Fiscal de Rendas – Sefaz RJ 2010 – QUESTÃO 90)** O Conselho Federal de Contabilidade – CFC, com relação à amostragem em auditoria, define o termo anomalia como:

(A) o risco de que a conclusão do auditor, com base em amostra, possa ser diferente se toda a população estiver sujeita ao mesmo procedimento de auditoria.

(B) a distorção ou o desvio comprovadamente não representativo de distorção ou desvio em uma população.

(C) o processo de dividir uma população em subpopulações, cada uma sendo um grupo de unidades de amostragem com características semelhantes.

(D) um valor monetário definido pelo auditor para obter um nível apropriado de segurança de que esse valor monetário não seja excedido pela distorção real na população.

(E) o conjunto completo de dados sobre o qual a amostra é selecionada e sobre o qual o auditor deseja concluir.

17. **(Auditor – AFRF 2009 – QUESTÃO 24)** O auditor, ao realizar o processo de escolha da amostra, deve considerar:

I. que cada item que compõe a amostra é conhecido como unidade de amostragem;

II. que estratificação é o processo de dividir a população em subpopulações, cada qual contendo um grupo de unidades de amostragem com características homogêneas ou similares;

III. na determinação do tamanho da amostra, o risco de amostragem, sem considerar os erros esperados.

(A) Somente a I é verdadeira.

(B) Somente a II é verdadeira.

(C) I e III são verdadeiras.

(D) todas são falsas.

(E) todas são verdadeiras.

CAPÍTULO VIII – AMOSTRAGEM | 149

18. **(Auditor – TJ PI 2009 – QUESTÃO 36)** Seleção casual da amostragem é o tipo de seleção:

(A) aleatória, a ser utilizada quando os valores do componente patrimonial apresentam grande índice de dispersão.

(B) randômica, com o objetivo de aumentar o risco de detecção.

(C) estratificada, a ser utilizada quando os valores do componente patrimonial apresentam grande índice de dispersão.

(D) baseada na experiência profissional do auditor.

(E) com o objetivo de aprofundar riscos de fraude ou de erro nos controles internos.

19. **(Analista Legislativo: Contabilidade – Senado Federal 2008 – QUESTÃO 77).** Ao usar métodos de amostragem estatística ou não estatística, o auditor deve projetar e selecionar uma amostra, aplicar a essa amostra procedimentos de auditoria, e avaliar os resultados da amostra, de forma a proporcionar:

(A) evidência de auditoria suficiente e apropriada.

(B) achados de auditoria relevantes e adequados.

(C) realização do processo da auditoria.

(D) reconhecimento dos riscos de auditoria.

(E) aplicação da adequada técnica de auditoria.

20. **(Analista de Controle Externo – TCE AM 2008 – QUESTÃO 37).** Ao utilizar o método de amostragem estatística em substituição ao não estatístico para a seleção de base de dados, o auditor está reduzindo a possibilidade de risco de:

(A) controle decorrente da utilização de critérios aleatórios.

(B) detecção por não utilizar critérios probabilísticos e não probabilísticos conjuntamente.

(C) seleção originada do direcionamento da amostra para uma escolha conduzida.

(D) informação devido à falta de critério na seleção pelo método não estatístico.

(E) amostragem decorrente da não utilização das leis de probabilidades.

150 | AUDITORIA CONTÁBIL

21. **(Auditor – TCE AM 2007 – QUESTÃO 42). Em** relação à amostragem estatística em auditoria, é correto afirmar:

(A) a sua principal característica é estar baseada na experiência pessoal do auditor.

(B) ela deve ser utilizada em todos os casos, inclusive quando a população é pequena ou quando há necessidade de alta precisão nas estimativas.

(C) na amostragem estratificada, cada elemento da população tem a mesma chance de pertencer à amostra, pois estão distribuídos de maneira uniforme.

(D) o objetivo da ação de controle é irrelevante para a elaboração do plano amostral.

(E) o grau de precisão das estimativas está relacionado ao percentual máximo que se admitirá de erros para os resultados obtidos na amostra.

22. **(Auditor – AFRF 2003 – QUESTÃO 51). Ao** selecionar a amostra, o auditor não deve considerar:

(A) sistematização.

(B) materialidade.

(C) casualidade.

(D) experiência.

(E) aleatoriedade.

23. **(Auditor – AFRF 2003 – QUESTÃO 52). Segundo** o Conselho Federal de Contabilidade, na determinação da amostra para auditoria externa, devem ser considerados, no mínimo:

(A) população objeto da amostra, tamanho da amostra, risco de amostragem e fraude.

(B) tamanho da amostra, erro tolerável, tamanho da empresa e inadimplência.

(C) risco de amostragem, erro intolerável, erro esperado e manipulação.

(D) erro inesperado, risco de amostragem, tamanho da amostra e valores.

(E) estratificação da amostra, tamanho da amostra, erro tolerável e erro esperado.

CAPÍTULO VIII – AMOSTRAGEM | 151

24. **(Auditor – AFRF 2002 – QUESTÃO 48)**O auditor utiliza o método de seleção aleatória de uma amostra quando:

(A) o intervalo entre as seleções for constante.

(B) sua amostra for representativa da população toda.

(C) os itens da população têm igual chance de seleção.

(D) os itens menos representativos são excluídos da população.

(E) não confiar nos controles internos mantidos na população.

25. **(Auditor – AFRF 2002 – QUESTÃO 49)** Quando da aplicação da técnica de amostragem estatística em testes substantivos, quanto menor o tamanho da amostra:

(A) a taxa de desvio aceitável será maior.

(B) a quantificação do erro tolerável será maior.

(C) a taxa de desvio aceitável será menor.

(D) a quantificação do erro tolerável será menor.

(E) esta não afeta o erro tolerável nem o esperado.

26. **(Auditor – AFRF 2002 – QUESTÃO 50). Executados**, para cada item da amostra, os procedimentos de auditoria apropriados aos seus objetivos, os resultados da amostra devem ser avaliados pelo auditor conforme a sequência a seguir:

(A) projetar os erros encontrados na amostra para a população, analisar qualquer erro detectado na amostra, reavaliar o risco de amostragem.

(B) reavaliar o risco de amostragem, analisar qualquer erro detectado na amostra, projetar os erros encontrados na amostra para a população.

(C) analisar qualquer erro detectado na amostra, reavaliar o risco de amostragem, projetar os erros encontrados na amostra para a população.

(D) reavaliar o risco de amostragem, projetar os erros encontrados na amostra para a população, analisar qualquer erro detectado na amostra.

(E) analisar qualquer erro detectado na amostra, projetar os erros encontrados na amostra para a população, reavaliar o risco de amostragem.

152 | AUDITORIA CONTÁBIL

27. **(Auditor – AFRF 2002 – QUESTÃO 52)** O auditor deve reavaliar o risco de amostragem quando o:

(A) erro tolerável excede os erros da população.

(B) risco de controle excede o risco de rejeição.

(C) erro da população excede o erro tolerável.

(D) risco de aceitação excede o de rejeição.

(E) erro tolerável excede o risco de detecção.

28. **(Auditor – AFRF 2002 – QUESTÃO 53)** Ao determinar o tamanho de uma amostra, o auditor deve considerar:

(A) tamanho da população, risco de amostragem e erro esperado.

(B) tamanho da população, erro tolerável e erro esperado.

(C) risco da população, risco de controle e erro esperado.

(D) risco de amostragem, erro tolerável e erro esperado.

(E) risco de detecção, tamanho da população e desvio aceitável.

29. **(Auditor – AFPS 2002 – QUESTÃO 58)** Na determinação da amostra, o auditor não deve levar em consideração o (a):

(A) erro esperado.

(B) valor dos itens da amostra.

(C) tamanho da amostra.

(D) população objeto da amostra.

(E) estratificação da amostra.

30. **(Auditor – AFPS 2002 – QUESTÃO 59)** nas alternativas de escolha da amostra, um dos tipos a ser considerado pelo auditor é a seleção: (A)   direcionada e padronizada dos itens que compõem a amostra;

(B) dirigida e padronizada dos itens que comporão a base da amostra a ser utilizada;

(C) casual, a critério do auditor, baseada em sua experiência profissional;

(D) casual, a critério da empresa auditada, para determinação da amostra a ser utilizada;

(E) dirigida em comum acordo entre a empresa auditada e o auditor.

CAPÍTULO VIII – AMOSTRAGEM | 153

31. **(Auditor – AFRF 2001 – QUESTÃO 31)** O conjunto de parâmetros formado pela confiança, precisão, desvio-padrão da população e tamanho da população determina o:

(A) tamanho da amostra.

(B) intervalo de confiança.

(C) desvio-padrão normal.

(D) erro-padrão da média.

(E) gerador de números aleatórios.

32. **(Auditor – AFRF 2001 – QUESTÃO 32)** A técnica de amostragem estatística em que se divide a população em subgrupos homogêneos, visando, por exemplo, diminuir o tamanho da amostra é denominada:

(A) amostragem por conglomerado.

(B) amostragem não probabilística.

(C) amostragem sistemática.

(D) amostragem por julgamento.

(E) amostragem estratificada.

CAPÍTULO IX – PROCEDIMENTOS TÉCNICOS DE AUDITORIA

9.1. Introdução

Os procedimentos representam um conjunto de verificações e averiguações, aplicados de forma independente por profissionais especializados, com o objetivo de coletar informações necessárias para auxiliar o auditor a emitir uma opinião sobre as demonstrações contábeis, tomadas em seu conjunto e em relação às práticas contábeis brasileiras e em conformidade com a NBC TG 26 (R2), bem como, sobre outros assuntos financeiros relacionados.

Esses procedimentos visam coletar evidências sobre a existência e propriedade dos bens, ocorrência das transações, abrangência das informações, avaliação dos ativos e passivos e suas realizações entre outras verificações relevantes, que possibilite ao auditor obter um diagnóstico razoável das condições financeiras, orçamentária, econômica, e patrimonial da entidade. Nos procedimentos, o auditor deverá considerar a relevância e a confiabilidade das informações obtidas na entidade a serem utilizadas com evidência dos fatos e se são suficientes e eficazes para auxiliá-lo no cumprimento dos seus objetivos.

9.2. Avaliação das informações obtidas na empresa

A quantidade de evidências obtidas e testadas fica a critério do julgamento do auditor que avaliará os riscos de distorções relevantes (vide capítulo VI) e a qualidade das informações. Se o risco da informação é alto juntamente com a péssima qualidade, é essencial que sua amostra seja robusta. Caso o risco seja pequeno e qualidade da informação for boa, o auditor poderá reduzir a quantidade da amostra.

9.3. Tipos de procedimentos

Com a convergência das normas brasileiras de contabilidade aos padrões internacionais, os novos procedimentos foram inseridos na auditoria, a NBC TA 500 (R1) no item A10, cita os dois tipos de execução:

(a) procedimentos de avaliação de riscos;

(b) procedimentos adicionais de auditoria.

9.3.1. Procedimentos de avaliação de risco

O procedimento de avaliação de risco é uma ferramenta utilizada pelo auditor que deverá planejar e implementar sua auditoria através de respostas gerais obtidas na empresa que servirão de base para mensurar a distorção do seu risco. O auditor deverá avaliá-las e tratá-las da seguinte maneira:

- enfatizar para a equipe de auditoria a necessidade de manter o ceticismo profissional;
- designar pessoal mais experiente ou aqueles com habilidades especiais ou usar especialistas;
- fornecer mais supervisão;
- incorporar elementos de imprevisibilidade na seleção dos procedimentos adicionais;
- efetuar alterações gerais nos procedimentos de auditoria (natureza, época ou extensão), por exemplo, executar procedimentos substantivos no final ao invés de períodos intermediários; ou modificar a natureza para obter evidência mais persuasiva.

Caso não seja planejado como teste de controle(vide item 3.2.1), o auditor poderá incluir também os seguintes testes:

- indagações à administração e a outros na entidade que, no julgamento do auditor, possam ter informações com probabilidade de auxiliar na identificação de riscos de distorção relevante devido a fraude ou erro;
- observação da comparação feita pela administração entre as despesas mensais orçadas e as despesas reais;
- inspeção de relatórios relacionados com a investigação de variações entre os valores orçados e reais.

9.3.2. Procedimentos adicionais

Quanto aos procedimentos adicionais, vale citar que estes são subdivididos em:

156 | AUDITORIA CONTÁBIL

(a) testes de controles, quando exigidos pelas normas de auditoria ou quando o auditor assim escolher;

(b) procedimentos substantivos, (vide item 3.2.2.).

No planejamento dos procedimentos adicionais, o auditor deverá considerar:

- as razões para a avaliação atribuída ao risco de distorção relevante no nível de afirmações para cada classe de transações, saldo de contas e divulgações, incluindo:
  - a probabilidade de distorção relevante devido às características particulares da classe de transações, saldo de contas ou divulgação relevantes;
  - se a avaliação de risco leva em consideração os controles relevantes, exigindo assim que o auditor obtenha evidência de auditoria para determinar se os controles estão operando eficazmente isto é, o auditor pretende confiar na efetividade operacional dos controles para determinar a natureza, época e extensão dos procedimentos substantivos.

9.3.2.1. Teste de controle

É um procedimento planejado para avaliar a efetividade operacional dos controles na prevenção ou detecção e correção de distorções relevantes no nível de afirmações. Ao planejar e executar os testes de controle, o auditor deve:

(a) executar outros procedimentos juntamente com indagação para obter evidência de auditoria sobre a efetividade operacional dos controles, incluindo:

   (i) o modo como os controles foram aplicados ao longo do período;

   (ii) a consistência como eles foram aplicados;

   (iii) por quem ou por quais meios eles foram aplicados.

(b) determinar se os controles a serem testados dependem de outros (controles indiretos) e, caso afirmativo, se é necessário obter evidência que suporte a operação efetiva.

A execução desse teste tem como objetivo coletar o máximo de evidências convincentes para se obter maior confiança no sistema de controle. Essas evidências de controle, são aplicadas para verificar se os procedimentos de controle interno estão sendo seguidos de forma prevista, podendo ser:

- **Retrospectivo** – Quando o auditor investiga a aderência no passado ao procedimento descrito pela função de controle, mediante a evidência de sua execução. Exemplo: Confirmação de assinaturas.
- **Flagrante** – Quando o auditor confirma a aderência, no ato do procedimento, testemunhando sua execução.

Esses tipos de evidências dos testes de controle, inclui formulações de perguntas, inspeção de documentos ou relatórios, observações do processo em análise para o auditor obter segurança das informações que está sendo checada.

9.3.2.1.1. Data para efetuar o testes de controle

Não existe um data específica, podendo ser executado antes ou no final do período, dependendo do julgamento do auditor.

9.3.2.1.2. Desvios nos controles

Quando são detectados desvios de controles nos quais o auditor pretende confiar, deve fazer indagações específicas para entender esses assuntos e suas potenciais consequências e deve determinar se os testes de controle executados fornecem uma base apropriada para se confiar nos controles ou se são:

(a) necessários testes adicionais de controle;

(b) riscos potenciais de distorção precisam ser tratados usando procedimentos substantivos.

9.3.2.2. Procedimentos Substantivos

São procedimentos definidos para detectar distorções relevantes para cada classe de transações, saldo de contas e a certificação de que as transações registradas realmente ocorreram, independentemente dos riscos. Eles compreendem testes de detalhes e procedimentos analíticos.

9.3.2.2.1. Data para efetuar os procedimentos substantivos

Não existe uma data específica, fica a critério do auditor, sendo importante obter evidências suficientes para formar sua opinião concisa

158 | AUDITORIA CONTÁBIL

sobre os demonstrativos contábeis, utilizando os testes de detalhes e os procedimentos analíticos para auxiliar.

9.3.2.2.2 Os testes de detalhes

São evidências colhidas ao longo do exercício da auditoria nas quais o auditor verifica se os fatos contábeis foram adequadamente registrados. Em determinadas situações, as empresas registram operações fictícias, sem suporte documental, com o objetivo de mascarar determinada evidência ou apresentar uma situação diferente da real. Os testes são divididos em:

- *Inspeção* (Contagem física e Inspeção de Documentos) - Corresponde ao exame de registros ou documentos, internos ou externos, em forma de papel, em forma eletrônica ou em outras mídias, ou o exame físico de um ativo. Tais registros constituem o suporte de autenticidade dos registros principais (exame de livros). O uso desta técnica deve sempre ser conjugado com o de outras que possam comprovar a fidedignidade do registro principal.

Porém, há sempre perigo de que esses registros também possam não ser autênticos, que eles tenham sido apressadamente preparados com a única finalidade de apoiar dados incorretos.

A inspeção de registros e documentos fornece evidência de auditoria com graus variáveis de confiabilidade, dependendo de sua natureza e fonte e, no caso de registros internos e documentos, da eficácia dos controles sobre a sua produção.

Dessa forma, ao conferir a existência física de estoques, para validar o número que consta no balanço patrimonial, o auditor está aplicando o procedimento de inspeção.

O raciocínio é o mesmo quando o auditor estiver analisando a autenticidade de algumas Notas Fiscais (NFs), para validar as receitas de vendas, no caso de NFs emitidas pela empresa, ou validar as despesas, no caso de NFs emitidas por terceiros.

Cabe ressaltar que o exame da documentação original é voltado para a comprovação das transações, que por exigências legais, comerciais ou de controle são evidenciadas por documentos comprobatórios destas transações.

O exame realizado pelo auditor sobre tais documentos deve atender às seguintes condições:

(a) **autenticidade:** constatar se a documentação é fidedigna e merece crédito;

(b) **normalidade:** constatar que a transação refere-se à operação normal e está de acordo com os objetivos da empresa;

(c) **aprovação:** verificação de que a operação e os documentos foram aprovados por pessoa autorizada;

(d) **registro:** comprovar que o registro das operações foi adequado, a documentação é hábil e houve correspondência contábil, fiscal, e outros.

- *Observação* - é a técnica de auditoria mais intrínseca, pois envolve o poder de constatação visual do auditor, podendo revelar erros, problemas ou deficiências através de exames visuais, e é uma técnica dependente da argúcia, conhecimentos, e experiências do auditor, que colocada em prática, possibilitará que sejam identificados quaisquer problemas no item em exame. Na prática, os empregados adotam os procedimentos estabelecidos nos manuais da empresa. Isso é feito por meio da observação enquanto os empregados trabalham.

A observação é, talvez, a mais generalizada de todas as técnicas de auditoria, não se aplica à verificação específica de problemas, da forma que o fazem a circularização ou a conferência de cálculos, sendo, ao contrário, de alguma utilidade em quase todas as fases do exame, e não devendo jamais ser omitida/negligenciada.

Por exemplo, caso o auditor quer verificar se existe segurança no almoxarifado ou na tesouraria (se o controle interno está em efetivo funcionamento), basta que fique próximo a esses departamentos acompanhando tudo que acontece. Desta forma, saberá se as mercadorias ao chegar à empresa são conferidas, se qualquer pessoa tem acesso à tesouraria ou se a entrada é restrita, e outros casos.

- *Confirmação com Terceiros, também conhecido por Circularização e Investigação* - Consiste em obter, através de confirmação com terceiros, informações sobre os bens, direitos a receber e obrigações (inclusive causas judiciais) com terceiros, externos à entidade auditada. A forma de obter confirmações dos registros contábeis da empresa para terceiros pode ser de forma escrita (vide modelo ao final do capítulo), eletrônica ou em outra mídia, para:

- Bancos (dinheiro em conta corrente, aplicações financeiras, empréstimos e outros);
- Clientes (duplicatas a receber, estoque em poder de terceiros e outros);
- Fornecedores (duplicatas a pagar);
- Advogados (causas judiciais);
- Outros.

A confirmação pode ser **positiva** ou **negativa.** A positiva é feita uma solicitação a terceiros que confirme e responda diretamente ao auditor indicando se concorda, discorda das informações. Ela pode ser divida em branco ou em preto.

Em branco – Quando o auditor não determina o valor (ou outra informação) na solicitação de confirmação, pede à parte, que preencha o valor ou outra informação necessária. Por outro lado, usar esse tipo de solicitação pode resultar em porcentagens de respostas mais baixas em decorrência do esforço adicional exigido das partes que confirmam.

Em preto – Quando o auditor determina o valor ou qualquer tipo de informação na solicitação de confirmação.

A confirmação negativa é feita uma solicitação a terceiros que confirme e responda diretamente ao auditor somente se discorda das informações fornecidas na solicitação, esta só pode ser em preto.

Essas confirmações fornecem evidências menos persuasivas que as confirmações positivas, o auditor não deve usar solicitações de confirmação negativa como o único procedimento substantivo para tratar o risco de distorção relevante.

Caso o auditor não obtenha resposta da solicitação, o mesmo pode enviar uma solicitação adicional ou uma segunda via. No caso de não recebimento, deverá executar outros procedimentos alternativos, para coletar evidências relevantes e fidedignas para saldos de contas a receber, examinar recebimentos subsequentes específicos, documentação de embarque e vendas próximas ao final do período. Já para os saldos de contas a pagar, examinar pagamentos subsequentes, correspondência de terceiros e outros registros, como notas de entrada (documentos internos que evidenciem o recebimento de produtos que geraram esses passivos).

O item A8 da NBC TA 505 trata da recusa da administração em permitir que o auditor envie solicitações de confirmação, constitui uma limitação sobre a evidência, que o auditor deseja obter, devendo indagar sobre as razões para a limitação.

No término do envio das confirmações externas individuais, o auditor deverá avaliar o resultado obtido, podendo classificar de acordo com o item A24:

(a) respostas apropriadas da parte que confirma, indicando concordância com as informações fornecidas na solicitação de confirmação ou fornecendo as informações solicitadas sem exceção;

(b) respostas consideradas como não confiáveis;

(c) resposta não recebida; ou

(d) resposta indicando exceção.

- **Recálculos** - Esta técnica é amplamente utilizada, em virtude da quase totalidade das operações das entidades envolver valores, números. Embora os valores auditados possam ter sido conferidos pela entidade, é de grande importância que sejam reconferidos.

Ex: valorização de estoque; depreciação; amortização; exaustão; provisões de Imposto de Renda de Pessoa Jurídica e Contribuição Social sobre o Lucro; Juros sobre Capital Próprio; Juros e variação cambial de empréstimos e ou financiamentos.

- *Reexecução - Envolve a execução independente pelo auditor de procedimentos ou* controles que foram originalmente realizados como parte do controle interno da entidade.

- *Indagações, também conhecido como Entrevistas e Questionários -* É uma técnica indispensável à auditoria. Pode revelar erros, problemas ou deficiências através da argúcia, dos conhecimentos e da experiência do auditor que, colocada em prática, possibilitará que sejam identificados quaisquer problemas nos itens do exame.

Consiste na formulação de perguntas e obtenção de respostas adequadas e satisfatórias. Recomenda-se que sua aplicação seja efetuada por auditor que tenha razoável conhecimento da entidade e da área sob exame. As respostas podem ser obtidas através de declarações formais ou informais.

Utilização da indagação - É utilizada extensamente em toda a auditoria, além de outros procedimentos. As indagações podem incluir

162 | AUDITORIA CONTÁBIL

desde indagações escritas formais até orais informais. A avaliação das respostas é parte integral do processo.

Resposta da indagação - Podem fornecer ao auditor informações não obtidas anteriormente ou evidência suficiente e comprobatória para modificar sua opinião no relatório dos auditores independentes, como por exemplo, informações referentes à possibilidade da administração burlar os controles. Tal fato constitui uma evidência de grande relevância.

Em alguns casos, o auditor pode considerar necessário obter respostas formais da alta administração para confirmar respostas a indagações verbais, neste caso, faz-se necessário a alta administração emitir uma justificativa a indagação feita pelo auditor, também conhecida como representação formal (vide capítulo XV).

9.3.2.2.3 Procedimentos Analíticos

É feita por meio de índices, análises e comparações, consiste em análises críticas das demonstrações contábeis com o objetivo de delinear tendências ou situações anormais. Considerando o objetivo dos procedimentos e o grau de confiabilidade dos resultados alcançáveis; a natureza da entidade e o conhecimento adquirido nas auditorias anteriores; disponibilidade de informações, sua relevância, confiabilidade e comparabilidade.

Esse teste deverá ser planejado e executado próximo do final da auditoria, que auxiliará a formação de uma opinião sobre as demonstrações contábeis. Temos como exemplos:

- informações comparáveis de períodos anteriores;
- resultados previstos pela entidade, tais como orçamentos ou previsões, ou expectativas do auditor, como uma estimativa de depreciação;
- informações de entidades do mesmo setor de atividade, como a comparação entre índices de vendas e contas a receber com as médias do setor ou com outras entidades de porte comparável do mesmo setor.

Além dos testes mencionados acima, caso o auditor queira ratificar alguma informação relevante, ele poderá executar simultaneamente, teste de controle e de detalhes na mesma transação, conhecido como teste de duplo propósito, que irá fornecer evidências substancias para o seu propósito. Existem outros testes a serem executados, nas contas de natureza devedora que é a superavaliação, pois seus saldos podem estar errados para mais e a subavaliação que seus saldos podem está errado para menos. Na prática tem demonstrado a importância de efetuar estes testes.

Cabe ressaltar que certos procedimentos somente podem ser realizados no final do período ou após ele, conforme a NBC TA330 (R1):

- confrontar as demonstrações contábeis com os registros contábeis;
- examinar ajustes efetuados durante a elaboração das demonstrações contábeis; e
- procedimentos para responder ao risco de que, no final do período, a entidade pode ter celebrado contratos de venda indevidos ou transações que podem não ter sido finalizadas.

A NBC TA 500 (R1), que trata de evidência, no item A1, menciona outras fontes para se obter informações necessárias à opinião do auditor, dentre elas:

a) auditorias externas anteriores;
b) auditoria interna;
c) utilização de trabalhos de especialistas da administração, sendo que o auditor deverá avaliar a competência, habilidade e objetividade, assim como conhecer o trabalho que está sendo executado para servir como evidências necessárias.

9.4. Uso da evidência de auditoria obtida em auditoria anterior

A NBC TA 330 (R1), no item 13, determina que em caso de utilização de evidências de auditorias anteriores, deve-se considerar:

(a) a efetividade dos outros elementos de controle interno, incluindo o ambiente de controle, os controles de monitoramento da entidade e o seu processo de avaliação de risco;
(b) os riscos decorrentes das características do controle, incluindo se ele é manual ou automatizado;
(c) a efetividade dos controles gerais de tecnologia da informação;
(d) a efetividade do controle e sua aplicação pela entidade, incluindo a natureza e extensão de desvios na aplicação do controle observados nas auditorias anteriores e se houve mudanças de pessoal que afetaram de forma significativa a aplicação do controle;
(e) se a falta de alteração em um controle em particular oferece risco devido às mudanças de circunstâncias; e
(f) os riscos de distorção relevante e a extensão da confiança no controle.

Porém, na recusa da administração em fornecer informações para o auditor, isto também representa evidência e dependendo da relevância dos fatos e da ausência de testes secundários o auditor poderá emitir uma opinião não apropriada para os demonstrativos contábeis.

Em suma, o uso dessas técnicas irá nortear o auditor a entender e avaliar profundamente o negócio da entidade e que lhe fornecerão evidências importantes para emitir uma opinião sobre os demonstrativos. A seguir, o fluxograma dos procedimentos técnicos de auditoria.

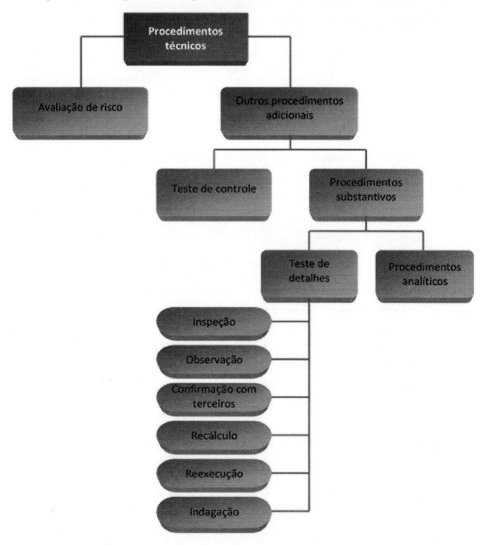

Figura 7 - Procedimentos técnicos de auditoria
Fonte :Os Autores (2016).

9.5. Modelos de carta de circularização

MODELO 1 - Confirmação bancária.

(PAPEL TIMBRADO DA EMPRESA AUDITADA).

de de 20____

Ao
Banco: _____ Agência: _____   Endereço: _____
Atenção: _____

Confirmação de saldos para fins de auditoria

Prezados senhores:

Por solicitação de nossos auditores **WMA Auditores Independentes** pedimos a gentileza de informar, no quadro anexo, a **posição em 31 de dezembro de 20XX,** dos saldos de nossas operações com V.Sas. Sempre que possível, favor anexar à sua resposta extratos ou demonstrativos de nossas posições.

Solicitamos incluir em sua resposta todas as operações registradas, inclusive cobranças, custódia, descontos, câmbio e outros.

Queiram encaminhar sua resposta diretamente aos nossos auditores, utilizando-se do envelope resposta anexo, ou à (endereço completo)-RJ, CEP 0000-000 ou pelo fax nº (21) 0000-0000 aos cuidados do Sr. Nome (Cargo).

Atenciosamente,

(Nome e cargo do responsável pela empresa auditada)

Anexos:
Demonstrativo
Envelope-resposta
Anexo - Confirmação bancária

(Resposta)

À

WMA Auditores Independentes
Endereço completo
CEP: 00000-000 - Rio de Janeiro - RJ
A/C: Sr. Nome (Cargo)
De: (nome do banco que está sendo circularizado)

Data-base : 31/12/20XX

Prezados senhores:

Para fins de auditoria, fornecemos abaixo as informações solicitadas por nosso cliente NOME DA EMPRESA AUDITADA.

1. Contas correntes

Número da conta   **Saldo R$**

Aplicações financeiras

	Datas		**Valor R$**	
Tipo	**Aplicação**	**Resgate**	**Aplicação**	**Resgate**

2. Câmbio

Tipo	**Moeda**	**Saldo ME**	**Saldo R$**
ACC			
ACE			
Outros			

4. Descontos

Tipo	Vencimento final	Valor R$
Promissórias		
Duplicatas		
Outras		

5. Empréstimos e Financiamentos

Tipo	Nº contrato	Datas Início	Datas Vencim.	Moeda base R$/ UFIR/ US$	Saldo R$ Principal	Saldo R$ Encargos	Descrição das garantias
Adiantamento							
Conta garantida							
Capital de giro							
Repasse ME							
Repasse MN							

6. Cobranças

Tipo	Saldo R$
Simples	
Vinculada	
Caucionada	

7. Custódia

Tipo	Saldo R$
Títulos de aplicação financeira	
Ações	
Ouro	
Outros	

(Carimbo)Assinatura

MODELO 2 - Confirmação de contas a receber de clientes.

(PAPEL TIMBRADO DA EMPRESA AUDITADA).

, de   de 20___

Cliente: _____

Endereço: _____

Atenção: _____

Confirmação de saldos para fins de auditoria

Prezados senhores:

Para fins de auditoria, solicitamos a V.Sas. o especial obséquio de confirmarem ou contestarem diretamente aos nossos Auditores **WMA Auditores Independentes**, a exatidão do saldo da sua conta constante em nossos registros em **31 de dezembro de 20XX**, conforme detalhado no anexo.

Solicitamos também, demonstrar ao lado de cada título, a data do seu pagamento, caso o mesmo já tenha sido liquidado por V.Sas.

Favor encaminhar a resposta diretamente aos nossos auditores, utilizando-se do envelope resposta anexo a (endereço completo), CEP 0000-000 ou pelo fax nº (21) 0000-0000 aos cuidados do Sr. Nome (Cargo).

Antecipadamente gratos pela sua valiosa cooperação, subscrevemo-nos,

atenciosamente,

(Nome e cargo do responsável pela empresa auditada)

Anexos:

Demonstrativo

Envelope-resposta

Anexo - Confirmação de contas a receber de clientes

(Resposta)

, de de 20___

À
WMA Auditores Independentes
Endereço completo
CEP: 00000-000 - Rio de Janeiro - RJ
A/C: Sr. Nome (Cargo)

De: (Nome da empresa informante - cliente)

Confirmamos o saldo de nossa conta mantida com a EMPRESA AUDITADA em 31 de dezembro de 20XX.

Duplicata/ nota fiscal nº	Vencimento	R$	Anotações
_____	_____	_____	_____
_____	_____	_____	_____
_____	_____	_____	_____
_____	_____	_____	_____
_____	_____	_____	_____
_____	_____	_____	_____
_____	_____	_____	_____

Saldo a seu favor

_____   _____

Assinatura do cliente

MODELO 3 - Confirmação de advogados.

(PAPEL TIMBRADO DA EMPRESA AUDITADA).

, de   de 20____

Ao
Advogado: _____
Endereço: _____
Atenção: _____

Informações para fins de auditoria

Prezados Senhores:

Pela presente, solicitamos a V.Sas. o especial obséquio de fornecerem, diretamente aos nossos **auditores WMA Auditores Independentes** utilizando-se do envelope-resposta anexo, ou à endereço completo, CEP 0000-000 ou pelo fax nº (21) 0000-0000 aos cuidados do Sr. Nome (Cargo), que estão procedendo ao exame das nossas demonstrações contábeis, as informações relacionadas abaixo. Suas respostas devem incluir os assuntos **existentes em 31 de dezembro de 20XX** e aqueles surgidos no período compreendido entre aquela data e a data de sua resposta.

Solicitamos a V.Sa.(s) o obséquio de fornecer-lhes as seguintes informações:

(1) Uma relação mencionando a natureza e a situação atual de qualquer litígio ou demanda judicial de nosso interesse e a opinião de V.Sa.(s) quanto ao desfecho da lide, sua classificação de risco em provável, possível ou remota e indicação do montante do principal e encargos, corrigidos monetariamente. Queira(m) informar, também, o valor efetivo ou estimado dos honorários e dos custos processuais que serão devidos em caso de sucumbência.

CAPÍTULO IX – PROCEDIMENTOS TÉCNICOS DE AUDITORIA | 171

Classificação de riscos envolvidos:

Provável - Existe grande risco de perda.
Possível - Há possibilidade de que a perda ocorra, mas não é remota.
Remota - O risco de ocorrência da perda é pequeno.

(2) Detalhes de quaisquer outras demandas, reclamações ou responsabilidade contingentes (por exemplo: assuntos em que exista a possibilidade de um desfecho que poderá afetar significativamente a posição financeira e os resultados operacionais desta Empresa).

(3) Qualquer outra informação de natureza semelhante da qual V.Sa. (s) tenha(m) conhecimento e que, em sua opinião, deva ser divulgada em nossas demonstrações contábeis, por ser de interesse dos usuários de tais demonstrações.

(4) Ações e reclamações ainda não em trâmite na justiça.

De acordo com a data programada para o término do exame, nossos auditores, WMA Auditores Independentes, esperam receber a resposta de V.Sa.(s) até XX de janeiro de 20XX.

Agradecendo antecipadamente sua atenção, firmamo-nos,

Atenciosamente,

(Nome e cargo do responsável pela empresa auditada)

172 | AUDITORIA CONTÁBIL

9.6. Exercícios - Procedimentos técnicos de auditoria

1. **(Questão 06 – ENADE)** - Nos trabalhos realizados por um auditor independente, identificaram-se vários procedimentos adotados pela Cia.. Calada. No decorrer dos trabalhos, os seguintes fatos foram encontrados:

    I.   A Provisão para crédito de liquidação duvidosa foi constituída, tendo como base o índice de inadimplência apresentado nos últimos cinco anos.

    II. O Registro das receitas foi realizado pelo regime de caixa.

    III. As Taxas de depreciação foram calculadas pelo método da soma dos dígitos, diferentemente do último exercício em que foi adotado o método das quotas constantes, sem evidenciar em notas explicativas.

    IV. Os Estoques estavam avaliados acima do valor de mercado, sem a provisão correspondente.

    V.   As Despesas pagas antecipadamente foram registradas como ativo circulante.

    Diante dos fatos encontrados na Cia.. Calada, sob o ponto de vista da condução do trabalho de auditoria, a conduta CORRETA do auditor independente responsável será:

    a)   Considerar como não relevantes todos os fatos encontrados.

    b)   Oferecer serviço de consultoria para corrigir os fatos encontrados.

    c)   Solicitar da empresa correções para os fatos I, II e V.

    d)   Solicitar da empresa correções para os fatos II, III e IV.

    e)   Solicitar da empresa correções para todos os fatos encontrados.

2. **(QUESTÃO ADAPTADA PELOS AUTORES)**- Considerando os procedimentos de confirmação externa para obtenção de evidências de auditoria, julgue os itens abaixo e, em seguida, assinale a opção CORRETA.

    I.   Diante da falta de resposta para um pedido de confirmação positiva, a auditoria deverá executar procedimentos alternativos para obter evidências de auditoria relevante e confiável.

CAPÍTULO IX – PROCEDIMENTOS TÉCNICOS DE AUDITORIA | 173

II. Os resultados obtidos com o procedimento de confirmação externa de evidência de auditoria deverão ser avaliados, podendo existir a possibilidade de as respostas serem consideradas não confiáveis.

III. A recusa da administração em permitir o envio de solicitações de confirmação de uma informação que permita a validação de um saldo contábil será desconsiderada em qualquer hipótese.

Estão certos os itens:

a) I, II e III.

c) I e III, apenas.

b) I e II, apenas.

d) II e III, apenas.

3. **(QUESTÃO ADAPTADA PELOS AUTORES)**Quanto aos procedimentos de auditoria, marque a alternativa CORRETA:

I. A contagem física é um procedimento realizado no caixa, nos estoques e nos bens do imobilizado.

II. A confirmação com terceiros é um procedimento utilizado na conta corrente bancária, nos estoques em poder de terceiros, nos empréstimos a pagar e nas contas a receber de clientes.

III. A conferência de cálculos é um procedimento efetuado nos estoques, nas despesas antecipadas, nas depreciações de bens do imobilizado e nos juros provisionados.

IV. A inspeção de documentos é um procedimento que ocorre nos relatórios de despesas, nas licitações de compras, nos contratos e nos livros sociais.

a) as alternativas I, II, III e IV são verdadeiras, pois todas retratam procedimentos corretos de auditoria.

b) as alternativas I, II e IV são verdadeiras, porém a alternativa II não possui fundamento, pois a mesma requer quebra do sigilo bancário que não é permitido.

c) as alternativas I, II e IV são verdadeiras, porém a alternativa II não possui fundamento, pois a mesma requer quebra do sigilo bancário que não é permitido.

d) as alternativas I e III são falsas, pois existem procedimentos que o auditor depende de terceiros e muitas vezes os mesmos não conseguem retorno a tempo de emitir um relatório dos auditores independentes.

174 | AUDITORIA CONTÁBIL

4. **(QUESTÃO ADAPTADA PELOS AUTORES)** - Considerando os procedimentos de confirmação externa para obtenção de evidências de auditoria, julgue os itens abaixo e, em seguida, assinale a opção CORRETA.

I.   Diante da falta de resposta para um pedido de confirmação positiva, a auditoria deverá executar procedimentos alternativos para obter evidências de auditoria relevante e confiável.

II. Os resultados obtidos com o procedimento de confirmação externa de evidência de auditoria deverão ser avaliados, podendo existir a possibilidade de as respostas serem consideradas não confiáveis.

III. A recusa da administração em permitir o envio de solicitações de confirmação de uma informação que permita a validação de um saldo contábil será desconsiderada em qualquer hipótese.

Estão certos os itens:

a)   I, II e III.

b)   I e II, apenas.

c)   I e III, apenas.

d)   II e III, apenas.

5. **(ITAIPU BINACIONAL-Ciências Contábeis-NC-UFPR-2015)** - Em relação aos procedimentos de Auditoria de Demonstrações Contábeis, assinale a alternativa correta.

a)   Profissional contábil com registro de Técnico Contábil no Conselho Regional de Contabilidade pode ser o responsável técnico para a condução dos trabalhos de Auditoria Externa Independente.

b)   Com a promulgação da Lei nº 11.638/2007, a obrigatoriedade de Auditoria Externa Independente das Demonstrações Contábeis foi estendida, além das sociedades anônimas, para as sociedades limitadas tributadas pelo Lucro Real.

c)   Após a conclusão dos trabalhos de auditoria em uma sociedade anônima de capital aberto, os Papéis de Trabalho utilizados pelo Auditor Externo Independente devem ser submetidos à Comissão de Valores Mobiliários, para confirmação da realização da auditoria.

CAPÍTULO IX – PROCEDIMENTOS TÉCNICOS DE AUDITORIA | 175

d) O planejamento tributário é uma atividade incompatível com a atividade de Auditor Externo Independente, quando da prestação de serviço de auditoria externa.

e) Um Auditor Externo Independente deve emitir parecer adverso em qualquer situação de ocorrência de erros e fraudes impactando as Demonstrações Contábeis da empresa auditada.

6. **(QUESTÃO ADAPTADA PELOS AUTORES) -** Uma sociedade empresária, com filiais em todo o território brasileiro, contratou uma auditoria externa para levantamento de seus produtos entre as filiais. O procedimento que garante confirmar a quantidade dos produtos existentes em suas filiais será:

a) Circularização.

b) Indagação.

c) Inventário físico.

d) Revisão analítica.

7. **(CONTADOR – CFC 2012.I – QUESTÃO 27) -** Durante um trabalho de auditoria foram detectadas as seguintes informações sobre a concessão de uma linha de ônibus:

- Valor de custo de R$70.000,00 em 31.12.2010.
- Amortização acumulada de R$10.500,00 em 31.12.2010.
- Aplicação da NBC TG 01 acusou um valor recuperável de R$52.500,00, com base no fluxo de caixa descontado (valor de uso) desse direito.

A posição do auditor independente em relação a esse ativo intangível é de:

a) recomendar que a empresa reconheça uma perda de R$10.500,00 para redução ao valor recuperável do ativo.

b) recomendar que a empresa reconheça uma perda de R$17.500,00 para redução ao valor recuperável do ativo.

c) recomendar que a empresa reconheça uma perda de R$3.500,00 para redução ao valor recuperável do ativo.

d) recomendar que a empresa reconheça uma perda de R$7.000,00 para redução ao valor recuperável do ativo.

176 | AUDITORIA CONTÁBIL

8. **(Prefeitura de Vassouras – RJ - Auditor de Tributos Fiscais – FUNCAB – 2013)** - Assinale a alternativa que apresenta procedimentos analíticos.

a) Busca de informações junto a pessoas com conhecimento financeiro e não financeiro.

b) Avaliação das informações feita por meio de estudo das relações plausíveis entre dados financeiros e não financeiros.

c) Execução independente pelo auditor de procedimentos ou de controles que foram originalmente realizados como parte do controle interno.

d) Evidência obtida a partir da resposta escrita por terceiro a respeito de um documento fiscal.

e) Exame físico de um ativo.

9. **(PC-MG - Analista da Polícia Civil - Ciências Contábeis – FUMARC – 2013)** - A avaliação dos procedimentos de controle deve considerar, **EXCETO**:

a) a adoção de sistemas de informação computadorizados e os controles adotados na sua implantação, alteração, acesso a arquivos e geração de relatórios.

b) o sistema de controle da administração, incluindo as atribuições da auditoria interna, se existente.

c) as normas para a elaboração de demonstrações contábeis e quaisquer outros informes contábeis e administrativos, para fins internos e externo.

d) o sistema de aprovação e guarda de documentos e os procedimentos de inspeções físicas periódicas em ativos da entidade.

10. **(TJ-SP – Contador – VUNESP – 2013)** - Na Auditoria, os testes de observância visam à obtenção de razoável segurança de que os controles internos estabelecidos pela administração estão em efetivo funcionamento, inclusive quanto ao seu cumprimento pelos funcionários e administradores da entidade. A respeito da aplicação de procedimentos de auditoria, o de obtenção de informações perante pessoas físicas ou jurídicas conhecedoras das transações e das operações, dentro ou fora da entidade, refere-se aos procedimentos de

CAPÍTULO IX – PROCEDIMENTOS TÉCNICOS DE AUDITORIA | 177

a) investigação e confirmação.
b) indagação e investigação.
c) inspeção e observação.
d) indagação e confirmação.
e) confirmação e observação.

11. **(CFC - Bacharel em Ciências Contábeis - Segundo Semestre – CFC – 2013) -** Uma sociedade empresária, com filiais em todo o território brasileiro, contratou uma auditoria externa para levantamento de seus produtos entre as filiais. O procedimento que garante confirmar a quantidade dos produtos existentes em suas filiais será:

a) Circularização.   c) Inventário físico.
b) Indagação.   d) Revisão analítica.

12. **(IBGE - Analista - Auditoria – CESGRANRIO – 2013) -** Durante um trabalho de auditoria em uma entidade, um auditor suspeita que pode haver discordâncias entre valores registrados em bancos pelo sistema de contabilidade e informações dos extratos bancários.

Nessa situação, que procedimento ele deverá executar?

a) Inquérito
b) Exame físico
c) Exame da escrituração
d) Conferência de cálculos
e) Exame dos documentos originais

13. **(SEFAZ-RJ - Analista de Controle Interno – CEPERJ – 2013) -** A técnica de investigação minuciosa, com exame de documentos, setores, unidades, órgãos e procedimentos interligados, visando dar segurança à opinião do responsável pela execução do trabalho sobre o fato observado, corresponde ao conceito de:

a) corte das operações
b) rastreamento
c) revisão analítica
d) circularização
e) observação

178 | AUDITORIA CONTÁBIL

14. **(Prefeitura de Vassouras – RJ - Auditor de Tributos Fiscais – FUNCAB – 2013)** - Por solicitação do auditor, a administração examinou uma classe de transações, saldos contábeis ou divulgação e corrigiu distorções que foram detectadas. Nessas circunstâncias, o auditor:

a) praticou um ato proibido por lei e regulamento.

b) deve declarar no parecer que o ato da administração foi em desacordo com a ética profissional.

c) deve executar procedimentos adicionais para determinar se continua havendo distorções.

d) agiu sem a independência profissional necessária à sua função.

e) deve considerar que as distorções foram sanadas em sua avaliação das demonstrações.

15. **(Prefeitura de Vassouras – RJ - Auditor de Tributos Fiscais– FUNCAB – 2013)** - Ao executar testes de detalhes, o auditor deve:

a) executar o procedimento em um item que substitua o anteriormente selecionado.

b) obter um alto grau de certeza de que a distorção não seja representativa.

c) deve tratar o item como um desvio do controle previsto.

d) executar procedimentos adicionais de auditoria para obter evidência apropriada.

e) projetar as distorções encontradas na amostra para a população.

16. **(PC-MG - Analista da Polícia Civil - Ciências Contábeis – FUMARC – 2013)** - Na aplicação dos testes substantivos, o auditor deve objetivar as seguintes conclusões, **EXCETO**:

a) Existência - se o componente patrimonial existe em certa data.

b) Direitos e obrigações - se efetivamente existentes em certa data.

c) Ocorrência - se a transação de fato ocorreu.

d) Observação - acompanhamento de processo ou procedimento, quando de sua execução.

CAPÍTULO IX – PROCEDIMENTOS TÉCNICOS DE AUDITORIA | 179

17. **(Contador Júnior – Transpetro 2011 – QUESTÃO 26). Os** procedimentos da Auditoria Interna constituem exame se investigações, incluindo testes de observância e testes substantivos, que permitem ao auditor interno obter subsídios suficientes para fundamentar suas conclusões e recomendações à administração da entidade. Na aplicação dos testes de observância, devem ser considerados os seguintes procedimentos:

(A) exame, vistoria, indagação e certificação.

(B) exame, inspeção, vistoria e certificação.

(C) investigação, arbitramento, mensuração e avaliação.

(D) inspeção, observação, investigação e confirmação.

(E) observação, vistoria, indagação e confirmação.

18. **(Contador Júnior – Transpetro 2011 – QUESTÃO 33). Os** elementos utilizados pelo auditor no registro de todas as evidências, mediante observação, inspeção, indagação e investigação, obtidas ao longo da execução do serviço de Auditoria, são os:

(A) procedimentos de Auditoria.

(B) testes de observância.

(C) testes substantivos.

(D) papéis de trabalho.

(E) programas de trabalho.

19. **(Contador Júnior – Transpetro 2011 – QUESTÃO 35).** Considere os procedimentos de Auditoria a seguir:

P - Analisar a aprovação de aquisição de bens e serviços.

Q - Obter lista compondo saldo de uma conta.

R - Comparar o saldo de um período com o do período anterior.

S - Investigar variações e explicá-las.

T - Detectar erros e irregularidades.

U - Aplicar teste de corte para se assegurar de que os cheques foram registrados no período correto.

São considerados procedimentos substantivos básicos **Apenas** os apresentados em:

(A) P, Q, R e S.

(B) P, R, S e T.

(C) P, Q, T e U.

(D) Q, R, S e U.

(E) R, S, T e U.

180 | AUDITORIA CONTÁBIL

20. **(Contador Júnior – Transpetro 2011 – QUESTÃO 37).** Os procedimentos efetivos e relevantes de Auditoria são:

(A) contagem física, circularização, avaliação de valores e certificação de documentos.

(B) contagem física, confirmação com terceiros, conferência de cálculos e inspeção de documentos.

(C) planejamento, organização dos papéis de trabalho, revisão analítica e investigação.

(D) avaliação quantitativa, verificação de documentos, avaliação do controle interno e circularização.

(E) circularização, organização dos papéis de trabalho, conferência de cálculos e certificação de documentos.

21. **(Contador Júnior – Transpetro 2011 – QUESTÃO 43)** Os auditores internos realizam testes de observância para obter maior grau de razoabilidade na segurança de que os controles internos, aprovados e implantados pela administração, estão sendo devidamente utilizados por executores e executivos. Quando o auditor interno verifica os registros e os documentos dos bens tangíveis, visando a minimizar os riscos existentes com relação ao Ativo, aplica o procedimento de:

(A) análise.
(B) confirmação.
(C) investigação.
(D) inspeção.
(E) observação.

22. **(Contador Júnior – Transpetro 2011 – QUESTÃO 52).** Na revisão analítica, o auditor externo deve preparar pessoalmente, de preferência, um papel de trabalho com as seguintes informações:

- Saldo das contas do balanço patrimonial em 20X1 e 20X0;

- Valor mensal por conta de receitas e despesas em 20X1;

- Valor total por conta das receitas e despesas de 20X1 e 20X0.

Preparados os papéis de trabalho, o auditor deve calcular os índices econômico-financeiros como parte dos serviços de revisão analítica. A comparação dos índices da mesma empresa, em vários exercícios sociais, ou com os índices de outras empresas, preferencialmente do mesmo ramo e do mesmo porte, permite que o auditor avalie que contas apresentam flutuações incomuns e que deverão ser alvo de uma análise mais detalhada.

CAPÍTULO IX – PROCEDIMENTOS TÉCNICOS DE AUDITORIA | 181

No decorrer de uma revisão analítica, o auditor apurou o índice de capitais próprios, pela seguinte fórmula de apuração onde: PL = Patrimônio Líquido TA = Total do Ativo. O resultado apurado fornece ao auditor o índice da:

(A) parcela dos ativos de curto prazo financiados pelo patrimônio líquido em que um índice baixo mostra um pequeno endividamento de curto prazo.

(B) parcela dos ativos financiada por recursos próprios em que um índice baixo mostra que a empresa está bastante endividada.

(C) parcela dos ativos financiados por recursos de terceiros em que um índice baixo mostra que a empresa está muito endividada em curto prazo.

(D) participação do patrimônio líquido no financiamento dos ativos circulantes em que um índice baixo indica um forte comprometimento desses ativos para liquidar os passivos exigíveis, na data dos respectivos vencimentos.

(E) participação dos capitais próprios no financiamento dos recursos aplicados no ativo: investimento, imobilizado e intangível, em que um alto índice poderá evidenciar problemas de caixa.

23. **(Auditor – Petrobras 2011 – QUESTÃO 26)** Em um processo de auditoria completo, são realizados alguns procedimentos para se chegar ao objetivo final. Dentre os procedimentos que devem ser executados pelos auditores, incluem-se os testes substantivos, que visam à:

(A) obtenção de evidências quanto à suficiência, exatidão e validade dos dados produzidos pelo sistema contábil ou dos processos da entidade.

(B) realização de procedimentos simples de auditoria para verificação do comportamento financeiro da empresa.

(C) regularização de todos os outros procedimentos de auditoria a serem executados.

(D) validação do sistema de controles internos por meio da observância do fiel cumprimento das normas internas da empresa.

(E) verificação da eficácia do sistema de governança corporativa da empresa.

182 | AUDITORIA CONTÁBIL

24. **(Auditor – Petrobras 2011 – QUESTÃO 31)** Os procedimentos de auditoria são um conjunto de técnicas utilizadas pelo auditor para colher evidências sobre o processo auditado e emitir um Relatório dos auditores independentes sobre as demonstrações contábeis técnico. Um dos procedimentos de auditoria que podem ser realizados para validação do saldo contábil registrado na conta fornecedores é a(o):

(A) contagem física do estoque.

(B) conferência de cálculos.

(C) confirmação com terceiros.

(D) teste dos controles internos.

(E) acompanhamento do fluxograma do processo de contas a pagar (walkthrough).

25. **(Auditor – Petrobras 2010 – QUESTÃO 16)** O envio de cartas de circularização para os clientes de uma empresa é um procedimento de auditoria, utilizado para confirmação do:

(A) valor do ativo imobilizado.

(B) volume de estoques.

(C) volume de contas a pagar.

(D) saldo registrado como contas a receber.

(E) saldo bancário.

26. **(Auditor – Petrobras 2010 – QUESTÃO 18)** Durante a execução de primeira auditoria no processo de contas a pagar, o auditor interno da empresa X verificou que existiam dois problemas relacionados ao processo:

- Contas pagas em duplicidade ou com valores incorretos;

- Fornecedores inexistentes registrados no contas a pagar.

Para encontrar os dois problemas relacionados ao processo de contas a pagar, o auditor precisou executar, no mínimo, alguns procedimentos de auditoria, como os que devem ser analisados a seguir:

I. Abertura analítica do saldo registrado no contas a pagar.

II. Envio de cartas de circularização para os fornecedores.

III. Contagem de caixa.

CAPÍTULO IX – PROCEDIMENTOS TÉCNICOS DE AUDITORIA | 183

IV. Contagem física dos estoques.

V. Conferência e inspeção física de documentos.

Estão corretos **Apenas** os procedimentos:

(A) I, II e V.

(B) I, III e IV.

(C) II, III e IV.

(D) I, II, III e V.

(E) II, III, IV e V.

27. **(Auditor – Petrobras 2010 – QUESTÃO 21)** Analise as proposições abaixo:

I. Procedimento de auditoria utilizado para identificar possíveis fraudes, envolvendo desvios de mercadorias ou equipamentos da empresa.

II. Procedimentos de auditoria interna realizados para identificação de possíveis falhas no processo financeiro.

Correspondem às proposições, respectivamente, os procedimentos:

	I	II
(A)	teste de conformidade	entrevista gravada e reconciliação bancária
(B)	inventário físico	reconciliação bancária e contagem de caixa
(C)	mapa analítico	contagem de caixa e auditoria investigativa
(D)	controle de entrada	revisão analítica e registro de mapa de saldos
(E)	detecção de metais	reconciliação bancária e revisão de saldos

28. **(Auditor – CMB 2010 – QUESTÃO 29)** Quando um auditor, por meio de uma listagem de fornecedores a pagar, confere a exatidão dos valores pagos, com as respectivas autorizações dadas em atas de reuniões de diretoria ou de assembleias de acionistas, conclui-se que ele aplicou os seguintes procedimentos de auditoria:

(A) cálculo e observação.

(B) inspeção e investigação.

(C) investigação e confirmação.

(D) revisão analítica e inspeção.

(E) confirmação e revisão analítica.

184 | AUDITORIA CONTÁBIL

29. **(Contador – EPE 2010 – QUESTÃO 49)** Um auditor solicita à administração de uma entidade que envie carta de circularização aos fornecedores com os quais se relaciona comercialmente, solicitando informações dos saldos em aberto existentes nessas empresas em uma determinada data, sendo que a resposta deva ser enviada diretamente aos seus auditores independentes. Esse auditor aplicou o procedimento de auditoria denominado:

(A) confirmação.

(D) revisão analítica.

(B) cálculo.

(E) cut-off.

(C) observação.

30. **(Auditor – IBGE 2010 – QUESTÃO 68)** Quando um auditor aplica um teste com o objetivo de verificar o comportamento de valores significativos mediante índices, quocientes, quantidades absolutas e outros meios, esse profissional realiza o procedimento denominado:

(A) revisão analítica.

(D) investigação.

(B) circularização positiva.

(E) cálculo.

(C) inspeção.

31. **(Contador – DETRAN AC 2009 – ADAPTADO QUESTÃO 41)** Os procedimentos de auditoria interna constituem exames e investigações incluindo testes de observância e testes substantivos. Os testes de controle visam à obtenção de razoável segurança de que os controles internos, estabelecidos pela administração, estão em efetivo funcionamento e cumprimento, pelos funcionários e administradores da entidade. Na aplicação desses testes, o procedimento da observação indica a(o):

(A) verificação de registros e de documentos.

(B) acompanhamento de processo ou procedimento quando de sua execução.

(C) obtenção de informações perante pessoas físicas ou jurídicas.

(D) análise de registros, de documentos e de ativos tangíveis e intangíveis.

(E) comprovação de registros, de documentos e de ativos tangíveis.

CAPÍTULO IX – PROCEDIMENTOS TÉCNICOS DE AUDITORIA | 185

32. **(Contador – DETRAN AC 2009 – QUESTÃO 42)** Na aplicação da técnica de auditoria inspeção de documentos, um dos objetivos do auditor é o de verificar a:

(A) adequação física dos bens do Ativo Imobilizado.

(B) existência, ou não, de direitos a receber.

(C) existência de títulos ou bens em poder de terceiros.

(D) validade das obrigações pendentes de pagamento.

(E) correta contabilização da transação nas contas adequadas.

33. **(Contador – DECEA 2009 – QUESTÃO 38)** Entende-se que os procedimentos de auditoria representam um conjunto de técnicas que o auditor utiliza para apurar as evidências sobre as informações das Demonstrações Contábeis. Nesse enfoque, para confirmar as contas a receber de clientes, contas a pagar a fornecedores e empréstimos a pagar, o auditor deve adotar o procedimento da

(A) conferência de cálculos.

(B) confirmação com terceiros.

(C) contagem física.

(D) inspeção de documentos.

(E) verificação dos documentos originais.

34. **(Analista administrativo – ANP 2008 – QUESTÃO 57)** Os procedimentos de auditoria representam o conjunto de técnicas que o auditor utiliza, na realização de seu trabalho, para colher evidências sobre as informações contidas nas demonstrações contábeis da empresa.

A Inspeção de documentos, internos ou externos, tem por objetivo

(A) avaliar os bens materiais da auditada e seu respectivo registro.

(B) confirmar a propriedade dos bens da empresa, que estão em poder de terceiros.

(C) constatar a veracidade dos valores registrados.

(D) promover a conferência quantitativa e qualitativa das operações realizadas.

(E) verificar os sistemas de controles internos utilizados.

186 | AUDITORIA CONTÁBIL

35. **(Contador – BNDES 2011 – QUESTÃO 56)** O objetivo do auditor independente (externo) consiste na emissão de opinião fundamentada nas demonstrações contábeis auditadas. Para tal, torna-se necessário que se realizem testes que lhe permitam formar essa opinião. O entendimento técnico-conceitual de teste em auditoria é:

(A) comprovação feita no local, que deverá fornecer à auditoria a formação de opinião quanto à existência dos objetos examinados.

(B) processo realizado pelo auditor que lhe permite fazer a reunião de elementos comprobatórios.

(C) exame em profundidade da matéria auditada consubstanciado em documentos e análise da informação detida.

(D) obtenção de declaração formal de pessoas independentes à companhia que está sendo auditada.

(E) verificação detalhada utilizada para a constatação da veracidade das informações contábeis.

36. **(Auditoria – AFPS 2002 – QUESTÃO 50)** A circularização é um procedimento de auditoria que aplicado à área de contas a receber confirma:

(A) Os cálculos efetuados pelo auditor.

(B) A existência física do bem da empresa.

(C) A existência física do documento gerador do fato.

(D) A existência de duplicatas descontadas.

(E) O saldo apresentado pela empresa no cliente.

37. **(Auditoria – AFPS 2002 – QUESTÃO 51)** A administração de uma entidade envia uma carta às diversas instituições financeiras com as quais se relaciona comercialmente, solicitando informações dos saldos em aberto existentes nessas empresas em uma determinada data, cuja resposta deva ser enviada diretamente aos seus auditores independentes. Nesse caso, ocorre um procedimento de:

(A) Cálculo

(B) Observação

(C) Investigação e confirmação

(D) Revisão analítica

(E) Inspeção

CAPÍTULO X - TESTES NOS DEMONSTRATIVOS CONTÁBEIS

10.1. Introdução

Ao examinar os demonstrativos contábeis, o auditor deverá efetuar os testes necessários para colher evidências ou provas suficientes para suportar sua opinião no relatório independente de auditoria.

10.2. Direcionamento dos testes

O saldo de uma conta nas demonstrações contábeis pode estar errado para mais (superavaliado) ou para menos (subavaliado). Devido a esse risco, algumas contas da contabilidade devem ser testadas para superavaliação e para subavaliação.

De acordo com o Almeida (2015) é mais prático dirigir os testes principais de superavaliação para as contas devedoras (normalmente as contas do ativo e despesas) e os de subavaliação para as contas credoras.

Devido ao fato das transações na contabilidade serem registradas pelo sistema de partidas dobradas, quando se testam as contas devedoras para superavaliação, as contas credoras também estão sendo testadas indiretamente.

Podemos citar como exemplo, o fato do teste efetuado na conta de despesas de pessoal estão superavaliadas, em função dos salários do mês de janeiro de 2016 terem sido provisionados indevidamente em 2015, é evidente que também a conta credora de salários a pagar, classificada no passivo circulante, também está superavaliada. Desse modo, verificamos quando efetuamos os testes as contas credoras para subavaliação, as contas devedoras estão sendo testadas secundariamente.

10.2.1. Teste de superavaliação

Nos testes para superavaliação, o auditor deverá partir do valor registrado no razão geral para o documento-suporte da transação.

Exemplo:

Razão geral - Registro final - Registro intermediário - Registro inicial – Documento

Os procedimentos básicos de auditoria do teste para superavaliação são os seguintes:

- conferir a soma da conta do razão geral;
- selecionar um item relevante da conta, analisar o lançamento e conferir seu valor com o total do registro geral;
- selecionar parcela do registro final, analisar e depois conferir seu valor com o total do registro intermediário;
- conferir a soma do registro intermediário;
- selecionar parcela no registro intermediário e conferir seu valor com o total do registro inicial;
- conferir a soma do registro inicial;
- selecionar parcela no registro inicial e conferir seu valor com a documentação comprobatória.

O objetivo desses procedimentos é detectar a superavaliação dos débitos. Essa superavaliação pode ser feita, verificando:

- soma a maior dos registros ou razão geral;
- transporte a maior do valor do documento para o registro inicial e do valor de um registro para outro ou para o razão geral;
- falta de documento ou documento inválido.

10.2.2. Teste de subavaliação

No teste para subavaliação, o auditor parte do documento para o razão geral, agindo de forma contrária ao do teste de superavaliação. Como por exemplo, a análise da conta de fornecedores, ao efetuar os teste na conta, o auditor detecta que uma fatura de compra de matéria--prima não foi lançada, consequentemente, as contas de fornecedores e de estoque matéria-prima de natureza devedora está subavaliadas.

Exemplo:

Documento - Registro inicial - Registro intermediário - Registro final - Razão geral

Os procedimentos básicos de auditoria do teste para subavaliação são os seguintes:

- selecionar e inspecionar o documento suporte;
- verificar a inclusão do valor do documento no registro inicial;
- conferir a soma do registro inicial;
- verificar a inclusão do valor total do registro inicial no registro intermediário;
- conferir a soma do registro intermediário;
- verificar a inclusão do valor total do registro final no razão geral;
- conferir a soma do razão geral.

O objetivo dos procedimentos relatados acima é identificar a subavaliação nas contas de natureza credora. Os créditos poderiam ser subavaliados das seguintes formas:

- não inclusão do documento no registro inicial;
- soma a menor dos registros ou do razão geral;
- transporte a menor do valor do documento para o registro inicial e do valor de um registro para outro ou para o razão geral.

10.3. Aplicação dos procedimentos técnicos de auditoria

A aplicação dos procedimentos de auditoria deverá ser realizada, em razão da complexidade e volume das operações, por meio de provas seletivas, testes e amostragens, cabendo ao auditor, com base no seu planejamento, na análise de riscos de auditoria e outros elementos de que dispuser, determinar a amplitude dos exames necessários.

Na aplicação dos testes de controle, o auditor deverá verificar a existência, efetividade e continuidade dos controles internos. Já na aplicação dos testes de detalhes, o auditor deve observar:

- **existência** – se o componente patrimonial existe em certa data;

- **direitos e obrigações** – se efetivamente existentes em certa data;
- **ocorrência** – se a transação de fato ocorreu;
- **abrangência** – se todas as transações estão registradas;
- **mensuração, apresentação e divulgação** – se os itens estão avaliados, divulgados, classificados e descritos de acordo com os princípios fundamentais de contabilidade e as normas brasileiras de contabilidade.

10.4. Orientação para aplicação dos testes nas contas do ativo e passivo

Os procedimentos da auditoria na aplicabilidade nas contas do ativo e passivo, são aqueles que, a critério do auditor, permitam uma conclusão quando a razoabilidade das operações e aos seus reflexos nas demonstrações contábeis.

Os procedimentos aplicados em uma auditoria e a extensão de sua aplicação são determinados pelo julgamento do auditor, que deve considerar a natureza e os problemas da empresa, além de observar a qualidade e eficiência de seus procedimentos contábeis e de controles internos.

10.5. Testes nas contas do ativo

A seleção e a extensão dos procedimentos de auditoria exigem o exercício do julgamento pessoal e profissional do auditor, que irá considerar todos os fatos relevantes quando tomar as decisões, ressaltando que os procedimentos e a extensão aplicados em um trabalho devem incluir todos os dados necessários à formação de sua opinião sobre a adequação das demonstrações contábeis.

Nesta etapa desmembramos os testes para algumas contas do ativo, obedecendo a classificação por ordem decrescente do grau de liquidez, de acordo com a lei 6.404/76 e atualizada pela 11.638/07 e 11.941/09 no seu artigo178 § 1°.

10.5.1.Ativo circulante

Este grupo contempla os bens e os direitos com vencimento até o término do exercício seguinte, ou ainda, com vencimento até 12 meses da data do último balanço, que pretender vendê-lo ou consumi-lo durante o ciclo operacional normal da entidade; ou quando for mantido essencialmente com a finalidade de negociação.

CAPÍTULO X - TESTES NOS DEMONSTRATIVOS CONTÁBEIS | 191

10.5.1.1. Auditoria no disponível

Os ativos são classificados por ordem decrescente de grau de liqui-dez. A parcela do Ativo Circulante, sob o título de **"Disponível"**, repre-senta a disponibilidade imediata, em recursos financeiros de uma empresa.

Portanto, os valores em caixa, em bancos representam dinheiro em mãos ou à disposição da empresa e aplicações financeiras de curtíssimo prazo (até 90 dias), e exigem total atenção de qualquer exame de auditoria.

10.5.1.1.1. Objetivo de auditoria no disponível

Estabelecer segurança dos controles internos mantidos sobre o dis-ponível com objetivo de provar que os saldos apresentados no balanço são reais, que existem fisicamente e estão livres de qualquer ônus ou de outra forma bloqueados e se foram adotados os princípios que norteiam as nor-mas e regulamentos para obtenção da correta apresentação no balanço.

10.5.1.1.2 Procedimentos de auditoria

O auditor deverá efetuar a inspeção física na conta Caixa. As con-tagens devem ser feitas de surpresa, na presença do responsável e de forma simultânea, se houver mais de um.

Além disso, confirmar junto as instituições financeiras os saldos existentes na conta Banco c/ Movimento e as pessoas autorizadas efetu-ando a reconciliação bancária, o *cut-off* (corte nas operações) dos che-ques e nas aplicações financeira, além de efetuar a confirmação, realizar os cálculos pró-rata.

Já para as aplicações de renda variável, verificar valor de mercado das aplicações financeiras, caso seja menor do que o valor contabiliza-do deverá ajustar ao valor provável de realização.

10.5.1.2. Auditoria na conta duplicatas a receber

As contas contábeis de duplicatas a receber representam direitos adquiridos por vendas a prazo de bens e serviços, relacionados com o objetivo social da empresa. Podendo incluir nesta transação ainda os direitos de impostos a recuperar, depósitos compulsórios, entre outros.

10.5.1.2.1 Objetivo da auditoria nas contas de duplicatas a receber

O auditor deverá efetuar uma seleção dos principais clientes (maio-res saldos contábeis), com os objetivos de estabelecer segurança sobre

192 | AUDITORIA CONTÁBIL

os controles internos mantidos sobre a conta de duplicatas a receber, provar que os valores apresentados no balanço são válidos e reais, determinar que os recebíveis estão apresentados no balanço pelo seu valor líquido realizável, e que foi constituída adequada provisão para prováveis perdas.

Enfim, identificar se algum recebível foi dado em garantia de alguma operação, se foi descontado ou, de qualquer outra forma, comprometido, logo concluir sobre sua correta apresentação no balanço, no que diz respeito a curto e longo prazos.

Caso as confirmações não atendidas, o auditor deverá realizar o procedimento alternativo como: recebimentos subsequentes específicos, documentação de embarque e vendas próximas ao final do período.

10.5.1.2.2. Procedimentos de auditoria

O auditor deverá efetuar testes de contagem física das contas de duplicatas a receber e confrontá-las com o razão, confirmando o saldo junto a terceiros através da emissão da carta de circularização, correlato com esse procedimento o auditor também analisará a existência de duplicatas incobráveis ou em atraso e examinar a correta classificação das contas, bem como a observância aos princípios de contabilidade. Não esquecendo de fazer o duplo teste efetuando o link com a conta de vendas.

10.5.1.3. Auditoria na conta de provisão para liquidação de crédito duvidoso – PLCD

A conta de provisão para liquidação de créditos duvidosos deve ser baseada na análise individual do saldo devedor de cada cliente, e em conjunto com os responsáveis pelos setores de vendas, crédito e cobrança, com o objetivo de exercer um julgamento adequado dos saldos incobráveis. Para fins de dedutibilidade de Imposto de Renda e Contribuição Social sobre o Lucro Líquido, o registro contábil das perdas no recebimento de créditos deve ser efetuado a débito da conta de resultado, tendo como contrapartida a provisão para liquidação de crédito duvidoso, seguindo o Regulamento do Imposto de Renda/99 no artigo n°340 que discorre que"As perdas no recebimento de créditos decorrentes das atividades da pessoa jurídica poderão ser deduzidas como despesas, para determinação do lucro real, observado o disposto neste artigo (Lei nº 9.430, de 1996, art. 9º, atualizado pela Lei 13.097 de 2015)".

Já a lei ordinária cita em epígrafe, trata no seu art. 9 que as perdas no recebimento de créditos decorrentes das atividades da pessoa jurídica poderão ser deduzidas como despesas, para determinação do lucro real.

§ 1º Poderão ser registrados como perda os créditos:

I- em relação aos quais tenha havido a declaração de insolvência do devedor, em sentença emanada do Poder Judiciário;

II- sem garantia, de valor:

   a) até R$ 5.000,00 (cinco mil reais), por operação, vencidos há mais de seis meses, independentemente de iniciados os procedimentos judiciais para o seu recebimento;

   b) acima de R$ 5.000,00 (cinco mil reais) até R$ 30.000,00 (trinta mil reais), por operação, vencidos há mais de um ano, independentemente de iniciados os procedimentos judiciais para o seu recebimento, porém, mantida a cobrança administrativa;

   c) superior a R$ 30.000,00 (trinta mil reais), vencidos há mais de um ano, desde que iniciados e mantidos os procedimentos judiciais para o seu recebimento;

III- com garantia, vencidos há mais de dois anos, desde que iniciados e mantidos os procedimentos judiciais para o seu recebimento ou o arresto das garantias;

Já no § 7ºque trata sobre os contratos inadimplidos, ato de não cumprimento das cláusulas contratuais, com a nova atualização da lei a 13.097, de 2015 permite que as perdas com créditos poderão ser registradas quando:

I- em relação aos quais tenha havido a declaração de insolvência do devedor, em sentença emanada do Poder Judiciário; (Incluído pela Lei nº 13.097, de 2015)

II-sem garantia, de valor: (Incluído pela Lei nº 13.097, de 2015)

194 | AUDITORIA CONTÁBIL

a) até R$ 15.000,00 (quinze mil reais), por operação, vencidos há mais de seis meses, independentemente de iniciados os procedimentos judiciais para o seu recebimento;

b) acima de R$ 15.000,00 (quinze mil reais) até R$ 100.000,00 (cem mil reais), por operação, vencidos há mais de um ano, independentemente de iniciados os procedimentos judiciais para o seu recebimento, mantida a cobrança administrativa; e (Incluído pela Lei nº 13.097, de 2015)

c) superior a R$ 100.000,00 (cem mil reais), vencidos há mais de um ano, desde que iniciados e mantidos os procedimentos judiciais para o seu recebimento; (Incluído pela Lei nº 13.097, de 2015)

III- com garantia, vencidos há mais de dois anos, de valor: (Incluído pela Lei nº 13.097, de 2015)

a) até R$ 50.000,00 (cinquenta mil reais), independentemente de iniciados os procedimentos judiciais para o seu recebimento ou o arresto das garantias; e (Incluído pela Lei nº 13.097, de 2015)

b) superior a R$ 50.000,00 (cinquenta mil reais), desde que iniciados e mantidos os procedimentos judiciais para o seu recebimento ou o arresto das garantias; e (Incluído pela Lei nº 13.097, de 2015)

IV- contra devedor declarado falido ou pessoa jurídica em concordata ou recuperação judicial, relativamente à parcela que exceder o valor que esta tenha se comprometido a pagar, observado o disposto no § 5º. (Incluído pela Lei nº 13.097, de 2015)

Os registros contábeis das perdas admitidas nesta lei serão efetuados a débito de conta de resultado (despesa com liquidação de crédito duvidoso) e a crédito da conta de redutora do ativo(provisão de liquidação de crédito duvidoso).

Caso ocorra a desistência da cobrança pela via judicial, antes de decorridos cinco anos do vencimento do crédito, a perda eventualmente registrada deverá ser estornada ou adicionada ao lucro líquido, para determinação do lucro real correspondente ao período de apuração em que se der a desistência.

10.5.1.3.1. Objetivo da auditoria na conta de provisão para liquidação de crédito duvidoso

A auditoria deve solicitar e validar o histórico de perdas com inadimplência da empresa, verificando se os valores apresentados no balanço são pertinentes e segregando as parcelas dedutíveis e não dedutíveis para fins de controle fiscal, com base na lei apresentada acima.

Em suma, validar a correta apresentação no balanço, no que diz respeito a curto e longo prazos.

10.5.1.3.2. Procedimentos de auditoria

O auditor examina a conta razão de PLCD fazendo uma interface com o relatório comercial que detalha as contas a receber por idade de vencimento, de forma a possibilitar a análise da razoabilidade do nível de inadimplência. Após a análise verifica a existência de duplicatas incobráveis ou em atraso, não esquecendo de verificar a correta classificação das contas, bem como a observância aos princípios e normas contábeis.

10.5.1.4. Auditoria na conta de estoque

Neste grupo, são registradas as mercadorias, matérias-primas, produtos em fabricação e produtos para revenda. Pela sua natureza, os estoques são alvos das mais variadas formas de irregularidades, desvios e deterioração.

Os estoques são classificados no ativo circulante, entretanto, se existirem bens com prazo de realização superior a um ano, estes deverão ser registrados no ativo não circulante no subgrupo Realizável a Longo Prazo, e requerem do auditor conhecimento prévio sobre a sua composição, características, como são comprados, preço, quantidade, custo, custodia, embalagens, preservação, consumo seguro, transporte, critérios de avaliação, entre outros.

10.5.1.4.1. Objetivo da auditoria na conta de estoque

Os objetivos da auditoria para o grupo estoques é checar os valores apresentados no balanço com as quantidades físicas dos produtos estocadas em armazéns da companhia, de terceiros e em trânsito por amostragem, além disso, verificar se os itens foram avaliados corretamente, obedecendo as normas, regulamentos e a legislação vigente do país.

10.5.1.4.2. Procedimentos de auditoria

O auditor deverá revisar os controles internos no que diz respeito as contas de estoque, acompanhando os itens dos estoques (inventário físico), mais relevantes, e examinar a escrituração das contas. Caso o estoque estiver em poder de terceiros, sua confirmação será feita por meio de circularização.

10.5.2. Ativo não circulante

Nesse grupamento o auditor efetua os teste nos bens e direitos que a empresa não tem a intenção de realizar a curto prazo, são subdivididos em Realizável a Longo Prazo, Investimentos, Imobilizados e Intangíveis.

10.5.2.1. Auditoria nas contas do subgrupo - realizável a longo prazo

Nesse subgrupo são classificados os direitos realizáveis após o término do exercício seguinte, ou direitos derivados de adiantamentos, empréstimos e vendas a administradores, sociedades coligadas e controladas, sócios, diretores. Os testes executadas nas contas desse subgrupo seguirá a mesma lógico do ativo circulante.

10.5.2.2. Auditoria nas contas do Subgrupo - Investimento

Neste grupamento de contas, são classificados as participações permanentes em outras sociedades e os direitos de qualquer natureza, não classificáveis no ativo circulante e no ativo realizável a longo prazo, e que não se destinem à manutenção da atividade da companhia. Como exemplo podemos citar as ações adquiridas de outras companhias cuja participação não seja temporária ou especulativa, aquisição de obras de arte, imóveis fora de uso e outros.

10.5.2.2.1. Objetivo da auditoria nas contas do Subgrupo - Investimento

O auditor tem por objetivo estabelecer a segurança sobre os controles internos mantidos neste grupamento para validar os valores apresentados no balanço se são fidedigno e estão livres de qualquer ônus.

Para os investimentos avaliados por equivalência patrimonial, analisar as movimentações ocorridas e testar as variáveis, tais como os resultados de equity através da checagem dos resultados das participações em coligadas, controladas e participações em outras sociedades

CAPÍTULO X - TESTES NOS DEMONSTRATIVOS CONTÁBEIS | 197

que façam parte de um mesmo grupo ou estejam sob controle comum, conforme leitura dos artigos 248 e 265 da lei n° 6.404/76.

10.5.2.2.2. Procedimentos de auditoria

O auditor vai analisar as variações ocorridas nas contas, tais como compra e venda de investimentos, assim como checar o valor de mercado dos investimentos, na data do balanço.

10.5.2.3. Auditoria nas contas do Subgrupo - Imobilizado

Os bens do imobilizado representam, normalmente, uma parcela significativa dos ativos. Esses bens corpóreos têm um tempo de vida útil prolongado e não são destinados à venda e são utilizados na manutenção das atividades da companhia ou exercidos com essa finalidade, inclusive os decorrentes de operações que transfiram à companhia os benefícios, riscos e controle desses bens.

10.5.2.3.1. Objetivo da auditoria nas contas do Subgrupo - Imobilizado

O objetivo do auditor é **validar os valores** os apresentados nos demonstrativos contábeis se são fidedignos e estão livres de qualquer distorção relevante.

10.5.2.3.2. Procedimentos de auditoria

O auditor vai checar a existência física e a propriedade dos bens relacionados, analisar a adequação do programa de depreciação, em relação à vida útil do bem e recalcular os valores das depreciações do período, confrontando com os valores do período anterior, atentado para as adições e exclusões do período e se estão classificadas de forma correta.

Cabe ressaltar, que a entidade deve avaliar ao fim de cada período de reporte, se há alguma indicação de que um ativo possa ter sofrido desvalorização. Independente de existir ou não, a entidade deverá testar no mínimo anualmente, a redução ao valor recuperável, isto é efetuar o teste de recuperabilidade (Imparmaint Test), que trata o NBC TG 01 (R1).

É importante ressaltar que a metodologia do teste adotado para subgrupo do intangível é muito semelhante ao do ativo imobilizado.

Sendo assim preparamos um modelo dos testes descritos acima para grupo de contas do ativo, facilitando o leitor na hora de efetuar sua auditoria.

198 | AUDITORIA CONTÁBIL

Programa de Trabalho – Duplicatas a Receber	Tempo estimado	Ref.	Indicação de exames
I – OBJETIVOS DE AUDITORIA:			
1. Analisar se o saldo mantido na conta de duplicatas a receber, apresentado no balanço são válidos e reais.			
2. Determinar se foram contemplados os Princípios Fundamentais de Contabilidade.			
II – DETERMINAÇÃO DO ESCOPO DO TRABALHO:			
Tendo em vista que a revisão do controle interno não revelou deficiências, e na materialidade envolvida, o escopo básico da auditoria na conta duplicatas a receber será a circularização dos principais valores, não esquecendo do exame de aging (idade das faturas a receber), através de reuniões com os responsáveis.			
III – PROCEDIMENTO DE AUDITORIA:			
1. Obtenha da movimentação da conta duplicatas a receber durante o exercício base e proceder ao seguinte trabalho:			
1.1 análise do razão da conta;			
1.2 preparar a carta de circularização dos maiores clientes.			
2. Solicitar a relação das duplicatas descontadas.			
3. Efetuar o cruzamento da composição da conta de duplicatas a receber, com as respostas obtidas de terceiros.			
4. Para as duplicatas descontadas, analisar o relatório juntamente com a movimentação da conta de duplicatas para analisar o percentual de desconto contabilizada no período.			
Geral			
5. Revise o trabalho observando se o mesmo possui todas as evidências necessárias e se todos os objetivos foram cumpridos.			
6. Revisão do superior.			
7. Revisão do gerente.			
Encerramento do Trabalho			
8. Solicite uma reunião com o cliente para abordar os ajustes executados e pontos de recomendação apurado durante o trabalho.			
9. Conclusão em atendimento aos objetivos da área.			
J.J Silva — EXECUTADO M.E. Jonh — REVISADO Aud Melo — APROVADO			

Figura 8 - Modelo de programa de trabalho – Duplicatas a Receber

Fonte: Figura retirada do livro dos autores: Souza, Benedito Felipe de, Auditoria contábil: abordagem prática e operacional, São Paulo: Atlas,2006.

10.6. Testes nas contas do passivo

Nesta etapa desmembramos os testes para algumas contas do passivo, utilizando a classificação descrita pela lei 6.404/76 e atualizada pela 11.638/07 e 11.941/09.

10.6.1. Passivo circulante

Este grupo representa as obrigações assumidas pela empresa para a realização de suas operações e as obrigações assumidas por financiamentos obtidos. A inclusão no circulante dependerá do prazo de exigibilidade, onde serão classificadas as obrigações no curso do exercício social, ou seja, serão classificadas nesta conta as obrigações cujos vencimentos sejam até o término do exercício social seguinte.

Cabe ressaltar que as empresas que possuírem um ciclo operacional maior que o exercício social, a classificação dessas obrigações deverão respeitar o prazo do ciclo, conforme descrito no art.179 parágrafo único da lei 6.404/76.

10.6.1.2. Auditoria na contas de fornecedor

A conta de fornecedor representa a obrigação que a empresa fez na aquisição de compra de bens e serviço a prazo, relacionados com a atividade fim da empresa.

10.6.1.2.1. Objetivo da auditoria nas contas de fornecedor

A despeito do grande número de fornecedores que a empresa pode possuir, o auditor deverá efetuar uma seleção com os principais fornecedores (saldos mais relevantes), para estabelecer segurança sobre os controles internos mantidos sobre esta conta e confirmar a veracidade dos valores apresentados nas demonstrações contábeis.

10.6.1.2.2. Procedimentos de auditoria

O auditor analisa a documentação e envia uma carta a terceiros explicando que está fazendo auditoria na empresa XZY e precisa confirma os valores contabilizados. Esta carta é chamada de circularização que tem por objetivo validar os valores mais relevantes na conta que está em análise, logo o auditor encaminha diretamente para os fornecedores que foram selecionados a partir de uma amostra.

200 | AUDITORIA CONTÁBIL

As informações recebidas serão analisadas pelos auditores que efetuará a conciliação com o saldo da conta, neste caso fornecedores, que está contabilizado até a data do encerramento do exercício e se não existem possíveis subavaliações.

Caso as confirmações com terceiro não sejam respondidas, o auditor efetua outros procedimentos alternativos.

Um deles consiste em verificar os pagamentos efetuados aos fornecedores escolhidos na amostra se estão escriturados de forma correta e espelhado a veracidade das informações que constam nas notas fiscais.

Após esta verificação, seriam totalizados todos os pagamentos por competência do período analisado e confrontados como total contabilizado desta conta, com objetivo de se verificar a razoabilidade do saldo registrado.

Após a entrega desta conciliação, auditada, caso exista alguma dúvida efetuar indagações ao responsável do setor.

10.6.1.3. Auditoria nas contas de empréstimos

As contas de empréstimos registram as obrigações da entidade junto as instituições financeiras do país, no exterior e bancos de fomento, cujos recursos são destinados para financiar suas atividades ou para o seu capital de giro.

Como regra geral, os empréstimos são suportados por contratos que estabelecem o seu valor, forma e época de liberação, encargos incidentes, forma de pagamento, garantias além de outras cláusulas contratuais.

10.6.1.3.1. Objetivo da auditoria nas contas de empréstimos

O auditor visa estabelecer segurança sobre os controles internos mantidos sobre as contas de empréstimos e verificar a razoabilidade do saldo registrado.

10.6.1.3.2. Procedimentos de auditoria

O Auditor deverá confrontar relação analítica operacional da conta com o total do razão. Em caso de apuração de divergências relativamente importantes, solicitar a empresa auditada a conciliação e análise das divergências. A fonte independente neste caso é o departamento financeiro. Ademais, o auditor deverá preparar e enviar a confirmação com terceiros para as instituições bancárias que a empresa opera ou já possui relações anteriormente, selecionados diretamente da relação analítica operacional.

CAPÍTULO X - TESTES NOS DEMONSTRATIVOS CONTÁBEIS | 201

Outro ponto importante, é obter uma listagem da área operacional contemplando as contas bancárias que a empresa possui ou já possuiu algum relacionamento com saldo relevante.

É preciso rigor na obtenção desta listagem, uma vez que toda a eficiência da confirmação/circularização depende da completeza desta listagem, a ideia é que se a empresa possuir algum empréstimo não contabilizado, a auditoria irá captá-lo em uma instituição bancária já conhecida e que já possui confiança comercial na empresa. Sendo assim, se a auditoria circularizar os principais bancos em que a empresa possui ou já possuiu algum tipo de relacionamento, este risco específico estaria mitigado. Caso haja divergências com saldo do razão, questionar diretamente ao responsável do setor e solicitar justificativa.

10.6.1.4 Auditoria nas contas de Salários e encargos sociais a pagar

Na folha de pagamento, além dos salários dos funcionários, constam também outros valores, tais como: férias, 13º salário, INSS e IRRF descontados dos salários, aviso prévio, valor do desconto relativo ao vale transporte e às refeições e ainda o valor do FGTS incidente sobre os salários.

Normalmente os salários são pagos até o 5º dia útil do mês seguinte ao de referência, exceto os casos em que os acordos ou convenções coletivas estabelecem prazos menores. No entanto, a contabilização da folha de pagamento de salários deve ser efetuada observando-se o regime de competência, ou seja, os salários devem ser contabilizados no mês a que prestou serviço.

10.6.1.4.1 Objetivo da auditoria nas contas de salários e encargos sociais a pagar

O auditor visa estabelecer segurança sobre os controles internos mantidos sobre as contas de salários e encargos e validar os valores apresentados no balanço se são válidos e reais.

10.6.1.4.2. Procedimentos de auditoria

O auditor deverá confrontar relação analítica operacional da folha de pagamento com o total do razão. Além disso, o auditor checa folha de pagamento: selecionar um número aleatório funcionários, confrontar o total de funcionários da folha de pagamento com o total constantes nas fichas de controle do departamento pessoal, calcular as variáveis do salário destes funcionários (principalmente horas extras, INSS Retido, IRRF) e confrontar com o total da folha, não esquecendo de checar o pagamento no extrato bancário.

202 | AUDITORIA CONTÁBIL

Em caso de apuração de divergências relativamente importantes, solicitar a empresa auditada a conciliação e análise das divergências. A princípio, estas divergências significam ajustes contábeis. A fonte independente neste caso é o Departamento Pessoal.

Já para os encargos sociais, o auditor deverá confrontar controles operacionais com o razão, efetuar teste através de cálculo global dos valores devidos de INSS mensal, diretamente no mês já validado da Folha de Pagamento. Não se esquecendo de efetuar o teste também nas contas de resultado (DRE). Esse procedimento se estende para as contas de 13º Salário e Férias.

10.6.1.5. Auditoria nas contas de obrigações fiscais

As pessoas jurídicas e equiparadas, perante à Legislação Comercial, Fisco Federal, Ministério do Trabalho e Previdência Social, independentemente do seu enquadramento jurídico ou da forma de tributação perante ao Fisco, estão obrigadas a cumprir com várias obrigações ou normas legais.

10.6.1.5.1. Objetivo da auditoria nas contas de obrigações fiscais

O auditor visa estabelecer segurança sobre os controles internos mantidos sobre as contas de obrigações fiscais e validar os valores apresentados no balanço são válidos e reais.

10.6.1.5.2. Procedimentos de auditoria

Os principais impostos usualmente identificados neste grupo contábil são: ISS - Impostos sobre Serviço, O ICMS (Imposto sobre circulação de Mercadorias e serviços de transporte interestadual e intermunicipal e de comunicação), PIS – (Programa de Integração Social), Cofins (Contribuição para o Financiamento da Seguridade Social), IR e CSLL (Imposto de renda e Contribuição social sobre o lucro líquido).

O auditor deverá confrontar a escrituração fiscal digital com o saldo do razão através de cálculo global e amostragem de notas fiscais de venda, analisando minuciosamente o saldo da conta está contabilizado até a data do encerramento do exercício.

Caso existam diferenças entre os totais da escrituração fiscal digital e o razão, o auditor deve questionar imediatamente o setor responsável. Em caso de apuração de erros relevantes, convocar especialistas tributários para uma avaliação mais precisa.

10.6.2.Passivo não circulante

São as obrigações que devido a seu longo prazo, classificam-se após o término do exercício social seguinte ou espera liquidar o passivo durante o ciclo operacional normal da entidade. Exemplos: empréstimos e financiamento de longo prazo, juros a pagar de empréstimos e financiamentos de longo prazo, títulos a pagar de longo prazo e outros.

10.6.2.1. Objetivo da auditoria nas contas do grupo do passivo não circulante:

Visa estabelecer segurança sobre os controles internos mantidos sobre as contas do grupamento do passivo não circulante para validar os valores apresentados no balanço se são fidedignos.

10.6.2.2. Procedimentos de auditoria

O auditor analisa se todas as exigibilidades estão corretamente descritas e classificadas nos demonstrativos, com relação aos contratos de financiamentos de longo prazo, o auditor deverá atentar para as cláusulas restritivas ou outros dados importantes, que poderão ser apresentados em notas explicativas.

10.6.3.Auditoria nas contas do patrimônio líquido

Neste grupo, são classificadas as contas: capital social, reserva de capital, ajustes de avaliação patrimonial, reserva de lucros, ações em tesouraria e prejuízos acumulados.

10.6.3.1. Objetivo da auditoria nas contas do patrimônio líquido

O auditor visa estabelecer segurança sobre os controles internos mantidos sobre as contas do patrimônio líquido e analisar as variações ocorridas durante o período.

10.6.3.1.2. Procedimentos de auditoria

A auditoria deverá analisar a correta classificação das contas nesse grupo, além de verificar as alterações de capital durante o ano se foi devidamente autorizada pelas assembleias de acionistas. Enfim, a análise dos demonstrativos contábeis que fazem a interface com as contas do patrimônio líquido (DMPL) é muito importante, pois o auditor conseguirá cruzar todas as informações necessárias.

Nesta seção, preparamos um modelo dos testes descritos acima para grupo de contas do passivo, facilitando o leitor na hora de efetuar sua auditoria.

204 | AUDITORIA CONTÁBIL

Programa de Trabalho – Patrimônio Líquido	Tempo estimado	Ref.	Indicação de exames
I – OBJETIVOS DE AUDITORIA:			
1. Determinar se as ações de propriedade do Capital Social foram adequadamente autorizadas e emitidas.			
2. Verificar se todas as normas determinadas pelos estatutos sociais e obrigações sociais e legais foram cumpridas.			
3. Determinar se foram contemplados os princípios fundamentais de contabilidade.			
4. Verificar se está corretamente classificado nas demonstrações contábeis e se as divulgações cabíveis foram expostas por notas explicativas.			
II – DETERMINAÇÃO DO ESCOPO DO TRABALHO:			
Tendo em vista que a revisão do controle interno não revelou deficiências, e na materialidade envolvida, o escopo básico da auditoria do Patrimônio Líquido será o exame da movimentação ocorrida nas contas patrimoniais, quando as aprovações e determinações dos aspectos legais, sociais e societárias foram cumpridas.			
III – PROCEDIMENTO DE AUDITORIA:			
Final			
1. Obtenha a movimentação verificada no patrimônio líquido efetuada durante o exercício e proceda ao seguinte trabalho:			
1.1 soma;			
1.2 confira o saldo inicial com o ano anterior;			
1.3 confronte o saldo de 31/12/X3 com o razão;			
1.4 referencie com o balanço.			
2. Verifique se o aumento de capital foi aprovado por ata de assembleia geral de acordo com os estatutos sociais.			
3. Determine, em função da revisão de atas, a existência de quaisquer restrições de uso das contas patrimoniais.			
4. Revisão do superior.			
5. Revisão do gerente.			
Encerramento do Trabalho			
8. Compute a Reserva Legal extraída do lucro líquido do exercício.			
9. Conclusão em atendimento aos objetivos da área.			
J.J. John M.M. Stive Aud Melo EXECUTADO REVISADO APROVADO			

Figura 9 - Modelo de programa de trabalho teste – Patrimônio Líquido

Fonte: Figura retirada do livro dos autores: Souza, Benedito Felipe de, Auditoria contábil: abordagem prática e operacional, São Paulo: Atlas, 2006.

CAPÍTULO X - TESTES NOS DEMONSTRATIVOS CONTÁBEIS | 205

A seguir os principais testes nas contas de resultado que compõe o demonstrativo do resultado do exercício:

10.7. Testes nas contas de resultado

As contas de resultado demonstram o resultado do exercício e os elementos que o formaram e mensuraram o desempenho da companhia. As receitas, despesas e custos são os elementos diretamente relacionados com a mensuração do resultado da companhia.

10.7.1.Auditoria nas contas de receita de vendas

A principal base contábil para o entendimento da contabilização das receitas é o princípio da competência, na qual reconhece as receitas geradas dentro do exercício.

10.7.1.1. Objetivo da auditoria nas contas de receita de vendas

O auditor visa estabelecer segurança sobre os controles internos mantidos nesta conta, para isso é necessário entender o ambiente de negócios onde a empresa atua, as perspectivas do mercado como um todo e os fatores que podem refletir no faturamento.

Para tornar o teste objetivo, é preciso conseguir inicialmente as informações de quantidades produzidas, preço de venda praticado, explicações sobre as principais flutuações de preços, margens de lucro bruto e regiões de venda.

10.7.1.2. Procedimentos de auditoria

Nesta conta é desejável a realização de cálculos globais visando validar o saldo relevante. Caso apresente diferenças fundamentadas e não explicadas, estender os testes para uma análise dirigida as notas fiscais (se possível) atentando para data de registro, condições gerais de venda, documentação comprobatória da efetiva entrega do bem ao comprador.

10.7.2.Auditoria na conta de deduções de vendas

Neste grupamento existem as contas de abatimentos, devoluções de vendas e impostos sobre vendas (ISS, ICMS, PIS, Cofins e outros).

10.7.2.1. Objetivo da auditoria na conta de deduções de vendas

O auditor visa estabelecer segurança sobre os controles internos mantidos nesta conta e analisar as variações ocorridas durante o período.

10.7.2.2. Procedimentos de auditoria

Em relação a abatimentos, o mais eficiente deve ser um cálculo global sobre o volume de vendas. Este cálculo global consiste, basicamente, em acompanhamento desses abatimentos. Este acompanhamento aliado com um conhecimento das práticas comerciais da empresa no exercício auditado faz com que o auditor consiga efetuar uma avaliação razoável quanto ao valor contabilizado.

Para devoluções de vendas, o melhor procedimento é o acompanhamento da evolução do percentual de devolução. Caso existam percentuais elevados ou crescentes, pode significar deterioração técnica ou manipulação das vendas.

Assim, caso flutuações anormais sejam constatadas, o correto é buscar o total entendimento através de questionamentos direto ao Departamento Comercial, análise documental e quaisquer outros testes específicos para atender o problema identificado.

Já com relação aos tributos, o auditor deve utilizar a mesma técnica descrita na seção de obrigações fiscais.

10.7.3. Auditoria na conta de custo de vendas

A base contábil mais importante é entender as principais formas de custeios, tanto sistemas quanto métodos. A completa separação entre a técnica e a prática das diferentes formas de registro na indústria e no comércio também são significativas.

10.7.3.1. Objetivo da auditoria na conta de custo de vendas

O auditor visa estabelecer segurança sobre os controles internos mantidos nesta conta e analisar as variações ocorridas durante o período.

10.7.3.2. Procedimentos de auditoria

Nesta conta é desejável é a realização de cálculos globais visando validar o saldo relevante e efetuar o duplo teste no saldo de CMV com a saída das mercadorias. Além disso, efetuar uma análise profunda das margens de lucro bruto, entendendo as causas das variações específicas da empresa.

CAPÍTULO X - TESTES NOS DEMONSTRATIVOS CONTÁBEIS | 207

10.7.4.Auditoria no grupo das despesas operacionais

Neste grupamento existem, as contas despesas de vendas, resultado financeiro, de pessoal, gerais e administrativas, além disso, temos também resultado de equivalência patrimonial, ganhos/perdas judiciais e outras despesas ou receitas operacionais.

10.7.4.1. Objetivo da auditoria no grupo das despesas operacionais

Visa estabelecer segurança sobre os controles internos mantidos no grupo das despesas operacionais com objetivo de analisar as variações ocorridas nas contas durante o período.

10.7.4.2. Procedimentos de auditoria

O auditor analisará as variações corridas neste grupo de contas e utilizar as técnicas adotadas para as contas patrimoniais, efetuando o teste duplo.

Com relação ao teste da equity (resultado de equivalência patrimonial), o auditor chegará o valor correto através das demonstrações contábeis das participações em coligadas, controladas, e em outras sociedades que façam parte de um mesmo grupo ou estejam sob controle comum, através de atas de reuniões e, se for preciso confirmação direta com terceiros.

Em suma, esses testes servirão de evidências para ajudar o auditor a emitir o seu relatório final, sendo assim preparamos um modelo dos testes descritos acima para cada grupo de contas, facilitando o leitor na hora de efetuar sua auditoria.

208 | AUDITORIA CONTÁBIL

Programa de Trabalho – Receitas	Tempo estimado	Ref.	Indicação de exames
I – OBJETIVOS DE AUDITORIA: 1. A principal base contábil para o entendimento da contabilização das receitas é o princípio da competência, na qual reconhece as receitas geradas dentro do exercício. 2. Determinar se foram contemplados os saldos corretamente nas demonstrações contábeis. **II – DETERMINAÇÃO DO ESCOPO DO TRABALHO:** Tendo em vista que a revisão do controle interno não revelou deficiências, e na materialidade envolvida, o escopo básico da auditoria nas contas de resultado (receita) será a realização de cálculos globais visando validar o saldo relevante, sempre em contato com os responsáveis do setor. **III – PROCEDIMENTO DE AUDITORIA:** 1. Obtenha da movimentação da conta de receita de vendas durante o exercício base e proceder ao seguinte trabalho: 1.1 analisar o mapa de vendas por produto, confira a quantidade vendida no ano atual com o anterior; 1.2 confrontar o saldo do exercício atual com o anterior. 2. Analisar o valor de venda do produto da empresa compara com que está sendo negociado no mercado. 3. Efetuar o cálculo que incide os impostos sobre as vendas e apure a sua razoabilidade. 4. Analise o ciclo de vendas da empresa. **Geral** 5. Revise o trabalho observando se o mesmo possui todas as evidências necessárias e se todos os objetivos foram cumpridos. 6. Revisão do superior. 7. Revisão do gerente. **Encerramento do Trabalho** 8. Solicite uma reunião com o cliente para abordar os ajustes executados e pontos de recomendação apurado durante o trabalho. 9. Conclusão em atendimento aos objetivos da área. ——————— ——————— ——————— J.J. John M.M. Stive Aud Melo EXECUTADO REVISADO APROVADO			

Figura 10 - Modelo de programa de trabalho– Receitas

Fonte: Figura retirada do livro dos autores: Souza, Benedito Felipe de. Auditoria contábil: abordagem prática e operacional. São Paulo: Atlas,2006.

CAPÍTULO X - TESTES NOS DEMONSTRATIVOS CONTÁBEIS | 209

10.8. Exercícios – Testes nos demonstrativos contábeis

1. **(CONTADOR – CFC 2016.II – QUESTÃO 46)** Uma Sociedade Empresária que atua no ramo de distribuição de bebidas efetua vendas aos seus clientes com a utilização de cobrança bancária para as vendas a prazo e recebimento das vendas à vista em dinheiro em sua sede. Os Auditores Independentes contratados para prestar os serviços de auditoria nessa Sociedade Empresária realizaram Teste de Controle no primeiro dia de trabalho, efetuando a contagem física do Caixa, e confeccionaram o seguinte papel de trabalho:

Relatório da Contagem de Caixa efetuada em 5.8.2016, às 7 horas

Valor em dinheiro	R$5.000,00
Adiantamentos (vales) concedidos a empregados	R$3.500,00

Documentos e Registros mantidos pelo Financeiro da Empresa

Saldo Inicial do Caixa em 4.8.2016	R$0,00
NF 231 emitida e recebida em 4.8.2016 em dinheiro	R$15.000,00
NF 232 emitida e recebida em 4.8.2016 em dinheiro	R$30.000,00
Recibo de depósito bancário efetuado em 4.8.2016	R$25.000,00

Considerando-se a NBC TA 330 (R1) – RESPOSTA DO AUDITOR AOS RISCOS AVALIADOS e aplicação do Teste de Controle, o resultado apurado foi:

a) falta de Caixa no montante de R$11.500,00.

b) sobra de Caixa no montante de R$16.500,00.

c) falta de Caixa no montante de R$20.000,00.

d) sobra de Caixa no montante de R$36.500,00.

2. **(Prefeitura de Goiânia – GO - Auditor de Tributos - CS-UFG – 2016)** - De acordo com a Resolução CFC n° 1.231/2009, o auditor deve avaliar se as demonstrações contábeis são elaboradas, em todos os aspectos relevantes, de acordo com os requisitos da estrutura de relatório financeiro aplicável. Essa avaliação deve incluir a consideração dos aspectos

a) qualitativos das práticas contábeis da entidade.

b) quantitativos das transações auditadas.

c) patrimoniais adotados pelos gestores.

d) operacionais para obtenção de evidência de auditoria.

210 | AUDITORIA CONTÁBIL

3. **(EXAME DE SUFICIÊNCIA – CFC – 01/2004 – QUESTÃO 25)** - Identifique a afirmação **CORRETA** acerca dos testes realizados pelos auditores nas conciliações bancárias.

(A) Em 30/12/2003, o banco debitou R$ 75.000,00 na conta da empresa, referente ao depósito de um cheque sem fundo de cliente. A empresa só registrou a devolução do cheque depositado em 05/01/2004. Considerando essa transação como o único item pendente, a reconciliação bancária para 31/12/2003 seria apresentada da seguinte forma:

	Extrato	Razão Analítico
Saldos em 31/12/2003	R$ 4.752.820,00	R$ 4.827.820,00
Cheque cliente - devolvido sem fundo	R$ 75.000,00	
Saldos ajustados	R$ 4.827.820,00	R$4.827.820,00

(B) Em 30/12/2003, o banco debitou R$ 75.000,00 na conta da empresa, referente ao depósito de um cheque sem fundo de cliente. A empresa só registrou a devolução do cheque depositado em 05/01/2004. Considerando essa transação como o único item pendente, a reconciliação bancária para 31/12/2003 seria apresentada da seguinte forma:

	Extrato	Razão Analítico
Saldos em 31/12/2003	R$ 4.752.820,00	R$ 4.827.820,00
Cheque cliente - devolvido sem fundo		(R$ 75.000,00)
Saldos ajustados	R$ 4.752.820,00	R$ 4.752.820,00

(C) Em 30/12/2003, o banco recebeu R$ 620.000,00 referentes às duplicatas de clientes e creditou esse valor na conta da empresa, que registrou a transação em 05/01/2004. Considerando essa transação como o único item pendente, a reconciliação bancária para 31/12/2003 seria apresentada da seguinte forma:

	Extrato	Razão Analítico
Saldos em 31/12/2003	R$ 6.570.680,00	R$ 5.950.680,00
Recebimento de Duplicatas não contabilizadas	(R$ 620.000,00)	R$ 620.000,00
Saldos ajustados	R$ 5.950.680,00	R$ 6.570.680,00

(D) Em 30/12/2003, o banco recebeu R$ 620.000,00 referentes às duplicatas de clientes e creditou esse valor na conta da empresa, que registrou a transação em 05/01/2004. Considerando essa transação como o único item pendente, a reconciliação bancária para 31/12/2003 seria apresentada da seguinte forma:

	Extrato	Razão Analítico
Saldos em 31/12/2003	R$ 6.570.680,00	R$ 5.950.680,00
Recebimento de Duplicatas não contabilizadas		R$ 620.000,00
Saldos ajustados	R$ 6.570.680,00	R$ 5.330.680,00

4. **(QUESTÃO ADAPTADA PELOS AUTORES)** - Quando um Auditor confirma com o Banco do Sul SA o saldo disponível ao final do exercício, com a finalidade de comprovar a exatidão dos registros contábeis, está realizando um procedimento

   a) de circularização.
   b) de evidência.
   c) de procedimentos.
   d) de subavaliação.
   e) de observância.

5. **(PC-MG - Analista da Polícia Civil - Ciências Contábeis – FUMARC – 2013)** - Na aplicação dos testes de observância e substantivos, o auditor deve considerar os seguintes procedimentos técnicos básicos, **EXCETO**:

   a) Abrangência - se todas as transações estão registradas.
   b) Cálculo - conferência da exatidão aritmética de documentos comprobatórios, registros e demonstrações contábeis e outras circunstâncias.
   c) Observação - acompanhamento de processo ou procedimento, quando de sua execução.
   d) Investigação e confirmação - obtenção de informações junto a pessoas ou entidades conhecedoras da transação, dentro ou fora da entidade.

212 | AUDITORIA CONTÁBIL

6. **(DPE-SP** – Agente de Defensoria - Contador – **FCC – 2013) - A** contagem de caixa e a comparação com o saldo final no livro razão, é exemplo de

a) mecanismo de avaliação econômica de ativos.

b) confronto dos ativos com os seus registros.

c) teste de cumprimento de normas internas.

d) controle de procedimentos de avaliação.

e) mecanismo de avaliação de rotinas.

7. **(PC-MG – Perito Criminal – FUMARC – 2013) -** A Técnica de Auditoria denominada Exame da Documentação Original é um procedimento voltado para a comprovação das transações que, por exigências legais, comerciais ou de controle, são evidenciadas por documentos comprobatórios dessas transações. Assim, o exame realizado pelo auditor sobre tais documentos deve atender às seguintes condições, **EXCETO**:

a) Inspeção – exame de registros, documentos e de ativos tangíveis.

b) Autenticidade – constatação de que a documentação seja fidedigna e merecedora de crédito.

c) Aprovação – verificação de que a operação e os documentos foram aprovados por pessoa autorizada.

d) Normalidade – constatação de que a transação se refere a operação normal e de acordo com os objetivos da empresa.

8. **(TRT - 15ª Região -** Analista Judiciário - Contabilidade – **FCC – 2013)** - O auditor da empresa Seringueira S.A. elaborou exame seletivo nas notas fiscais emitidas, para confirmação do saldo de Contas a Receber e da Receita do período. Referido procedimento.

a) é suficiente para confirmação dos saldos, por expressar o perfil da população inteira.

b) é um meio eficiente de constituir uma amostragem em auditoria.

c) não é um meio eficiente de obter evidência de auditoria.

d) é um meio eficiente de obter evidência de auditoria, mas não podem ser projetados para a população inteira.

e) não é um meio de evidências previsto nas normas de auditoria, sendo vedada a utilização.

CAPÍTULO X - TESTES NOS DEMONSTRATIVOS CONTÁBEIS | 213

9. **(QUESTÃO ADAPTADA PELOS AUTORES)** - O auditor interno de determinada empresa, na conferência física do dinheiro em custódia na tesouraria, verificou que havia ali R$ 6.000,00, enquanto que o saldo contábil da conta Caixa era de R$ 8.000,00. Verificou-se a divergência com a seguinte constatação:

   a) Houve omissão de compras no valor de R$ 1.000,00.

   b) Houve omissão de escrituração de vendas no valor de R$ 2.000,00.

   c) Um adiantamento salarial de R$ 2.000,00 escriturado duas vezes.

   d) Uma nota de compra de R$ 1.000,00 escriturada como sendo de venda.

   e) Houve omissão de compras no valor de R$ 2.000,00.

10. **(QUESTÃO ADAPTADA PELOS AUTORES)** - O lançamento correspondente a um cheque sacado no banco onde a empresa mantém depósito, para suprimento de caixa:

    a) Altera o Ativo Circulante.

    b) Aumenta o Ativo Circulante.

    c) Mantém o Ativo Circulante.

    d) Reduz o Passivo Circulante.

11. **(CONAB – Auditoria – IADES – 2014)** - Evidência de auditoria é um conceito muito importante em trabalhos de auditoria. Trata-se de informação que o auditor precisa obter para dar sustentação às próprias conclusões. Por isso, as evidências devem atender a determinados requisitos de validade. Quanto ao tema, assinale a alternativa que indica esses requisitos.

    a) Pertinência, adequação e aplicabilidade.

    b) Oportunidade, criticidade e objetividade.

    c) Completude, limpeza e importância.

    d) Clareza, integridade e tempestividade.

    e) Suficiência, relevância e fidedignidade.

214 | AUDITORIA CONTÁBIL

12. **(Contador Júnior – Transpetro 2011 – QUESTÃO 32)** O auditor externo, no exame realizado na conta despesa administrativa, verificou que uma devolução de vendas foi contabilizada indevidamente nessa conta. Isso implica que a conta de despesa administrativa estava:

(A) subavaliada, e a conta de Receita, superavaliada.

(B) subavaliada, e a conta do Ativo, subavaliada.

(C) superavaliada, e a conta de Receita, superavaliada.

(D) superavaliada, e a conta de Passivo, subavaliada.

(E) superavaliada, e a conta do Passivo, superavaliada.

13. **(Analista Judiciário/Contabilidade – TSE 2012 – QUESTÃO 57)** A finalidade da auditoria do passivo é verificar se todas as obrigações estão devidamente registradas. Considerando que a auditoria do passivo constate a existência de valores ocultos, é correto afirmar que o erro constatado pode ter como efeito

(A) o aparecimento de juros falsos com o aumento das despesas financeiras.

(B) a interferência no cálculo do indicador do retorno do patrimônio líquido, para maior.

(C) a superavaliação do passivo: melhoria na aparência da empresa junto a credores.

(D) os valores ocultos: interferência no cálculo do indicador de liquidez, para maior.

14. **(Auditor – Transpetro 2011 – ADAPTADA – QUESTÃO 45)** O auditor, para ter base aceitável de segurança na fundamentação sobre as demonstrações contábeis dos clientes, deve obter evidências seguras e confiáveis. Testes de detalhes fornecem evidências de adequação dos elementos patrimoniais do Balanço ou revelam erros na contabilização das transações realizadas pela empresa. Ao solicitar que bancos ou clientes confirmem a existência de valores nas contas correntes bancárias ou a pagar à entidade, o auditor está aplicando um teste de detalhes de:

CAPÍTULO X - TESTES NOS DEMONSTRATIVOS CONTÁBEIS | 215

(A) débitos e créditos
(B) dupla finalidade
(C) estimativas contábeis
(D) registros contábeis
(E) saldos

15. **(Auditor – Transpetro 2011 – QUESTÃO 28)** O levantamento da área contábil, dentre outros aspectos, detecta:

(A) a situação dos principais clientes e suas condições financeiras
(B) o estado da estrutura organizacional da empresa
(C) se houve conferência das principais aquisições de bens do Ativo Imobilizado
(D) se ocorreu o planejamento do inventário físico anual
(E) se ocorreu o preparo regular da análise das contas ao longo do ano

16. **(Auditor – INFRAERO 2011 – QUESTÃO 36). Na** auditoria de investimentos (participações societárias permanentes), dentre os procedimentos mencionados nas alternativas abaixo, relacionados à aplicação do método da equivalência patrimonial (MEP), aquele que deve ser considerado INCORRETO pelo auditor é:

(A) Registro da participação da investidora no lucro da investida como resultado da investidora.
(B) Recebimento de dividendos contabilizados como receita na investidora.
(C) Avaliação pelo MEP de investimentos em empresas que sejam controladas ou coligadas da investidora.
(D) Registro de ágio por rentabilidade futura quando a investidora adquire ações da investida por um valor superior ao seu valor justo, quando este último for igual ao valor patrimonial das ações.
(E) Exclusão do lucro da investida, decorrente da venda de ativos para a investidora, do valor do investimento avaliado pelo MEP, quando o lucro não for considerado realizado.

216 | AUDITORIA CONTÁBIL

17. **(Auditor – Prefeitura– QUESTÃO 36)**. Identifique a alternativa que apresenta assuntos relevantes na avaliação das instruções e dos procedimentos da administração para o registro e o controle da contagem física dos estoques.

(A) a aplicação de atividades de controle apropriadas, procedimentos de contagem e recontagem; identificação das perdas no processo produtivo, itens sem movimentação, obsoletos ou danificados; procedimentos usados para fixar os preços de transferência, quando aplicável e controle do movimento do estoque entre áreas; envio e recebimento de estoque antes e depois da data de corte.

(B) o controle de prateleira dos equipamentos; a identificação do estágio da produção em processo; itens sem movimentação, obsoletos ou danificados; os procedimentos usados para estimar quantidades físicas; os valores de venda e de compra.

(C) a aplicação de atividades de controle apropriadas; controle das etiquetas de contagem utilizadas e não utilizadas; a qualificação do pessoal envolvido; a localização dos estoques e a identificação do estágio da produção em processo e controle do movimento do estoque entre áreas; envio e recebimento de estoque antes e depois da data de corte.

(D) os sistemas envolvidos nas atividades de controle apropriadas; os controles patrimoniais utilizados e procedimentos; estimativa de contagem e recontagem; as condições de treinamento do pessoal que realiza a movimentação do estoque entre áreas; envio e recebimento de estoque antes e depois da data de corte.

(E) a aplicação de atividades de controle apropriadas, por exemplo, controle das etiquetas de contagem utilizadas e não utilizadas e procedimentos de contagem e recontagem; identificação do estágio da produção em processo; itens sem movimentação, obsoletos ou danificados; procedimentos usados para estimar quantidades físicas, quando aplicável; controle do movimento do estoque entre áreas; envio e recebimento de estoque antes e depois da data de corte.

CAPÍTULO X - TESTES NOS DEMONSTRATIVOS CONTÁBEIS | 217

18. **(Auditor – Prefeitura– QUESTÃO 50)**. Em uma auditoria de Caixa e Bancos pode-se afirmar:

(A) os testes podem ser em amostragem menor, considerando que a realização de inspeções físicas fica limitada aos saldos e que o maior volume de transações já ocorreu na data dos testes.

(B) os testes são dirigidos para a subavaliação e para a existência do ativo.

(C) os testes possíveis se limitam à contagem de caixa e circularização dos saldos bancários.

(D) para realizar os testes, não é necessário conhecimento prévio sobre administração financeira.

(E) os testes devem ser em um maior volume de amostragem, por ser um ativo sujeito a um risco maior, em virtude de sua pronta liquidez.

19. **(Questão adaptada de Contador - BR Distribuidora 2010)** A seguir estão listados 20 procedimentos aplicáveis numa auditoria de balanço. Observe atentamente cada um deles para responder às questões 19a, 19b e 19c.

1- Examinar contrato firmado com o banco, atentando para a identidade entre os valores constantes dos mesmos e aqueles indicados no balanço. Constatar se os encargos financeiros foram adequadamente apropriados.

2- Examinar livros fiscais de apuração dos impostos.

3- Conferir os cálculos, tendo por base as informações constantes da folha de pagamento.

4- Realizar inventário físico.

5- Realizar circularização, como forma de confirmar os saldos apresentados no balanço.

6- Examinar os contratos sociais e/ou estatutos, visando a identificar a participação no capital das empresas.

7- Conferir os cálculos de depreciação.

8- Examinar documentação suporte da operação, como pedido de compra e nota fiscal, atentando para as evidências da entrada dos materiais na empresa.

9- Realizar contagem física.

218 | AUDITORIA CONTÁBIL

10- Analisar documentação relativa à apuração do custo dos materiais e produtos com o objetivo de confirmar o correto critério de valorização.

11- Examinar guias recolhidas após o encerramento do balanço, como forma de comprovar a existência da obrigação.

12- Conferir as conciliações bancárias, atentando para a existência de pendências significativas que possam afetar os valores do balanço.

13- Examinar a documentação suporte da compra, tais como pedido de compra, contratos, nota fiscal, escrituras e certificados de propriedade.

14- Examinar folha de pagamento, confrontando com os respectivos créditos nas contas dos empregados, ocorridos em data posterior ao balanço.

15- Conferir com declaração do Imposto de Renda. Verificar se a mesma foi corretamente preenchida e se o imposto foi apurado seguindo rigidamente as regras legais.

16- Examinar documentação suporte da operação, tais como pedido de venda, nota fiscal acompanhada do respectivo canhoto assinado pelo cliente, duplicatas e borderôs de cobrança e/ou desconto.

17- Verificar a correta apropriação dos rendimentos auferidos até a data do balanço.

18- Examinar documentação relativa a recebimentos posteriores à data do balanço, como forma de confirmar a existência dos direitos.

19- Examinar documentação relativa a pagamentos posteriores à data do balanço, como forma de confirmar a existência da obrigação decorrente da compra de materiais e/ou produto a prazo.

20- Examinar o relatório de controle de estoques para confirmar os saldos quantitativos.

CAPÍTULO X - TESTES NOS DEMONSTRATIVOS CONTÁBEIS | 219

19a. **(Contador - BR Distribuidora 2010 – QUESTÃO 59)** Os procedimentos de auditoria de balanço aplicáveis, tendo em vista a natureza da conta, são:

(A) ICMS e IPI a recolher: 2, 11, 16
(B) Estoques: 4, 10, 20
(C) Empréstimos concedidos a empresas ligadas: 5, 18, 20
(D) Caixa: 9,10, 8
(E) IRRF a recolher: 11, 12, 13

19b. **(Contador - BR Distribuidora 2010 – QUESTÃO 60)** Os procedimentos de auditoria de balanço aplicáveis, tendo em vista a natureza da conta, são:

(A) Bancos conta movimento: 5, 12, 9
(B) INSS e FGTS a recolher: 3, 11, 15
(C) Investimentos: 5, 6, 12
(D) Fornecedores: 5, 8, 19
(E) Aplicações financeiras: 5, 9, 17

19c. **(Contador - BR Distribuidora 2010 – QUESTÃO 61)** Os procedimentos de auditoria de balanço aplicáveis, tendo em vista a natureza da conta são:

(A) Empréstimos bancários a pagar: 1, 5, 9
(B) Imobilizado: 4, 7, 15
(C) Duplicatas a receber: 5, 16, 18
(D) Imposto de renda a pagar: 11, 13, 15
(E) Salários a pagar: 14, 17, 18

20. **(Fiscal da Receita Estadual – SEAD AP 2010 – QUESTÃO 53)**. Assinale a alternativa que apresente o objetivo específico da auditoria do resultado:

(A) comprovar se compras de mercadoria estão de acordo com os objetivos da empresa.
(B) confirmar se os pagamentos realizados foram conciliados.
(C) verificar se as despesas correspondentes às receitas realizadas foram apropriadas no período.
(D) comprovar a correta apropriação das despesas em obediência ao regime de caixa.
(E) conferir a exatidão dos registros contábeis dos estoques de mercadorias.

220 | AUDITORIA CONTÁBIL

21. **(Auditor – TJ PI 2009 – QUESTÃO 41)**. Pode ocorrer saldo credor das disponibilidades de uma pessoa jurídica se

(A) o volume de compras for maior que o volume de vendas à vista.

(B) ocorreu omissão de registro de vendas já recebidas.

(C) o volume de compras for maior que o volume de vendas a prazo.

(D) as receitas de vendas forem menores do que o custo das mercadorias ou produtos vendidos.

(E) ocorreu omissão do registro de vendas ainda não recebidas.

22. **(Auditor – TJ PI 2009 – QUESTÃO 43)**. Em 31/12/2008, o extrato bancário da conta corrente que a Cia.. Delta mantém junto ao Banco Épsilon demonstrava um saldo credor de R$ 47.600,00. Em sua escrituração contábil, o saldo da mesma conta corrente era devedor em R$ 45.530,00. O auditor independente, por meio da análise do extrato bancário, apurou os seguintes fatos não registrados na contabilidade:

I. aviso de lançamento à débito, efetuado pelo banco, de R$ 680,00, relativo a contas de luz e de telefone;

II. aviso de lançamento à débito de R$ 2.000,00, em virtude de devolução de duplicata descontada por falta de pagamento do sacado;

III. devolução de cheques de terceiros, depositados pela companhia, no valor de R$ 1.450,00, em virtude de insuficiência de fundos;

IV. aviso de crédito de duplicata de emissão da companhia em cobrança no banco, no valor de R$ 4.500,00, mais os juros pelo atraso no pagamento de R$ 200,00.

No processo de conciliação bancária, o auditor verificou, também, que havia cheques emitidos pela companhia, ainda não descontados junto ao banco, no valor de R$ 2.700,00 e depósitos efetuados em cheque que ainda não tinham sido creditados na conta da sociedade pelo banco, em virtude de sua compensação, no valor de R$ 1.200,00.

Logo, o saldo correto da mencionada conta corrente, em 31/12/2008, encontrado pelo auditor após a conciliação bancária, é (em R$) igual a

(A) 46.500,00.

(B) 45.900,00.

(C) 46.100,00.

(D) 46.230,00.

(E) 45.750,00.

23. **(Técnico Superior de Análise Contábil – PGE RJ 2009 – QUESTÃO 47)** O auditor, ao avaliar um item do ativo, NÃO deve considerar como um elemento a ser refletido no cálculo do valor em uso

(A) o preço decorrente da incerteza inerente ao ativo.

(B) a estimativa dos fluxos de caixa futuros que a entidade espera obter com esse ativo.

(C) as expectativas sobre possíveis variações no montante ou período desses fluxos de caixa futuros.

(D) o valor do dinheiro no tempo, representado pela atual taxa de juros livre de risco.

(E) a inflação esperada para o período do fluxo de caixa e os impostos que afetam os resultados do fluxo.

24. **(Auditor – TJ PI 2009 – QUESTÃO 44)**. Sobre a auditoria de estoques, analise as proposições:

I. O auditor deve acompanhar e observar pessoalmente a contagem do estoque, embora a responsabilidade pela execução do inventário seja da companhia.

II. O "corte" ou "Cut-off" dos estoques evita a contagem dupla de mercadorias ou produtos industrializados como estoques, contas a receber ou a pagar.

III. O sistema UEPS para avaliação de estoques é aceito pela legislação do imposto de renda das pessoas jurídicas.

IV. No caso de estoques da companhia em poder de terceiros, mesmo que seja relevante o seu valor, uma simples confirmação do fornecedor é suficiente para assegurar a exatidão de seu montante.

É correto o que consta APENAS em

(A) I e II.

(B) I e IV.

(C) II, III e IV.

(D) II e III.

(E) III e IV.

222 | AUDITORIA CONTÁBIL

25. **(Auditor – TJ PI 2009 – QUESTÃO 46)**. Ao fazer a auditoria do Ativo Imobilizado da Cia.. Montes Claros, o profissional encarregado observou que a sociedade tinha adquirido, por R$ 681.000,00, uma máquina em 08/08/1998, a qual tinha sido colocada em funcionamento no mesmo mês de aquisição e depreciada à taxa anual de 10%. Ao fazer o cálculo da depreciação relativa ao ano-calendário de 2008, o auditor verificou que ela tinha sido lançada corretamente no valor, em R$, de

(A) 45.400,00.

(B) 43.175,00.

(C) 41.875,00.

(D) 39.725,00.

(E) 34.050,00.

26. **(Auditor – TJ PI 2009 – QUESTÃO 47)**. Ao examinar o grupo do Ativo Não Circulante – Investimentos do Balanço Patrimonial da Companhia Gama, relativo ao exercício encerrado em 31/12/2008, o auditor independente encarregado constatou que todos os investimentos em coligadas e controladas foram avaliados pelo método da equivalência patrimonial (MEP). O auditor concluiu, à luz do disposto na Lei 11.638/2007 e 11.941/2009, que o procedimento da companhia estava

(A) correto.

(B) incorreto, porque somente os investimentos em controladas são avaliados pelo MEP.

(C) incorreto, porque somente os investimentos em controladas e coligadas que forem relevantes para a companhia são avaliados pelo MEP.

(D) incorreto, porque somente os investimentos em controladas e em coligadas das quais a investidora participe com mais de 20% do capital, com ou sem direito a voto, são avaliados pelo MEP.

(E) incorreto, porque somente investimentos em coligadas são avaliados pelo MEP.

CAPÍTULO X - TESTES NOS DEMONSTRATIVOS CONTÁBEIS | 223

27. **(AFTE – SEFAZ PI 2001 – QUESTÃO 35)** Normalmente, o auditor efetua a conferência da exatidão de rendimentos de aplicações financeiras de longo prazo considerando as receitas auferidas destas aplicações de acordo com o regime de competência. Esse procedimento de auditoria é denominado:

(A) Inspeção

(B) Cálculo

(C) Observação

(D) Revisão analítica

(E) Investigação e confirmação

CAPÍTULO XI– DOCUMENTAÇÃO DA AUDITORIA

11.1. Introdução

São os registros dos procedimentos de auditoria executados para obter evidências relevantes de que a auditoria foi planejada e executada em conformidade com as normas e as exigências legais para conclusão do relatório do auditor. NBC TA 230(R1).

Finalidade:
- Fundamentar sua opinião (principal);
- Facilitar a revisão;
- Servir como avaliação dos auditores;
- Ajudar no trabalho da próxima auditoria;
- Servir de prova, em caso de justiça.

Forma de preparação:
- Meios eletrônicos;
- Manual.

O conceito de documentação do auditor para Araújo (2008), representa um conjunto de documentos obtidos ou preparados pelo auditor, de forma manual, eletrônica ou por outros meios, que constituem a prova do trabalho executado e servem de fundamentos dos comentários, observações, opiniões e recomendações emitidas.

A expressão documentação é muito conhecida no mercado de trabalho como papéis de trabalho (PT) do auditor. Antigamente todas as evidências obtidas através dos testes eram armazenadas em papéis, hoje, essa documentação fica armazenada em mídias eletrônicas e caso haja necessidade de comprovar algo para os órgãos públicos e fiscalizadores, tais como: (Judiciário, CVM, Bacen), empresas de auditoria ou até mesmo para empresa auditada é enviado através de correio eletrônico (e-mail), gerando uma facilidade maior para tomada de decisões tempestivas.

CAPÍTULO XI– DOCUMENTAÇÃO DA AUDITORIA | 225

11.2. Preparação da documentação do auditor

Existem várias técnicas para preparação das documentações geradas pelo auditor, sendo que neste livro elencamos as principais técnicas que não podem deixar de ser executadas pelos auditores, são elas:

- **Títulos**- devem conter o nome do cliente, o conteúdo e a data do balanço.
- **Número de Referência** -para cada documentação, pois facilitará na hora de efetuar a revisão e no seu arquivamento.
- **Referência Cruzad**a – são dados incluídos na documentação e que sejam transferidos para outro trabalho executado por outro auditor, esta referência permite um link entre os documentos que ajudarão na revisão final.
- **Validação ou Tiques - são utilizados para indicar que o auditor realizou algum procedimento referente ao item, tem caso que necessitam de validações**/tiques diferentes, logo faz-se necessário uma legenda no final do documento.
- **Assinatura e data** - após a conclusão de cada documento é importante a assinatura do responsável para estabelecer responsabilidade de cada um em sua tarefa, seja ele o executor e o revisor do documento.

11.3. Tipos de documentações

Os documentos são elementos significativos nos exames realizados e que evidenciam a execução dos trabalhos de acordo com as normas. Os documentos são divididos em:

11.3.1. Programa de auditoria

São documentos a fim de orientar e controlar execução dos exames de auditoria, a padronização dos procedimentos é uma forma de organizar e evitar que sejam omitidas informações, procedimentos importantes na execução de seus trabalhos.

11.3.2. Papéis elaborados pelo auditor

São registros de procedimentos previstos em seu planejamento, obedecendo a uma arquitetura padrão para facilitar a equipe de auditoria

226 | AUDITORIA CONTÁBIL

no entendimento dos registros de forma a expressar com clareza o início, meio e fim da auditoria.

11.3.3. Outros papéis de trabalho

São evidências colhidas de terceiros a fim de ajudar o auditor a fundamentar a sua opinião, essas informações podem ser: cartas de confirmação de terceiros (circularização), cópias de documentos importantes solicitados à empresa auditada, atas de reuniões e correspondências (inclusive correio eletrônico) referentes a assuntos significativos.

Quando o auditor utilizar as análises dos demonstrativos contábeis ou outros documentos fornecidos pela entidade, deve certificar-se da sua exatidão. Podem ser também:

a) informações sobre a estrutura organizacional e legal da entidade;

b) cópias de documentos legais, contratos e atas;

c) informações sobre o setor de atividades, ambiente econômico e legal em que a entidade opera;

d) indicação de quem executou e revisou os procedimentos de auditoria e de quando o fez;

e) cartas de responsabilidade da administração;

f) cópias das demonstrações contábeis assinadas pela administração da entidade e pelo contabilista responsável, e do relatório dos auditores independentes sobre as demonstrações contábeis.

11.4. Procedimentos de auditoria executados e da evidência de auditoria obtida

O auditor deverá preparar documentação de auditoria que seja suficiente para permitir que qualquer auditor entenda quais foram os procedimentos aplicados e que atendam os seguintes requisitos:

(a) a natureza, época e extensão dos procedimentos de auditoria executados para cumprir com as normas de auditoria e exigências legais e regulamentares aplicáveis;

(b) os resultados dos procedimentos de auditoria executados e a evidência de auditoria obtida; e

CAPÍTULO XI– DOCUMENTAÇÃO DA AUDITORIA | 227

(c) assuntos significativos identificados durante a auditoria, às conclusões obtidas a respeito deles e os julgamentos profissionais significativos exercidos para chegar a essas conclusões.

Ao documentar a natureza, a época e a extensão dos procedimentos de auditoria executados, o auditor deverá registrar:

(a) as características que identificam os itens ou assuntos específicos testados;

(b) quem executou o trabalho de auditoria e a data em que foi concluído;

(c) quem revisou o trabalho de auditoria executado e a data e extensão de tal revisão.

11.5. Natureza dos documentos do auditor

As descrições das informações obtidas pelo auditor devem ser armazenadas de forma harmônica e coesa seguindo sua finalidade. A forma mais prática e mais fácil é mantê-los em pastas ou outras formas de armazenamento, em forma física ou eletrônica que contêm os registros que constituem a documentação de trabalho específico.

a) Pasta Corrente: nessa pasta arquivam-se documentos utilizados pela auditoria em execução que servirão somente para um exercício social. Como exemplo: mapa de contas a pagar, mapa de contas a receber, mapa de tesouraria, questionário de avaliação dos controles internos, balancete, conciliações e outros.

b) Pasta Permanente: nessa pasta arquivam-se informações relacionadas com a organização e a atividade da entidade e podem ser utilizados em bases recorrentes, isto é, utilizado em mais de um exercício social. Como por exemplo: Estatuto social, descrição do negócio da companhia, legislação pertinente à companhia, manual de procedimentos, contratos de longo prazo e outros.

11.6. Propriedade dos documentos

A propriedade é exclusiva da empresa de auditoria, responsável por sua guarda e sigilo. Partes ou excertos (trechos) destes podem, a critério do auditor, ser postos à disposição da entidade. (NBC PA 01, item A63).

228 | AUDITORIA CONTÁBIL

O auditor deverá assegurar o sigilo relativamente às informações obtidas durante o seu trabalho na entidade auditada, não as divulgando, sob nenhuma circunstância, sem autorização expressa da entidade, salvo quando houver obrigação legal de fazê-lo.

O auditor somente deverá divulgar a terceiros as informações sobre a entidade auditada ou sobre o trabalho por ele realizado caso seja autorizado, por escrito, pela administração da entidade com poderes para tanto contendo de forma clara e objetiva os limites das informações a serem fornecidas, sob pena de infringir o sigilo profissional.

O auditor quando, previamente, autorizado por escrito pela entidade auditada, deverá fornecer as informações que forem julgadas necessárias ao trabalho do auditor independente que o suceder, as quais serviram de base para a emissão do último relatório dos auditores independentes sobre as demonstrações contábeis.

11.7. Montagem do arquivo e período de guarda dos documentos do auditor

O auditor deverá estabelecer políticas e procedimentos para a conclusão tempestiva da montagem dos arquivos de auditoria. Um limite de tempo apropriado para concluir a montagem do arquivo final de auditoria geralmente **não ultrapassa 60 dias** após a emissão do relatório do auditor (NBC TA 230 - R1, item A21).

O período de guarda/retenção dos documentos, os antigos papéis de trabalho, é de **cinco anos** a partir da data de emissão de seu relatório dos auditores independentes sobre as demonstrações contábeis. (NBC TA 230 - R1, item A23).

Caro leitor, chegou a hora de avaliar. Não se esqueça de realizar as atividades deste capítulo que irão ajudá-lo a fixar o conteúdo.

11.8. Exercícios – Documentação da auditoria

1. **(TJ-PI** - Analista Judiciário - Auditor – **FGV – 2015)** - Os papéis de trabalho devem ser organizados conforme sua finalidade. São consideradas comuns:

   I. Pasta permanente;

CAPÍTULO XI– DOCUMENTAÇÃO DA AUDITORIA | 229

II. Pasta corrente;

III. Pasta de análise das contas;

IV. Pasta de correspondência.

Constitui um exemplo de papel de trabalho que compõe a pasta corrente:

a) análise da evolução do capital social;

b) controles do fluxo de informações;

c) descrição do sistema em escrituração contábil;

d) estatuto da entidade auditada e suas alterações;

e) planejamento do trabalho.

2. **(TJ-SP - Contador – VUNESP – 2013)** - Constitui(em) documentos e registros dos fatos, informações e provas, obtidas no curso da auditoria, a fim de evidenciar os exames realizados e dar suporte à sua opinião, críticas, sugestões e recomendações. Trata-se

a) dos procedimentos de auditoria.

b) do relatório de recomendações.

c) dos papéis de trabalho.

d) das provas de auditoria.   e)   do parecer de auditoria.

3. **(QUESTÃO ADAPTADA PELOS AUTORES)** - Em relação à preparação da documentação da auditoria, assinale a opção CORRETA.

(A) Ao documentar a natureza, a época e a extensão dos procedimentos de auditoria executados, o auditor não precisa registrar quem executou o trabalho de auditoria nem a data em que foi concluído.

(B) É fundamental que o auditor, antes do início dos trabalhos de auditoria, prepare tempestivamente a documentação de auditoria.

(C) O auditor deve documentar discussões de assuntos significativos, exceto se forem discutidos com a administração.

(D) Se o auditor identificou informações referentes a um assunto significativo que é inconsistente com a sua conclusão final, ele não deve documentar como tratou essa inconsistência.

(E) É fundamental que o auditor, antes do início dos trabalhos de auditoria, prepare intempestivamente a documentação de auditoria.

230 | AUDITORIA CONTÁBIL

4. **(Auditor – Petrobras 2011 – QUESTÃO 25)** Segundo a metodologia de mercado e as boas práticas de auditoria, os papéis de trabalho podem ser classificados, quanto à sua natureza, em dois tipos: permanentes e correntes. São exemplos de papéis de trabalho permanentes, **EXCETO:**

(A) as atas das reuniões de assembleia geral extraordinária.

(B) as cópias do estatuto ou contrato social da empresa.

(C) os manuais de procedimentos internos.

(D) a legislação específica aplicável ao negócio da empresa auditada.

(E) a revisão analítica das contas contábeis.

5. **(Auditor – Petrobras 2011 – QUESTÃO 28)** De acordo com uma das normas de auditoria, o auditor deve elaborar papéis de trabalho que suportem sua opinião para emissão do relatório do auditores independentes final. Os papéis de trabalho representam a(o):

(A) marca e a metodologia da equipe de auditoria responsável pelo trabalho.

(B) autorização prévia da alta administração para realização da auditoria.

(C) dever de cada membro da equipe de auditoria dentro do trabalho realizado.

(D) registro de todas as evidências obtidas ao longo da execução da auditoria.

(E) controle e gerenciamento dos riscos inerentes ao processo de auditoria.

6. **(Auditor – Petrobras 2011 – QUESTÃO 29)** Antes do início da auditoria, a equipe deve programar o trabalho de forma objetiva e eficaz. O programa de trabalho é um dos papéis utilizados como ferramenta valiosa nessa função, no qual estão contidos os(as):

(A) procedimentos de auditoria, a identificação dos auditores responsáveis e os campos para referências, observações e data de execução dos procedimentos.

(B) fluxos, as normas, as políticas e os objetivos dos processos escolhidos para serem auditados e a aprovação formal dos gestores responsáveis por cada processo.

(C) nomes dos funcionários auditados com a identificação pessoal de cada um ao lado dos procedimentos de auditoria executados e ordenados por data de nascimento.

(D) perguntas que serão realizadas durante as entrevistas de controles internos e a metodologia utilizada durante a auditoria.

(E) normas de auditoria aplicáveis ao trabalho a ser executado de acordo com a programação anual.

7. **(Auditor – Petrobras 2011 – QUESTÃO 32)**

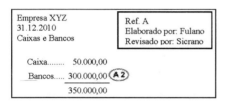 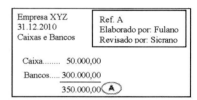

Os papéis de trabalho são identificados por códigos de acordo com a metodologia de cada auditor. Na figura acima, observa-se um tipo de ligação de dados entre dois papéis de trabalho, denominada:

(A) circularização bancária.

(B) cruzamento alfanumérico.

(C) papel conectado.

(D) ligação direta.

(E) referência cruzada.

8. **(Auditor – TCE RS 2011 – QUESTÃO 24)** Acerca dos papéis de trabalho é **incorreto** afirmar que:

(A) são de propriedade exclusiva do auditor.

(B) informações sobre a estrutura organizacional e legal da entidade se constituem bom exemplo de papéis de trabalho.

(C) a extensão dos papéis de trabalho é assunto de julgamento profissional do auditor.

(D) na elaboração dos papéis de trabalho, o auditor deve levar em consideração se são completos por si só.

(E) o auditor pode, em razão do seu juízo profissional e após o término da auditoria, desfazer-se dos papéis de trabalho, desde que tenha concluído a elaboração do relatório e dado ciência à entidade auditada.

232 | AUDITORIA CONTÁBIL

9. **(Auditor – TCE RS 2011 – QUESTÃO 26)**. Os papéis de trabalho devem ser elaborados de forma tal que se entenda aonde o auditor pretenda chegar. Essa característica pode ser definida como sendo relacionada ao seguinte atributo:

(A) concisão.

(B) limpeza.

(C) lógica.

(D) objetividade.

(E) completos.

10. **(Auditoria – TCE PR 2011 – QUESTÃO 42)** Sobre os papéis de trabalho é correto afirmar que são

(A) de propriedade da empresa ou órgão auditado.

(B) documentos elaborados pelo auditor na fase que antecede o planejamento da auditoria.

(C) o conjunto de formulários que contém os apontamentos obtidos pelo auditor durante o seu exame.

(D) as atividades desempenhadas por cada integrante do grupo de auditoria.

(E) os documentos, selecionados pelo auditor, que devem ficar arquivados por, pelo menos, dez anos após a emissão do relatório dos auditores independentes de auditoria.

11. **(Auditor – Petrobras 2010 – QUESTÃO 13)** Os papéis de trabalho são ferramentas muito valiosas durante a execução do processo de auditoria, pois são os documentos que:

(A) evidenciam e suportam a conclusão do auditor, além de representar a garantia quanto à integridade, à exatidão e à qualidade dos procedimentos realizados e resultados gerados.

(B) evidenciam a efetiva aquisição dos serviços de auditoria frente aos órgãos reguladores e fiscalizadores.

(C) comprovam a experiência técnica dos auditores que estão executando um determinado trabalho.

(D) relatam o papel a ser exercido pelos membros da equipe de auditores quanto às especificidades do trabalho.

(E) comprovam a independência da equipe de auditoria em relação à alta administração da empresa.

CAPÍTULO XI– DOCUMENTAÇÃO DA AUDITORIA | 233

12. **(Auditor – IBGE 2010 – QUESTÃO 66)** Em conformidade com as técnicas de auditoria, quando um auditor, o longo da realização dos trabalhos, consulta o contrato social de uma empresa, está consultando um papel de trabalho classificado, quanto à forma de arquivo, como:

(A) folha sustentatória.

(D) papel corrente.

(B) folha mestra.

(E) papel analítico.

(C) papel permanente.

13. **(FCC – APOFP – Sefaz SP 2010 – QUESTÃO 69)**. Em auditoria, são considerados permanentes somente os seguintes papéis de trabalho:

(A) guias de auditoria, questionários e diagramação de rotinas.

(B) gráficos, questionários e diagramação de rotinas.

(C) gráficos, tabelas estatísticas e guias de auditoria.

(D) planilhas de cálculo, tabelas estatísticas e guias de auditoria.

(E) planilhas de cálculo, tabelas estatísticas e gráficos.

14. **(Auditoria – AFTN RS 2009 – QUESTÃO 71)** Analise as afirmações abaixo e assinale (V) para as afirmativas verdadeiras e (F) para as falsas, quanto aos papéis de trabalho.

( ) são o conjunto de documentos contendo amostras e testes entregues pela empresa auditada e que consubstanciam o trabalho a ser executado.

( ) constituem a documentação preparada pelo auditor ou fornecida a este na execução da auditoria.

( ) integram um processo organizado de registro de evidências da auditoria, por intermédio de informações em papel, meios eletrônicos ou outros que assegurem o objetivo a que se destinam.

( ) são documentos que apresentam o resultado do trabalho de auditoria, devendo ser redigido com objetividade e imparcialidade.

A sequência correta de preenchimento dos parênteses, de cima para baixo, é:

(A) V – V – F – F .

(D) F – V – V – F.

(B) V – F – V – F.

(E) F – F – V – V.

(C) V – V – F – V.

234 | AUDITORIA CONTÁBIL

15. **(Auditoria – AFTN RS 2009 – QUESTÃO 75)** O auditor deve adotar procedimentos apropriados para manter a custódia dos papéis de trabalho pelo prazo de:

(A) dois anos, a partir da data de emissão do seu relatório do auditores independentes.

(B) três anos, a partir da data de emissão do seu relatório do auditores independentes.

(C) três anos, a partir da data da publicação das demonstrações contábeis.

(D) cinco anos, a partir da data de emissão do seu relatório do auditores independentes.

(E) cinco anos, a partir- da data de publicação das demonstrações contábeis.

16. **(Contador – Termoaçu 2008 – QUESTÃO 27)** O Auditor deve adotar procedimentos pertinentes para manter a guarda dos papéis de trabalho que servirão de base para a emissão do Relatório dos auditores independentes sobre as Demonstrações Contábeis. Segundo as Normas de Auditoria Independente das demonstrações contábeis, este prazo de custódia será de:

(A) dois anos, a partir da data de encerramento da auditoria.

(B) três anos, a partir da data de emissão do Relatório dos auditores independentes sobre as Demonstrações Contábeis.

(C) três anos, a partir da data de finalização da auditoria.

(D) quatro anos, a partir da data de finalização da auditoria.

(E) cinco anos, a partir da data de emissão do Relatório dos auditores independentes sobre as Demonstrações Contábeis.

17. **(Contador – Petrobras 2008 – QUESTÃO 40)** Na auditoria das disponibilidades, o auditor externo constatou e anotou em seus Papéis de Trabalho (PT) que os pagamentos aos fornecedores são realizados pela empresa, corretamente, através da emissão de um cheque para cada pagamento, de acordo com o respectivo documento probatório, devidamente autorizado por quem de direito.

Anotou, igualmente, que o registro contábil de tais pagamentos é feito quando da emissão do cheque, independente da efetiva entrega do cheque ao fornecedor, como segue:

CAPÍTULO XI– DOCUMENTAÇÃO DA AUDITORIA | 235

Fornecedores

Fornecedor "X"

a   Bancos conta Movimento

Banco "Tal"

Posteriormente, o auditor comprovou que, na data da elaboração do Balanço, alguns dos cheques emitidos para pagamento a fornecedores ainda se encontravam em poder da empresa. Tal procedimento contábil, comprovado pela auditoria externa, implica o(a):

(A) aumento das despesas, portanto, a redução do resultado do exercício.

(B) aumento do Passivo pela não realização efetiva do pagamento do cheque.

(C) disponibilidade real maior que a disponibilidade contábil.

(D) redução das despesas, portanto, o aumento do resultado do exercício.

(E) redução do Passivo, sem a correspondente contrapartida do Ativo.

18. **(Auditor – Petrobras 2008 – QUESTÃO 61)** Para que uma auditoria agregue valor ao processo auditado é necessário que ela esteja suportada por papéis de trabalho, preparados pelo auditor durante seu trabalho de revisão. Os papéis de trabalho utilizados em um trabalho de auditoria interna:

I.   Devem ser escritos em códigos e tiques de auditoria para resguardar a confidencialidade dos dados.

II. Podem ser utilizados como ferramenta para elaboração das demonstrações contábeis.

III. Devem ser identificados com o nome do auditor, data base da auditoria e indicação do processo auditado, procedimentos efetuados, documentos analisados e conclusão do auditor.

IV. Devem relatar a opinião do auditor que realizou o trabalho anterior no mesmo processo auditado.

236 | AUDITORIA CONTÁBIL

V. Precisam ser escritos de forma clara e objetiva, de modo a permitir o fácil entendimento do processo auditado por uma pessoa que não participou do processo.

Estão corretas **APENAS** as afirmativas

(A) I e III.

(C) III e V.

(E) II, III e IV.

(B) II e IV.

(D) I, III e V.

19. **(Contador – UNIRIO 2008 – QUESTÃO 16)**. Os papéis de trabalho de auditoria correntes são utilizados em:

(A) mais de um exercício social.

(B) um exercício social.

(C) contas de curto prazo.

(D) ajustes dos papéis de trabalhos.

(E) contas de longo prazo.

20. **(Contador – Sefim Natal 2008 – QUESTÃO 16)**A empresa Documental S.A., tendo como objetivo manter um arquivo completo sobre o seu processo de auditoria, exige do auditor que forneça cópia de todos os seus arquivos eletrônicos e papéis de trabalho elaborados durante a execução de seus serviços. Pode-se afirmar que:

(A) a referida solicitação é pertinente, uma vez que a empresa também é responsável pela guarda e sigilo dos papéis de trabalho.

(B) a solicitação da empresa é indiferente, pois os papéis de trabalho são de acesso público, conforme determinado por resolução da Comissão de Valores Mobiliários.

(C) é indevida a solicitação, visto que a guarda e sigilo dos papéis são de responsabilidade do auditor.

(D) é permitido à empresa solicitar os papéis de trabalho, visto estar sujeita a questionamentos por parte dos acionistas ou de terceiros.

(E) a solicitação é irregular, já que em nenhuma hipótese os papéis de trabalho podem ser disponibilizados, seja para a empresa seja para qualquer usuário.

CAPÍTULO XI– DOCUMENTAÇÃO DA AUDITORIA | 237

21. **(Auditoria – AFRF 1996 – QUESTÃO 23)** Assinale a opção que não se relaciona com os papéis de trabalho utilizados pelo auditor no transcorrer dos seus trabalhos:

(A) os papéis de trabalho são o conjunto de documentos e apontamentos do auditor.

(B) os papéis de trabalho, por serem confidenciais, são de propriedade da empresa auditada.

(C) os papéis de trabalho constituem a evidência do trabalho executado pelo auditor.

(D) os papéis de trabalho devem ser mantidos em arquivo por 5 anos.

(E) os papéis de trabalho contém informações e provas coligidas pelo auditor.

22. **(Auditoria – AFRF 1996 – QUESTÃO 26)** Os papéis de trabalho devem seguir um padrão definido e claro. Com base nesta afirmação, assinale a opção que não se constitui numa regra básica que deve ser observada na elaboração dos papéis de trabalho:

(A) os papéis de trabalho devem ser limpos, claros e evidenciar a obediência às normas de auditoria.

(B) os papéis de trabalho devem incluir todos os dados pertinentes, inclusive os irrelevantes.

(C) os papéis de trabalho devem ser limpos, claros e corretos, e ainda sem erros matemáticos.

(D) os papéis de trabalho devem ser concisos, limpos, claros, sem erros de matemática e objetivos.

(E) os papéis de trabalho devem ser limpos, claros, corretos e elaborados de forma sistemática e racional.

CAPÍTULO XII - ESTIMATIVAS CONTÁBEIS

12.1. Introdução

É a aproximação de um valor monetário na ausência de um meio de mensuração precisa. Devido às incertezas inerentes nas atividades de negócios, alguns itens das demonstrações contábeis podem ser apenas estimados. Além do mais, as características específicas de um ativo, passivo ou componente do patrimônio, assim como a base ou o método de mensuração determinado pela estrutura de relatório, podem gerar a necessidade de estimar alguns itens das demonstrações contábeis.

A NBC TA 540 (R1) traz alguns conceitos importantes referentes ao assunto de estimativas contábeis, são eles:

- *Estimativa pontual ou intervalo* é o valor, ou intervalo de valores, respectivamente, derivado de evidências de auditoria para uso na avaliação da estimativa pontual da administração.
- *Incerteza de estimativa* é a suscetibilidade da estimativa contábil e das respectivas divulgações à falta de precisão inerente em sua mensuração.
- *Tendenciosidade da administração* é a falta de neutralidade da administração na elaboração e apresentação de informações.
- *Estimativa pontual da administração* é o valor selecionado pela administração para registro ou divulgação nas demonstrações contábeis como estimativa contábil.
- *Desfecho de estimativa contábil* é o valor monetário real resultante da resolução da transação, evento ou condição de que trata a estimativa contábil.

O auditor necessita obter evidência apropriada e suficiente sobre as estimativas contábeis, incluindo as de valor justo ou não, registradas ou divulgadas nas demonstrações contábeis.

12.2. Estimativas a valor justo

A norma exemplifica situações que podem ser requeridas estimativas contábeis a valor justo:

CAPÍTULO XII - ESTIMATIVAS CONTÁBEIS | 239

a) instrumentos financeiros complexos que não são negociados em mercado ativo;

b) imobilizado destinado à venda;

c) certos ativos ou passivos adquiridos em combinação de negócios, incluindo ágio e ativos intangíveis;

d) transações envolvendo permuta de ativos ou passivos entre partes independentes sem pagamento em dinheiro, por exemplo, uma permuta não monetária de instalações fabris em diferentes linhas de negócios;

e) seleção de políticas contábeis apropriadas e determinação dos processos de estimativa, incluindo métodos apropriados de estimativa ou de avaliação e, quando aplicável, modelos;

f) desenvolvimento ou identificação de dados e premissas relevantes que afetam estimativas contábeis;

g) revisão periódica das circunstâncias que geram estimativas contábeis e recálculos, quando necessário.

O auditor deverá obter evidência apropriada e suficiente sobre possíveis indicadores tendenciosos, com relação às estimativas, seguem alguns exemplos:

I. mudanças em estimativa contábil ou no método de elaboração, quando a administração fez uma avaliação subjetiva de que houve mudança nas circunstâncias;

II. utilização das premissas da própria entidade para estimativas contábeis do valor justo quando eles são inconsistentes com premissas do mercado observáveis;

III. seleção ou elaboração de premissas significativas que produzem uma estimativa pontual favorável para os objetivos da administração;

IV. seleção de estimativa pontual que pode indicar um padrão de otimismo ou pessimismo.

O auditor deverá revisar o desfecho das estimativas contábeis incluídas nas demonstrações contábeis do período anterior ou, quando aplicável seus recálculos posteriores para o período corrente.

A natureza e a extensão da revisão do auditor levam em consideração a natureza das estimativas contábeis e, se as informações obtidas na revisão seriam relevantes, para identificar e avaliar se os riscos de distorção relevante das estimativas feitas nas demonstrações contábeis correntes.

240 | AUDITORIA CONTÁBIL

12.3. Estimativas que não envolvam valor justo

A norma exemplifica situações onde podem ser requeridas estimativas contábeis que não envolvam estimativas contábeis do valor justo:

- provisão para créditos de liquidação duvidosa;
- obsolescência dos estoques;
- obrigações por garantia;
- método de depreciação ou vida útil dos bens;
- provisão para valor contábil de investimento cuja possibilidade de recuperação é incerta;
- desfecho de contratos de longo prazo;
- custos decorrentes de acordos e sentenças de litígios.

12.4. Incerteza de estimativa

Conforme comentado anteriormente, as incertezas inerentes as atividades de negócio, são refletidas em alguns itens das demonstrações contábeis. As características específicas de um ativo, passivo ou do patrimônio, que podem gerar a necessidade de estimativas, aonde o auditor deve ter habilidade ou conhecimento especializado para o cálculo.

12.4.1. Incerteza de estimativa com conhecimento do assunto

Para a maioria das estimativas contábeis, é improvável que sejam necessárias habilidades ou conhecimento especializados. Temos como exemplo, a conta de provisão de liquidação para créditos duvidoso.

12.4.2. Incerteza de estimativa sem conhecimento do assunto

O auditor pode não ter as habilidades ou conhecimento especializados necessários quando o assunto envolvido está fora da área contábil ou de auditoria e pode precisar obtê-los de especialista do auditor, conforme definido na NBC TA 620. Cabe ressaltar que a responsabilidade pela elaboração das estimativas contábeis para as demonstrações, incluindo adequado controle interno é da administração.

Após a conclusão da fundamentação dos fatos, a próxima etapa é verificarmos através dos exercícios o entendimento do capítulo.

CAPÍTULO XII - ESTIMATIVAS CONTÁBEIS | 241

12.5. Exercícios – Estimativas contábeis

1. **(EXAME DE SUFICIÊNCIA – CFC – 2013.2 – QUESTÃO 44)**
    - De acordo com a NBC TG 46 – Mensuração do Valor Justo, assinale a opção INCORRETA.

    a) O valor em uso utilizado no teste de recuperabilidade de um ativo imobilizado desconsidera na sua mensuração o Valor Justo.

    b) O valor justo caracteriza-se pelo reconhecimento de perdas estimadas nos estoques avaliados pelo valor realizável líquido.

    c) O valor justo é o preço que seria recebido pela venda de um ativo ou que seria pago pela transferência de um passivo em uma transação não forçada entre participantes do mercado na data de mensuração.

    d) O valor justo é uma mensuração baseada em mercado.

2. **(Auditor – Pref. Várzea Grande MT 2011 – QUESTÃO 50)** De acordo com o que está descrito na Norma de Auditoria aprovada pela Resolução CFC nº 1.223/09, é correto afirmar em relação às estimativas contábeis que:

    (A) uma diferença entre o desfecho da estimativa contábil e o valor originalmente reconhecido ou divulgado nas demonstrações contábeis representa uma distorção nas demonstrações contábeis. Este é, especialmente, o caso para estimativas contábeis do valor justo.

    (B) não é objetivo do Auditor obter evidência de auditoria apropriada e suficiente sobre se as estimativas contábeis, registradas ou divulgadas nas demonstrações contábeis, são razoáveis, exceto aquelas estimativas de valor justo.

    (C) o objetivo da mensuração de estimativas contábeis pode variar dependendo da estrutura de relatório financeiro aplicável e do item financeiro que está sendo relatado.

    (D) o auditor não necessita obter entendimento sobre como a administração identifica as transações, eventos e condições que podem gerar a necessidade de reconhecimento ou divulgação de estimativas contábeis.

242 | AUDITORIA CONTÁBIL

(E) o auditor deve revisar o desfecho das estimativas contábeis incluídas nas demonstrações contábeis do período anterior e essa revisão visa questionar se os julgamentos feitos nos períodos anteriores foram baseados em informações disponíveis na época.

3. **(Analista Técnico – SUSEP 2010 – QUESTÃO 34)** As estimativas contábeis reconhecidas nas demonstrações contábeis da empresa são de responsabilidade:

(A) dos auditores externos.

(B) dos advogados.

(C) da auditoria interna.

(D) do conselho de administração.

(E) da administração da empresa.

4. **(Auditor – AFTE RS 2009 – QUESTÃO 74)** As estimativas contábeis são de responsabilidade da administração da entidade e se baseiam em fatores objetivos e subjetivos, sendo que o auditor para executar seu trabalho, deve:

(A) se assegurar da certeza das estimativas, consideradas de forma global.

(B) ter conhecimentos suficientes sobre os controles, procedimentos e métodos utilizados pela entidade no estabelecimento de estimativas que resultem em provisões.

(C) evidenciar todas as variações, mesmo se não significativas ou relevantes.

(D) obter evidências suficientes para identificar partes relacionadas na fase de planejamento.

(E) aplicar procedimentos específicos em relação aos eventos ocorridos entre as datas do balanço e a do seu relatório do auditores independentes, que possam demandar ajustes nas demonstrações contábeis.

5. **(Auditor – AFRF 2009 Adaptada– QUESTÃO 75)** O auditor, ao avaliar as provisões para processos trabalhistas elaboradas pela Empresa Projeções S.A., percebeu que nos últimos três anos, os valores provisionados ficaram distantes dos valores reais. Dessa forma, deve o auditor:

(A) estabelecer novos critérios para realização das estimativas pela empresa, no período.

CAPÍTULO XII - ESTIMATIVAS CONTÁBEIS | 243

(B) determinar que a administração apresente novos procedimentos de cálculos que garantam os valores registrados.

(C) ressalvar o relatório, por inadequação dos procedimentos, dimensionando os reflexos nas demonstrações contábeis.

(D) exigir que seja feita uma média ponderada das perdas dos últimos três anos, para estabelecer o valor da provisão.

(E) identificar e avaliar os riscos de distorção relevante de estimativas feitas nas demonstrações contábeis correntes.

6. **(Auditor – AFRF 2009 – QUESTÃO 38)** Assinale a opção que **NÃO** corresponde a um procedimento de auditoria que pode ser utilizado na revisão e no teste do processo usado pela entidade auditada para realizar estimativas contábeis:

(A) avaliação dos dados e consideração dos pressupostos em que a estimativa se baseia.

(B) confirmação formal e direta dos saldos de contas a receber de clientes.

(C) consideração dos procedimentos de aprovação da administração e evidenciação em documentação suporte de estimativa.

(D) comparação de estimativas feitas em períodos anteriores com resultados reais desse período.

(E) conferência do cálculo dos valores lançados nas estimativas em comparação com os dados e pressupostos utilizados.

7. **(Auditor – TCE SP 2008 – QUESTÃO 24). Os** exames realizados pelo auditor externo na avaliação das estimativas contábeis devem:

I. fundamentar matemática e estatisticamente os procedimentos utilizados pela entidade na quantificação das estimativas.

II. verificar a coerência das estimativas com o comportamento da entidade em períodos passados.

III. avaliar a conjuntura econômica existente no momento e suas projeções para períodos futuros.

Está correto o que se afirma em:

(A) III, apenas.
(B) II, apenas.
(C) I, apenas.
(D) I e II, apenas.
(E) I, II e III.

244 | AUDITORIA CONTÁBIL

8. **(Auditor – SEFIN SP 2006 Adaptada – QUESTÃO 31)** Estimativa contábil é uma previsão quanto ao valor de um item que considera as melhores evidências disponíveis quando não há forma precisa de quantificação e deve ser objeto de atenção do auditor para se certificar quanto à sua razoabilidade. As estimativas contábeis:

(A) são de responsabilidade exclusiva do auditor independente, embora ele possa utilizar informações dos controles contábeis da entidade auditada.

(B) sempre podem ser determinadas com segurança, porque todas as incertezas são quantificáveis estatisticamente.

(C) pontuais da administração representam a falta de neutralidade da administração na elaboração e apresentação de informações.

(D) baseadas em fórmulas ditadas pela experiência devem ser revisadas regularmente, com o objetivo de efetuar ajustes.

(E) que tenham por objeto provisionar valores de ocorrência não rotineira são denominadas estimativas simples.

9. **(Administrador – SES PA 2006 – QUESTÃO 43)** Com relação às estimativas contábeis praticadas pela empresa objeto da auditoria, podemos afirmar que:

(A) são de responsabilidade do auditor da entidade e se baseiam em fatores objetivos e subjetivos requerendo o seu julgamento.

(B) o auditor não tem responsabilidade de certificar-se dos procedimentos e métodos utilizados pela entidade para determinação das estimativas.

(C) o auditor não deve basear-se em posições de períodos anteriores da empresa para não se influenciar por efeitos passados.

(D) o auditor pode basear-se em conhecimentos básicos e incompletos dos controles internos e procedimentos da entidade.

(E) o auditor deve assegurar-se da razoabilidade das estimativas, individualmente consideradas, quando estas forem relevantes.

10. **(Auditor – AFTE RS 2006 – QUESTÃO 64)** Conforme as Normas Brasileiras de Auditoria Independente, estimava contábil é uma previsão quanto ao valor de um item, a qual considera as melhores evidências disponíveis, incluindo fatores objetivos e

CAPÍTULO XII - ESTIMATIVAS CONTÁBEIS | 245

subjetivos, quando não exista forma precisa de apuração. Esta previsão requer julgamento na determinação do valor adequado a ser registrado nas demonstrações contábeis. As estimativas contábeis são de responsabilidade:

(A) do departamento financeiro.

(B) do departamento contábil.

(C) da auditoria interna.

(D) da auditoria independente.

(E) da administração da entidade.

11. **(QUESTÃO ADAPTADA PELOS AUTORES)** - As estimativas contábeis que requerem o seu julgamento, na determinação do valor adequado a ser registrado nas demonstrações contábeis são de responsabilidade do:

(A) alta administração.

(B) auditor independente.

(C) auditor interno.

(D) acionista.

(E) técnico.

12. **(QUESTÃO ADAPTADA PELOS AUTORES)**- Assinale a opção que não corresponde a um procedimento de auditoria que pode ser utilizado na revisão e no teste do processo usado pela entidade auditada para realizar estimativas contábeis:

(A) avaliação dos dados e consideração dos pressupostos em que a estimativa se baseia.

(B) confirmação formal e direta dos saldos de contas a receber de clientes.

(C) consideração dos procedimentos de aprovação da administração e evidenciação em documentação suporte de estimativa.

(D) comparação de estimativas feitas em períodos anteriores com resultados reais desse período.

(E) conferência do cálculo dos valores lançados nas estimativas em comparação com os dados e pressupostos utilizados.

CAPÍTULO XIII– CONTINUIDADE NORMAL DAS ATIVIDADES DA ENTIDADE

13.1. Introdução

De acordo com a base contábil de continuidade operacional, as demonstrações contábeis são elaboradas com base no pressuposto de que a entidade está operando e continuará a operar em futuro previsível.

As demonstrações para fins gerais são elaboradas utilizando-se a base contábil de continuidade operacional, a menos que a administração pretenda liquidar a entidade ou interrompa as operações, ou não tenha nenhuma alternativa realista além dessa.

Outro ponto a destacar a NBC TG 26 (R2), discorre que a administração fará avaliação da capacidade da entidade de manter sua continuidade operacional. As exigências detalhadas sobre a responsabilidade da administração de avaliar a capacidade e continuidade operacional da entidade e as correspondentes divulgações das demonstrações contábeis que também podem ser definidas em lei ou regulamento.

13.2. Responsabilidade pela avaliação da capacidade da entidade pela administração

A avaliação da administração sobre a capacidade de continuidade operacional da entidade envolve exercer julgamento, em determinado momento, sobre resultados futuros inerentemente incertos de eventos ou condições. Os seguintes fatores são relevantes para esse julgamento:

- o grau de incerteza associado ao resultado de evento ou condição aumenta, de modo insignificativo, quanto mais distante no futuro ocorrer o evento ou a condição, ou o correspondente resultado. Por essa razão, muitas das estruturas de relatórios financeiros que exigem a avaliação explícita da administração especificam em qual período a administração deve levar em consideração todas informações disponíveis;

CAPÍTULO XIII– CONTINUIDADE NORMAL DAS ATIVIDADES DA ENTIDADE | 247

- o tamanho e a complexidade da entidade, a natureza e a condição de seu negócio e o grau em que ela é afetada por fatores externos impactam o julgamento em relação ao resultado de eventos ou condições;
- qualquer julgamento sobre o futuro é baseado em informações disponíveis na época em que o julgamento é feito. Eventos subsequentes podem produzir resultados inconsistentes com julgamentos que eram razoáveis na época em que foram feitos.

13.3. Responsabilidade pela avaliação da capacidade da entidade pela auditoria

Já com relação a responsabilidade do auditor, em obter evidência suficiente sobre a adequação do pressuposto de continuidade operacional na elaboração e apresentação das demonstrações contábeis e expressar uma conclusão sobre a existência de incerteza significativa da capacidade de continuidade operacional.

Essa responsabilidade existe mesmo se a estrutura do relatório usada na elaboração das demonstrações contábeis não incluir uma exigência explícita da administração sobre avaliação da capacidade de continuidade operacional.

Na estrutura conceitual básica, emitida pela NBC TG, menciona que as demonstrações contábeis são normalmente preparadas no pressuposto de que a entidade continuará em operação no futuro previsível.

Dessa forma, presume-se que a entidade não tem a intenção nem a necessidade de entrar em liquidação, nem reduzir materialmente a escala das suas operações; se tal intenção ou necessidade existir, as demonstrações contábeis terão que ser preparadas numa base diferente e nesse caso, tal base deverá ser divulgada.

13.4. Evidência de normalidade

A NBC TG 26 (R2) avalia se o pressuposto de continuidade é apropriado, a administração deve levar em consideração toda a informação disponível sobre o futuro e o período mínimo de evidência de normalidade (mas não limitado a esse período) de **doze meses a partir da data do balanço.**

248 | AUDITORIA CONTÁBIL

O grau de consideração depende dos fatos de cada caso. Assim, ao auditar as demonstrações do exercício social encerrado em 31.12. X1, o auditor deve avaliar se existe risco de descontinuidade das atividades durante o exercício de X2.

A análise deverá ser feita com base nos indicadores patrimoniais, econômicos e financeiros, extraídos das demonstrações contábeis, além dos indicadores das operações desenvolvidas pela entidade e em outros indicadores dos quais o auditor tiver acesso.

Quando houver indícios de dúvida da continuidade, o auditor deve aplicar os testes necessários (indicadores) para a formação de um juízo embasado e definitivo sobre a matéria.

A seguir apresentaremos alguns exemplos de eventos ou condições, quer individual ou coletivamente, podem levantar dúvida significativa quanto à capacidade da entidade de manter sua continuidade operacional. Essa relação não inclui todos os eventos e condições e a existência de um ou mais itens nem sempre significa que existe incerteza relevante.

13.5. Indicadores financeiros

Pressupostos de evidência que poderão ser adotados pelo auditor na análise da continuidade normal da entidade através de indicadores financeiros, (não exaustivos):

a) patrimônio líquido negativo;

b) empréstimos com prazo fixo e vencimentos imediatos, sem possibilidade de renovação pelos credores;

c) excessiva participação de empréstimos de curto prazo, sem a possibilidade de alongamento das dívidas ou capacidade de amortização;

d) índices financeiros adversos de forma contínua;

e) prejuízos substanciais de operação e de forma contínua;

f) retração ou descontinuidade na distribuição de resultados;

g) incapacidade de devedores na data do vencimento;

h) dificuldades de acertos com credores;

i) alterações ou renegociações com credores;

j) incapacidade de obter financiamentos para o desenvolvimento de novos negócios ou produtos, e inversões para o aumento da capacidade produtiva.

CAPÍTULO XIII– CONTINUIDADE NORMAL DAS ATIVIDADES DA ENTIDADE | 249

13.6. Indicadores de operação

Pressupostos de evidência que poderão ser adotados pelo auditor na análise da continuidade normal da entidade, através de indicadores operacionais, (não exaustivos):

a) perda de elementos-chave na administração sem modificações ou substituições imediatas;

b) perda de mercado, franquia, licença, fornecedor essencial ou financiador estratégico;

c) dificuldades de manter mão-de-obra essencial para a manutenção da atividade.

13.7. Outras indicações

Pressupostos de evidência que poderão ser adotados pelo auditor na análise da continuidade normal da entidade, através de outros indicadores importante da empresa, (não exaustivos):

a) não cumprimento de normas legais, regulamentares e estatutárias;

b) contingências capazes de não serem cumpridas pela entidade; e

c) mudanças das políticas governamentais que afetam a entidade.

13.8. Atraso significativo na aprovação das demonstrações contábeis

Se houver atraso significativo na aprovação das demonstrações contábeis pela administração ou pelos responsáveis pela governança após a data-base das demonstrações, o auditor deverá indagar as razões do atraso.

O auditor acredita que o atraso pode estar relacionado a eventos ou condições relacionadas com a avaliação da continuidade operacional e devem executar procedimentos adicionais necessários que inclui:

(a) no caso em que a administração ainda não realizou uma avaliação da capacidade de continuidade operacional, solicitar que a administração faça essa avaliação;

(b) avaliar os planos da administração para ações futuras em relação à avaliação da continuidade operacional, se é provável que o resultado dessas ações melhore a situação e se os planos

250 | AUDITORIA CONTÁBIL

da administração são viáveis nessas circunstâncias; no caso em que a entidade preparou uma previsão de fluxo de caixa e a análise da previsão é um fator significativo na verificação do desfecho de eventos ou condições na avaliação dos planos da administração para a ação futura:

(c) avaliar a confiabilidade dos dados de suporte gerados para elaborar a previsão;

(d) determinar se há suporte adequado para as premissas utilizadas na previsão; verificar se algum fato ou informação adicional foi disponibilizado desde a data em que a administração fez sua avaliação; solicitar representações formais da administração ou, quando apropriado, dos responsáveis pela governança, com relação a seus planos para ação futura e a viabilidade desses planos.

13.9. Conclusão quanto às incertezas

Se após o encerramento do exercício, houver evidências de riscos na continuidade normal das atividades da entidade, como por exemplo, ocorrerem mudanças na política governamental, com o cancelamento de contratos com o poder público que a empresa mantinha, isso pode ser um dos indícios de interrupção da continuidade da empresa, logo o auditor deverá:

- avaliar os possíveis efeitos nas DCs, especialmente quanto à realização dos ativos;
- mencionar em parágrafo de ênfase no relatório dos auditores independentes sobre as demonstrações contábeis os efeitos da situação na continuidade operacional, de modo que os usuários tenham informação sobre a mesma.

Ao término do capítulo, elaboramos uma lista de exercícios para fixação da matéria.

CAPÍTULO XIII– CONTINUIDADE NORMAL DAS ATIVIDADES DA ENTIDADE | 251

13.10. Exercícios – Continuidade normal das atividades da entidade

1. (**Auditor – Prefeitura Municipal de Várzea Grande MG 2011 – QUESTÃO 30**) De acordo com a Norma de Auditoria aprovada pela Resolução CFC nº 1.203/09, o fato do Auditor não ter tomado conhecimento de eventos futuros ou condições adicionais que possam interromper a continuidade da entidade, demonstra que:

    (A) a auditoria não foi planejada e executada em conformidade com as Normas de Auditoria.

    (B) embora a auditoria possa ter sido planejada adequadamente, certamente não foi executada em conformidade com as Normas de Auditoria.

    (C) há um risco inevitável de que algumas distorções relevantes não sejam detectadas, embora a auditoria tenha sido adequadamente planejada e executada em conformidade com as Normas de Auditoria.

    (D) os eventos futuros podem ser considerados um risco inerente e, portanto, não fazem parte do escopo do trabalho de auditoria, apesar de determinadas condições poderem interromper a continuidade da entidade.

    (E) necessariamente houve má-fé da administração da empresa que omitiu informações relevantes à equipe de auditoria, cabendo ao Auditor o dever de comunicar o fato à pessoa no nível apropriado da administração, responsável pela governança.

2. (**Auditoria – CESPE 2009 – QUESTÃO 31**) Determina o Conselho Federal de Contabilidade que o auditor em seu trabalho avalie a certeza de continuidade da empresa utilizando indicadores de operação, financeiros e outros. De acordo com esta classificação é um indicador de operação a:

    (A) existência de passivo a descoberto.

    (B) perda de fornecedor essencial.

    (C) apuração de CCL negativo.

    (D) não observância das normas legais.

    (E) identificação de perdas nos resultados.

252 | AUDITORIA CONTÁBIL

3. **(Auditoria – CESPE 2009 – QUESTÃO 36)**Ao avaliar as demonstrações contábeis da empresa "Sem Valor S.A.", o auditor externo constata que a mesma está com passivo a descoberto e que seu principal financiador encerrou as negociações com a empresa. Em conformidade com os procedimentos de análise de continuidade da empresa auditada, os dois fatores, respectivamente, que representam esses indicadores são:

(A) financeiro e de operação.

(B) financeiro e legal.

(C) de operação e financeiro.

(D) contábil e financeiro.

(E) financeiro e financeiro.

4. **(Auditor – AFRF 2009 – QUESTÃO 27)** O auditor da empresa Encerramento S.A. obteve evidências da incapacidade de continuidade da entidade, nos próximos 6 meses.

Dessa forma, deve o auditor:

(A) informar, em parágrafo de ênfase no relatório do auditores independentes, os efeitos da situação na continuidade operacional da empresa de forma que os usuários tenham adequada informação sobre a situação.

(B) emitir relatório do auditores independentes com ressalva, limitando o escopo dos trabalhos pelas restrições financeiras apresentadas pela atividade.

(C) emitir relatório do auditores independentes com abstenção de opinião por não conseguir determinar a posição econômica e financeira da empresa.

(D) emitir relatório do auditores independentes sem ressalva, mas estabelecendo que a empresa apresente as demonstrações contábeis, de forma a divulgar os valores dos ativos e passivos por valor de realização.

(E) relatar em relatório do auditores independentes adverso os efeitos no patrimônio que o processo de descontinuidade ocasiona, trazendo os valores dos ativos e passivos, a valor de realização.

5. **(Auditor – AFRF 2009 – QUESTÃO 40)** No processo de análise da continuidade dos negócios da empresa Extensão S.A., o auditor constatou que a empresa estava com passivo a descoberto. Os diretores financeiro e de produção pediram demissão, estando a empresa com dificuldades para substituí-los. A entidade foi autuada por

CAPÍTULO XIII– CONTINUIDADE NORMAL DAS ATIVIDADES DA ENTIDADE | 253

impostos não recolhidos, sem grandes chances de sucesso em sua defesa. Esses fatos representam respectivamente indicadores:

(A) de operação, de operação e financeiro.
(B) financeiro, financeiro e financeiro.
(C) de outras indicações, de operação e financeiro.
(D) financeiro, financeiro e de operação.
(E) financeiro, de operação e de outras indicações.

6. **(APOFP – Sefaz SP 2009 – QUESTÃO 71)**Ao avaliar o pressuposto de continuidade operacional da entidade auditada, o auditor deve lançar mão de indicações que, isoladamente ou não, possam sugerir dificuldades na continuação normal dos negócios. Entre tais indicações, não se inclui:

(A) incapacidade financeira de a entidade pagar seus credores nos vencimentos.
(B) alteração na política econômica governamental que afete a todos os segmentos produtivos.
(C) existência de passivo a descoberto (Patrimônio Líquido negativo).
(D) posição negativa do Capital Circulante (deficiência de Capital Circulante).
(E) falta de capacidade financeira dos devedores em saldar seus compromissos com a entidade.

7. **(Contador – MPE SE 2009 Adaptada – QUESTÃO 47)**Segundo a NBC TA 570, a análise da continuidade da entidade auditada, caracterizam-se como indicadores financeiros:

(A) a falta continuada de suprimentos importantes e a perda de financiador estratégico.
(B) os processos legais e administrativos pendentes contra a entidade que resultem em obrigações que não possam ser cumpridas e a perda de financiador estratégico.
(C) a falta de capacidade financeira dos devedores em saldar seus compromissos com a entidade e a verificação de prejuízos operacionais substanciais de forma continuada.
(D) a perda de fornecedor essencial, a existência de passivo a descoberto e a perda de mercado importante.
(E) os prejuízos operacionais substanciais de forma continuada e a perda de pessoal-chave na administração, sem que haja substituição.

254 | AUDITORIA CONTÁBIL

8. **(Auditoria – FCC BA 2008 – QUESTÃO 43)** - Para dimensionar se a empresa terá continuidade de suas atividades, o auditor deve avaliar se haverá normalidade nas operações da empresa pelo período de:

(A) seis meses após a data das demonstrações contábeis.

(B) dois anos após a data das demonstrações contábeis.

(C) um ano após a publicação das demonstrações contábeis.

(D) seis meses após a publicação das demonstrações contábeis.

(E) um ano após a data das demonstrações contábeis. Parte inferior do formulário

9. **(Agente Fiscal de Rendas – Sefaz SP 2006 Adaptada – QUESTÃO 77)**De acordo com o disposto na NBC TA 570 do Conselho Federal de Contabilidade, considera-se que a continuidade normal dos negócios da entidade objeto da auditoria externa está caracterizada se houver evidência de normalidade das operações no prazo de um ano após a data:

(A) da emissão do relatório do auditores independentes dos auditores.

(B) da publicação das demonstrações contábeis.

(C) das demonstrações contábeis.

(D) do início das atividades da auditoria.

(E) da assembleia de acionistas que aprovar o relatório do auditores independentes dos auditores.

10. **(Auditoria – SES PA 2006 – QUESTÃO 40)**O auditor, ao avaliar a continuidade normal da entidade auditada, constatou que a empresa estava com seu Patrimônio Líquido negativo, havia distribuído dividendos, inferior ao que o estatuto da empresa determinava, e, em decorrência de um acidente ocasionado pelo uso de seu produto, teve substancial perda de mercado. Com base nos dados apresentados, podemos afirmar que os mesmos correspondem, respectivamente, a indicador:

(A) contábil, financeiro e de operação.

(B) de operação, outra indicação e financeiro.

(C) financeiro, contábil e de operação.

(D) financeiro, outra indicação e de operação.

(E) outra referência, contábil e financeiro.

CAPÍTULO XIII– CONTINUIDADE NORMAL DAS ATIVIDADES DA ENTIDADE | 255

11. **(Auditor – SEFAZ 2006 – QUESTÃO 62)** Conforme as Normas Brasileiras de Auditoria Independente, a continuidade normal das atividades da entidade auditada deve merecer especial atenção do auditor, tanto no planejamento dos seus trabalhos, ao analisar os riscos de auditoria, quanto na execução dos seus exames. Qual o prazo suficiente de evidência de normalidade para a caracterização dessa continuidade?

(A) um ano após a emissão do relatório do auditores independentes de auditoria.

(B) dois anos após a emissão do relatório do auditores independentes de auditoria.

(C) dois anos após a data das demonstrações contábeis.

(D) um ano após a data das demonstrações contábeis.

(E) um ano após o exame dos eventos subsequentes às demonstrações contábeis.

12. **(Auditor – SEFIN SP 2006 – QUESTÃO 45)**No exame das demonstrações contábeis de uma entidade, o risco de continuidade normal das atividades desta deve ser objeto de atenção dos auditores independentes. É um dos indicadores desse risco:

(A) passivo exigível em valor superior ao do patrimônio líquido.

(B) existência de empréstimos e financiamentos de curto prazo para financiar o giro.

(C) índices financeiros adversos de forma contínua.

(D) investimento operacional em giro negativo.

(E) flutuações cíclicas do resultado em função de sazonalidade das vendas.

13. **(Auditoria – IRBR 2003 – QUESTÃO 27)**O auditor, quando do planejamento dos trabalhos deve avaliar a continuidade normal dos negócios da entidade ao analisar o risco da execução da auditoria. Assim, o auditor poderá considerar a continuidade da empresa quando houver a evidência de normalidade pelo prazo de:

(A) seis meses após a data das demonstrações contábeis.

(B) um ano após a data das demonstrações contábeis.

(C) seis meses antes da data da emissão do relatório do auditores independentes.

(D) um ano antes da data das demonstrações contábeis.

(E) um ano após a data da emissão do relatório dos auditores.

256 | AUDITORIA CONTÁBIL

14. **(Auditoria – CESPE 2008 – QUESTÃO 38)**Na evidenciação de que a entidade corre riscos de descontinuidade, o auditor deve:

(A) emitir opinião adverso ou sem ressalva, dependendo do patrimônio da entidade.

(B) reavaliar os ativos para aumento do patrimônio líquido e reversão da situação.

(C) desistir do trabalho em função dos riscos do trabalho e da imagem da firma de auditoria.

(D) emitir relatório determinando medidas corretivas com objetivo de vitalizar a entidade.

(E) avaliar os efeitos quanto à realização dos ativos da entidade auditada.

15. **(Auditor – AFRF 2003 – QUESTÃO 43)** Na hipótese de o auditor constatar e evidenciar na análise da empresa que haja risco de continuidade, o auditor deve:

(A) guardar sigilo dos fatos contábeis, não divulgando ao público ou em nota explicativa.

(B) avaliar os efeitos nas demonstrações contábeis quanto à realização dos ativos.

(C) limitar os procedimentos e testes para realização do trabalho na empresa.

(D) evidenciar a normalidade das operações pelo prazo mínimo de seis meses.

(E) omitir do relatório do auditores independentes de auditoria o fato para não dificultar a situação da empresa.

16. **(Auditor – AFRF 2003 – QUESTÃO 44)** São diversos os pressupostos mínimos a serem avaliados pelo auditor na análise da continuidade da empresa, dos indicadores abaixo, indique qual não representa um indicador financeiro.

(A) índices financeiros adversos de forma contínua.

(B) dificuldades de acertos com credores.

(C) posição negativa de capital circulante líquido.

(D) perda de mercado, franquia ou licença.

(E) prejuízos operacionais substanciais de forma contínua.

CAPÍTULO XIII– CONTINUIDADE NORMAL DAS ATIVIDADES DA ENTIDADE | 257

17. **(Auditor – AFPS 2002 – QUESTÃO 62)** Em uma auditoria de uma *holding*, os auditores de uma das controladas emitiram um relatório do auditores independentes alertando da descontinuidade operacional. Nesse caso, o auditor principal deve:

(A) discutir com os auditores dessa controlada e consolidar os valores.

(B) avaliar a relevância dos valores da controlada e consolidar os valores.

(C) discutir com a administração da *holding* e ressalvar o relatório dos auditores independentes.

(D) ressalvar o relatório do auditores independentes em função de outros relatório emitidos.

(E) incluir uma nota explicativa e não consolidar os valores da controlada.

18. **(Auditor – AFRF 2000 – QUESTÃO 34)** Para verificar a existência, efetividade e continuidade dos controles internos da entidade, o auditor independente de demonstrações contábeis aplica:

(A) testes de abrangência.

(B) testes substantivos.

(C) testes de revisão analítica.

(D) testes de observância.

(E) testes de conferência de cálculos.

19. **(Auditor – AFRF 2000 – QUESTÃO 37)** O Conselho Federal de Contabilidade entende que a continuidade normal das atividades da entidade auditada fica evidente:

(A) 6 meses após a data das demonstrações contábeis.

(B) 1 mês após a data da assembleia de acionistas.

(C) 6 meses após a data da emissão do relatório do auditores independentes.

(D) 1 ano após a data da emissão do relatório do auditores independentes.

(E) 1 ano após a data das demonstrações contábeis.

CAPÍTULO XIV - TRANSAÇÕES E EVENTOS SUBSEQUENTES

14.1. Introdução

São eventos e ou transações ocorridas entre à data do término do exercício social e a data na qual é autorizada a emissão dos demonstrativos contábeis definitivos. A NBC TA 560 (R1) identifica dois tipos de eventos a respeito dessa matéria:

- os que evidenciam condições que já existiam na data do balanço (eventos subsequentes à data do balanço que originam ajustes); e
- os que são indicadores de condições que surgiram subsequentemente à data do balanço (eventos subsequentes à data do balanço que não originam ajustes).

Já a NBC TG 24 (R1) estabelece que a entidade não deve elaborar suas demonstrações contábeis segundo o pressuposto da continuidade se os eventos subsequentes ao período contábil a que se referem às demonstrações indicarem que o pressuposto da continuidade não é apropriado.

14.2. Eventos subsequentes à data dos demonstrativos contábeis que originaram seus ajustes

A NBC TG 24 (R1) cita alguns exemplos de eventos subsequentes, que fornecem evidência de condições existentes na data das demonstrações contábeis, sendo passível de ajustes:

(a) decisão ou pagamento em processo judicial após o final do período contábil a que se referem às demonstrações contábeis, confirmando que a entidade já tinha a obrigação presente ao final daquele período contábil. A entidade deve ajustar qualquer provisão relacionada ao processo anteriormente reconhecido de acordo com a NBC TG 25;

(b) obtenção de informação após o período contábil a que se referem às demonstrações contábeis, indicando que um ativo estava desvalorizado ao final daquele período contábil ou que o

CAPÍTULO XIV - TRANSAÇÕES E EVENTOS SUBSEQUENTES | 259

montante da perda por desvalorização previamente reconhecida em relação àquele ativo precisa ser ajustado. Por exemplo:

(i) falência de cliente ocorrida após o período contábil a que se referem às demonstrações contábeis normalmente confirma que já existia um prejuízo na conta a receber ao final daquele período, e que a entidade precisa ajustar o valor contábil da conta a receber; e

(ii) venda de estoque após o período contábil a que se referem às demonstrações contábeis pode proporcionar evidência sobre o valor de realização líquido desses estoques ao final daquele período;

(c) determinação, após o período contábil a que se referem às demonstrações contábeis, do custo de ativos comprados ou do valor de ativos recebidos em troca de ativos vendidos antes do final daquele período;

(d) determinação, após o período contábil a que se referem às demonstrações contábeis, do valor referente ao pagamento de participação nos lucros ou gratificações, no caso de a entidade ter, ao final do período a que se referem às demonstrações, uma obrigação presente legal ou construtiva de fazer tais pagamentos em decorrência de eventos ocorridos antes daquela data.

14.3. Evento subsequente ao período contábil a que se referem às demonstrações contábeis que não originam ajustes

A entidade não deve ajustar os valores reconhecidos em suas demonstrações contábeis por eventos subsequentes à data do balanço que reflitam circunstâncias que surgiram após aquela data.

Um exemplo de evento subsequente à data do balanço que não origina ajustes é o declínio do valor de mercado de investimentos ocorrido no período entre a data do balanço e a data de autorização de conclusão da elaboração das demonstrações contábeis.

O declínio do valor de mercado não se relaciona normalmente à condição dos investimentos na data do balanço, mas reflete circunstâncias que surgiram no período seguinte. Portanto, a entidade não ajusta os valores reconhecidos para os investimentos em suas demonstrações.

260 | AUDITORIA CONTÁBIL

14.4. Responsabilidade do auditor

Quanto ao papel do auditor para determinar se esses fatos poderão afetar sua opinião ou não, ele deverá aplicar procedimentos específicos em relação aos eventos ocorridos entra data do término do exercício social e do seu relatório.

Caso considerem os efeitos decorrentes de transações e eventos subsequentes relevantes ao exame das demonstrações contábeis em seu relatório, o auditor poderá emitir uma opinião com ressalva quando não ajustadas ou um parágrafo de ênfase, quando o auditor quer enfatizar um fato relevante, esses pontos serão explicados no capítulo de relatório dos auditores independentes (vide capítulo XVI).

Para entendermos melhor os fatos ocorridos após o encerramento do exercício social que poderão afetar ou não os demonstrativos contábeis, a NBC TA 560 (R1) elenca algumas definições importantes.

- **Data das Demonstrações Contábeis** - é a data de encerramento do último período coberto pelas demonstrações contábeis.
- **Data de aprovação das Demonstrações Contábeis** - é a data em que todos os quadros que compõem as demonstrações contábeis foram elaborados e que aqueles com autoridade reconhecida afirmam que assumem a responsabilidade por essas demonstrações.
- **Data do relatório do auditor independente** - é a data do término dos trabalhos na entidade auditada.
- **Data de divulgação das Demonstrações Contábeis** -é a data em que o relatório do auditor independente e as demonstrações contábeis auditadas são disponibilizados para terceiros.

14.5. Reconhecimento e mensuração dos responsáveis pela governança

A organização deve ajustar os valores reconhecidos em suas demonstrações contábeis para que reflitam eventos subsequentes à data do término do exercício social que venham a confirmar as condições existentes até aquela data.

14.6. Data de aprovação das demonstrações contábeis

A legislação identifica as pessoas responsáveis por todos os quadros que compõem as demonstrações contábeis. Em certos contextos, o processo de aprovação não é previsto na legislação ou regulamentação, a entidade segue seus próprios procedimentos levando em consideração suas estruturas administrativas. Em qualquer caso, é necessária a aprovação final das demonstrações contábeis pelos acionistas, mas não é necessário para o auditor independente concluir que foi obtida evidência de auditoria apropriada e suficiente para servir de base para sua opinião sobre as demonstrações contábeis.

A data da aprovação dos demonstrativos para fins das normas de auditoria é a primeira data em que as pessoas com autoridade reconhecida determinam que todos os quadros que compõem os demonstrativos que foram elaborados de acordo com a legislação vigente do país e respeitando as normas, regulamentos e os princípios contábeis.

Em suma, a Lei nº 6.404/76 determina no seu art. 132 que as companhias deverão realizar anualmente uma reunião com Assembleia Geral Ordinária, nos primeiros 4 (quatros) meses seguinte após o término do exercício social para tratar dentre outros assuntos, a aprovação das demonstrações contábeis obrigatórias. Entretanto, no art.133 §5, menciona que esses demonstrativos deverão ser publicados até 1 (um) mês antes da data marcada para a realização da Assembleia Geral Ordinária.

Então podemos exemplificar que se o término do exercício for em 31 de dezembro de 20x1, a data da Assembleia pode ser até 30 de abril de 20x2, conclui-se que os demonstrativos contábeis obrigatórios deverão ser publicados até 31 de março de 20x2.

Existem três situações de eventos subsequentes que tratam sobre as responsabilidades do auditor na execução dos fatos, a seguir mostraremos os procedimentos ou indagações que o auditor efetuará a administração para ajustar os demonstrativos contábeis.

Para facilitar o entendimento dos eventos subsequentes ocorridos das situações, preparamos um cronograma com datas hipotéticas para todos os eventos ocorridos.

14.7. Eventos ocorridos entre a data do término do exercício social e a data da emissão do relatório dos auditores independentes sobre as demonstrações contábeis

O auditor independente deve executar procedimentos de auditoria para identificar transações e eventos, que podem requerer ajuste na divulgação nos demonstrativos. Esses procedimentos devem ser executados próximos da data do relatório. A seguir, apresentaremos um gráfico para melhor visualizar esse primeiro evento.

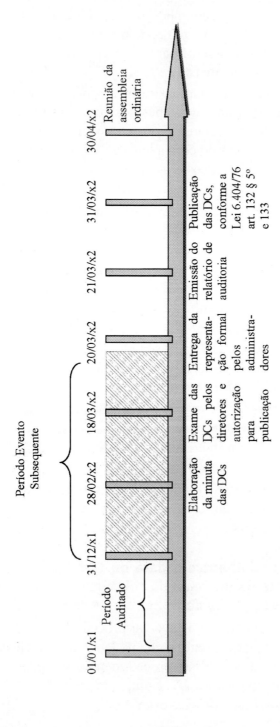

Figura 13 - Linha do Tempo 1
Fonte: Modelo adaptado da obra do professor Longo, Manual de auditoria e revisão das DFs.

CAPÍTULO XIV - TRANSAÇÕES E EVENTOS SUBSEQUENTES | 263

Exemplos de procedimentos de auditoria para identificar transações e eventos subsequentes entre a data do término e a data da emissão do relatório de auditoria:

a) revisão dos procedimentos que a administração estabeleceu para assegurar que eventos subsequentes sejam identificados;

b) leitura de atas realizadas após o fim do período;

c) leitura das DCs intermediárias posteriores àquelas;

d) indagação ou ampliação das indagações anteriores aos advogados da entidade a respeito de litígios e reclamações;

e) indagação à administração sobre se ocorreu qualquer evento subsequente que possa afetar as DCs e obtenção, da parte dela, de carta de responsabilidade, com a mesma data do relatório. Os exemplos de assuntos a serem indagados incluem:

■ assunção de novos compromissos, empréstimos ou garantias concedidas;

■ vendas de ativos;

■ emissão de debêntures ou ações novas ou acordo de fusão, incorporação, cisão ou liquidação de atividades, ainda que parcialmente;

■ destruição de ativos, por exemplo, por fogo ou inundação;

■ desapropriação por parte do governo;

■ evolução subsequente de contingências e assuntos de maior risco de auditoria;

■ ajustes contábeis inusitados;

■ ocorrência ou probabilidade de ocorrência de eventos que ponham em dúvida a adequação das práticas contábeis usadas nas DCs, como na hipótese de dúvida sobre a continuidade normal das atividades da entidade.

14.8. Eventos ocorridos depois da emissão do relatório de auditoria, mas antes da data de divulgação das demonstrações contábeis

O auditor independente não tem obrigação de executar nenhum procedimento de auditoria em relação às transações e eventos ocorridos após a data do seu relatório. Veja gráfico para melhor visualizar esse segundo evento.

264 | AUDITORIA CONTÁBIL

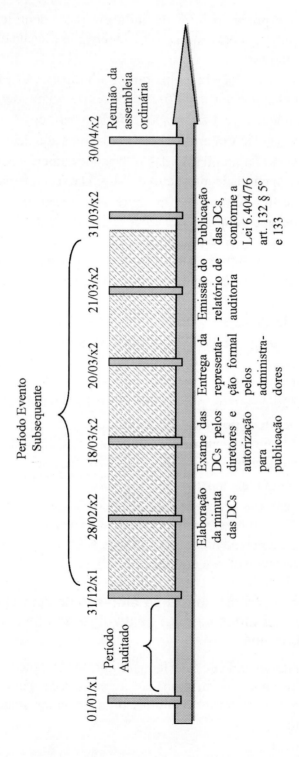

Figura 14 - Linha do tempo II
Fonte: Modelo adaptado da obra do professor Longo, Manual de auditoria e revisão das DFs.

Entretanto, se após a data do seu relatório, mas antes da data de divulgação das demonstrações contábeis, se o auditor tivesse conhecimento do fato na data do seu relatório poderia tê-lo levado a alterar, logo deve:

a) discutir o assunto com a administração e, quando apropriado, com os responsáveis pela governança;

b) determinar se as demonstrações contábeis precisam ser alteradas; e

c) indagar como a administração pretende tratar o assunto nas demonstrações contábeis.

14.9. Eventos ocorridos após a divulgação das demonstrações contábeis

O auditor não tem responsabilidade de executar nenhum procedimento de auditoria em relação às transações e eventos ocorridos após a divulgação das demonstrações contábeis. Veja gráfico para melhor visualizar esse terceiro evento.

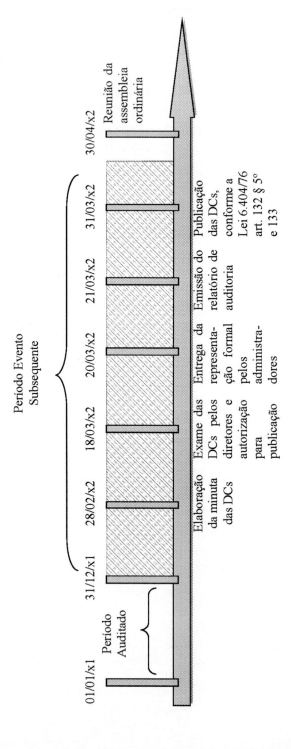

Figura 15 - Linha do Tempo III
Fonte: Modelo adaptado da obra do professor Longo, Manual de auditoria e revisão das DFs.

CAPÍTULO XIV - TRANSAÇÕES E EVENTOS SUBSEQUENTES | 267

No entanto, se após a divulgação das demonstrações contábeis, o auditor tomasse conhecimento do fato na data do seu relatório poderia tê-lo levado a alterar, logo, deverá decidir se as demonstrações precisariam de revisão. Então, o auditor deverá discutir o assunto com a administração e tomar as medidas apropriadas às circunstâncias.

Cabe destacar que o auditor independente deverá solicitar à administração que conste no seu relatório de representação formal todos os eventos subsequentes à data das demonstrações contábeis.

Após a conclusão da fundamentação dos fatos, a próxima etapa é verificarmos através dos exercícios o entendimento do capítulo.

14.10. Exercícios – Transações e eventos subsequentes

1. **(Analista de Controle – AL AM 2011 – QUESTÃO 74). Assinale** a alternativa que apresenta o momento em que ocorrem os eventos subsequentes.

    (A) entre a data da publicação das demonstrações contábeis e a data do relatório do auditor independente se os fatos chegaram ao conhecimento do auditor independente após a data do seu relatório.

    (B) entre a data do relatório do auditor independente e a publicação das demonstrações contábeis se os fatos chegaram ao conhecimento do auditor independente antes da data do seu relatório.

    (C) após a data em que o relatório do auditor independente e as demonstrações contábeis auditadas estão disponibilizadas para terceiros.

    (D) até a data do relatório do auditor independente sobre as demonstrações contábeis.

    (E) após a aprovação das demonstrações contábeis pelo conselho de administração.

2. **(Técnico de Controle Externo –TCM PA 2010 – QUESTÃO 65). Considere** as seguintes afirmações, relativas a transações e eventos subsequentes à conclusão dos trabalhos de auditoria:

    I.   O auditor deve considerar em seu relatório os efeitos decorrentes de transações e eventos subsequentes relevantes ao exame das demonstrações contábeis, mencionando-os como ressalva ou em parágrafo de ênfase, quando não ajustados ou revelados adequadamente.

II. O auditor é responsável pela execução de procedimentos ou indagações sobre as demonstrações contábeis após a data do seu relatório.

III. Após a divulgação das demonstrações contábeis, o auditor tem responsabilidade de fazer indagações sobre transações e eventos subsequentes que possam alterar de maneira relevante o conteúdo de seu relatório.

IV. Quando a administração alterar as demonstrações contábeis, após a data da emissão do relatório, o auditor deve executar os procedimentos necessários nas circunstâncias e fornecer a ela novo relatório sobre as demonstrações contábeis ajustadas.

Está correto o que se afirma APENAS em

(A) II e III.

(B) II e IV.

(C) I e II.

(D) I e III.

(E) I e IV.

3. **(Analista de Controle Externo – TCM CE 2010 – QUESTÃO 45)** A utilização dos eventos subsequentes aplicados às contas de contas a pagar tem como objetivo

(A) verificar se os valores pagos após a data de encerramento das demonstrações contábeis foram corretamente provisionados.

(B) avaliar as alterações significativas no fluxo dos procedimentos contábeis após o fechamento das demonstrações contábeis.

(C) complementar ou subsidiar os procedimentos de auditoria aplicados durante a avaliação dos saldos das demonstrações contábeis, a fim de concluir sobre a adequação do saldo da conta.

(D) certificar se os valores pagos foram efetivamente debitados em conta-corrente da empresa auditada.

(E) certificar se a contabilização dessas contas são corretas.

CAPÍTULO XIV - TRANSAÇÕES E EVENTOS SUBSEQUENTES | 269

4. **(Auditor Pleno – PUC PR 2010 – QUESTÃO 39)** A auditoria estabelece como escopo do trabalho o período das demonstrações contábeis. Indique qual das normas a seguir **NÃO** se refere ao período objeto da auditoria:

(A) Eventos subsequentes.

(B) Transações com partes relacionadas.

(C) Carta de responsabilidade da administração.

(D) Amostragem estatística.

(E) Estimativas contábeis.

5. **(Especialista em Recursos Minerais – MME 2010 – QUESTÃO 37)** Eventos subsequentes são aqueles ocorridos entre a data das demonstrações contábeis e a data do relatório/parecer do auditor independente, que chegaram ao conhecimento desse auditor após a data do seu relatório. Alguns desses eventos (1) existiam na data de fechamento das demonstrações contábeis e afetam as estimativas e os valores lançados nas demonstrações; outros eventos (2) fornecem evidências sobre condições que não existiam na data de fechamento das demonstrações, por terem surgido posteriormente. Os eventos do tipo 1 exigem ajustes nas demonstrações contábeis; os do tipo 2 exigem apenas divulgação em notas explicativas.

Considerando o exposto, assinale a opção que apresenta evento do tipo 1.

(A) A falência de um cliente com saldo em contas a receber e para o qual não foi constituída provisão para créditos de liquidação duvidosa, apesar de alguns atrasos no pagamento tidos por situação passageira.

(B) A falência de um cliente com saldo em contas a receber e para o qual não foi constituída provisão para créditos de liquidação duvidosa, mas que foi considerado, à época, como tendo sólida situação financeira.

(C) Aquisição de uma empresa, cuja negociação já ocorria na data de fechamento do balanço, mas sem a assinatura de qualquer acordo ou contrato até então.

(D) Emissão de ações ordinárias e preferenciais.

(E) Perdas causadas por inundação no mês seguinte ao de fechamento das demonstrações contábeis.

270 | AUDITORIA CONTÁBIL

6. **(Analista Judiciário – TRE AL 2010 – QUESTÃO – 69)** Contém um tipo de evento subsequente à data do balanço que NÃO demanda ajustes:

(A) a obtenção de informação indicando que um ativo estava alterado na data do Balanço.

(B) pagamento ou divulgação de uma decisão definitiva relacionada a um processo judicial.

(C) a falência ou concordata de um cliente.

(D) venda de estoques com prejuízo.

(E) destruição por incêndio de uma instalação de produção importante, e o valor da cobertura do seguro existente

7. **(Analista de Finanças e Controle – SEFAZ SP 2009 – QUESTÃO 72)** As seguintes opções constituem exemplos de transações e eventos subsequentes, exceto:

(A) perda em contas a receber decorrente de falência do devedor.

(B) alteração do controle societário.

(C) aporte de recursos, inclusive como aumento de capital.

(D) destruição de estoques em decorrência de sinistro.

(E) variação sazonal dos custos com insumos.

8. **(Auditor – Prefeitura Municipal de Natal 2008 – QUESTÃO 49)** Não corresponde a um evento subsequente que gera ajuste nas demonstrações financeiras:

(A) decisão definitiva de processo judicial, dando ganho ou perda da causa que represente valor relevante.

(B) perda de valor de investimentos, em decorrência do declínio do valor de mercado das ações.

(C) descoberta de erros ou fraudes posteriores, que afetam o resultado da empresa.

(D) determinação de valores referentes a pagamento de participação nos lucros ou referente a gratificações assumidas legalmente e não formalizadas.

(E) ativos deteriorados, que constavam com valor significativo e que não foram ajustados.

CAPÍTULO XIV - TRANSAÇÕES E EVENTOS SUBSEQUENTES | 271

9. **(Auditor –AL ES 2006 – QUESTÃO 42)** O auditor externo, ao realizar procedimentos para constatação de eventos subsequentes e constatar a existência de evento que altera substancialmente a situação patrimonial da empresa, deve:

(A) sempre ressalvar o relatório do auditores independentes e exigir o ajuste das contas.

(B) não se pronunciar por não fazer parte do período das demonstrações contábeis.

(C) sempre emitir relatório do auditores independentes adverso e solicitar a inclusão de notas explicativas.

(D) elaborar notas explicativas e sempre ressalvar o relatório do auditores independentes.

(E) exigir o ajuste das contas ou a inclusão de notas explicativas,

10. **(Analista de Finanças e Controle – CGU 2006 – QUESTÃO 51)** Consideram-se exemplos de transações e eventos subsequentes, havidos entre a data de término do exercício social e até após a data da divulgação das demonstrações contábeis, exceto

(A) as operações rotineiras de compra e venda.

(B) a compra de nova subsidiária ou de participação adicional relevante em investimento anterior.

(C) a destruição de estoques ou estabelecimento em decorrência de sinistro.

(D) a alteração do controle societário.

(E) o aporte de novos recursos, inclusive como aumento de capital.

11. **(Analista de Finanças e Controle – CGU 2004 – QUESTÃO 24)** São consideradas situações de eventos subsequentes para a auditoria, exceto fatos ocorridos:

(A) após a publicação do balanço e do relatório do auditores independentes de auditoria.

(B) durante o exercício contábil objeto da auditoria.

(C) da data de fechamento do balanço até a data de emissão do relatório do auditores independentes.

(D) durante a publicação do balanço e do relatório do auditores independentes de auditoria.

(E) depois do término dos trabalhos de campo e emissão do relatório do auditores independentes e antes da data de publicação.

272 | AUDITORIA CONTÁBIL

12. **(Auditoria –AFTE PI 2002 – QUESTÃO 65)** Na constatação de omissão de eventos subsequentes relevantes identificados pelo auditor, nas demonstrações contábeis da empresa auditada, o profissional deve:

(A) Elaborar notas explicativas justificando.

(B) Emitir relatório dos auditores independentes sobre as demonstrações contábeis com parágrafo de ênfase ou ressalva.

(C) Ajustar as contas com os procedimentos recomendados.

(D) Recomendar à empresa que omita os ajustes.

(E) Emitir relatório dos auditores independentes sobre as demonstrações contábeis sem ressalva.

13. **(Auditoria –AFTE PI 2002 – QUESTÃO 64)** Identifique um procedimento de auditoria para evidenciação de um evento subsequente.

(A) Circularização do saldo de contas a receber do período findo auditado.

(B) Inventário físico dos saldos de abertura e final do período auditado.

(C) Exame dos pagamentos realizados no período auditado.

(D) Exame de devoluções de vendas realizadas no período seguinte ao auditado.

(E) Teste de adições de imobilizado realizado durante o período auditado.

14. O auditor deve considerar em seu Relatório dos auditores independentes sobre as demonstrações contábeis os efeitos de transações e eventos subsequentes relevantes ocorridos:

(A) Entre as datas do balanço e a de convocação da assembleia de acionistas.

(B) Entre as datas do balanço e a de publicação nos jornais.

(C) Entre as datas do balanço e a de emissão do seu Relatório dos auditores independentes sobre as demonstrações contábeis.

(D) Somente até 30 dias após a data de encerramento do balanço.

(E) Somente até a data de conclusão dos exames de passivos.

CAPÍTULO XIV - TRANSAÇÕES E EVENTOS SUBSEQUENTES | 273

15. **(QUESTÃO ADAPTADA PELOS AUTORES)** - Coloque no parêntese a letra "A" para o evento subsequente que exige ajuste e "N" para o que exige divulgação por meio de nota explicativa (a Cia. Auditada levantou o balanço em 31-12-2004 e o término do trabalho em campo dos Auditores foi em 01-03-2005).

( ) Um cliente da Cia. Auditada entrou em falência em função da fábrica ter sido inundada por um rio em janeiro de 2005. Como consequência, a Cia. Auditada incorreu em prejuízo substancial pelo não recebimento das duplicatas desse cliente.

( ) A Cia. Auditada perdeu um processo fiscal em janeiro de 2005 e teve que pagar uma quantia bastante significativa. Nas demonstrações contábeis levantadas em 31-12-2004, a administração da companhia não provisionou ou registrou na contabilidade esse processo, embora a opinião dos seus advogados naquela época era de provável perda da ação.

( ) Em janeiro de 2005, o maior acionista da Cia. Auditada decidiu vender as suas ações para um grupo de empresas. Como consequência, houve uma mudança do controle acionário da companhia. Art 176 §5 F e I da lei 6404/76

( ) Em janeiro de 2005, a Cia. Auditada decidiu comprar uma outra empresa, que se tornou uma sociedade controlada.

( ) Em janeiro de 2005, o governo decidiu desvalorizar o real em 50% em relação ao dólar americano. Consequentemente, a Cia. Auditada teve perdas cambiais de valor relevante, em função da atualização das dívidas em moeda estrangeira.

( ) Em fevereiro de 2005, um cliente da Cia. Auditada pediu concordata, devido ao fato de que no último ano seus produtos não tiveram boa aceitação no mercado. Em virtude deste fato, a Cia. Auditada incorreu em perdas substanciais, em função de ter recebido apenas pequena parte das duplicatas desse cliente, que não estava provisionada

( ) Em janeiro de 2005, a Cia. Auditada obteve um relevante empréstimo a longo prazo para ampliação de suas instalações fabris.

( ) Em janeiro de 2005, a Cia. Auditada utilizou indevidamente uma patente de terceiros e como consequência foi multada.

274 | AUDITORIA CONTÁBIL

( ) Em fevereiro de 2005, a Cia. Auditada incorreu em custos substanciais de garantias, em função de defeitos técnicos de uma linha de produtos vendidos em dezembro de 2004. Cabe informar que a provisão para garantias, constituída no balanço patrimonial sob exame, não levou em consideração esse tipo de acontecimento.

( ) Em janeiro de 2005, a Cia. Auditada incorreu em perdas substanciais em decorrência de um incêndio no edifício administrativo.

CAPÍTULO XV– REPRESENTAÇÃO FORMAL

15.1. Introdução

A representação formal é uma declaração por escrito emitida pela administração e fornecida ao auditor para ratificar os dados colhidos ao longo do trabalho executado na companhia, essas informações estão refletidas nos demonstrativos contábeis da companhia e representa uma evidência de auditoria utilizada para suportar a opinião do auditor, conforme a NBC TA 580 (R1).

A representação formal é uma evidência importante para o auditor que influenciará na emissão do seu relatório de auditoria.

Nessa carta da administração deverá relatar os fatos relevantes, como por exemplo, a seleção e aplicação das políticas contábeis na companhia, riscos e incertezas quanto ao monitoramento dos controles internos, eventos subsequentes à data do término do exercício social, passivos contingenciais e outros assuntos relevantes que podem alterar significativamente o patrimônio da companhia.

A opinião do auditor não poderá ser expressa antes da emissão da representação formal, pois, caso ocorram eventos e transações contábeis até a data do seu relatório serão exigidos ajustes ou nova divulgação das demonstrações contábeis, pois a auditoria ficaria sem o conforto das informações emitidas pela administração.

É por isso que as representações formais são emitidas o mais próximo possível da data do relatório dos auditores, para espelhar a veracidade dos fatos nos demonstrativos.

Antigamente, a representação formal era chamada de carta da administração, que evidenciava a responsabilidade da administração quanto às informações e dados antes da publicação das demonstrações contábeis.

15.2. Responsabilidade da administração na elaboração da representação formal

Na contratação dos serviços de auditoria, a administração reconhece e entende que possui responsabilidades específicas, tais como:

276 | AUDITORIA CONTÁBIL

a elaboração dos demonstrativos contábeis em conformidade com a legislação vigente do país, normas brasileiras de contabilidade e aos princípios contábeis, assim, como a manutenção contínua dos controles internos e outras rotinas específicas que estejam livres de distorções relevantes, independentemente se causada por fraude e/ou erro.

Para evitar problemas, obtém-se a concordância da administração de que ela reconheça e entenda que essas tarefas fazem parte de um conjunto de afirmações fidedignas que irão se basear na formulação e entrega da representação formal na data acorda entre as partes.

Em alguns casos a administração pode decidir fazer indagações junto a outros responsáveis que participam da elaboração e apresentação das demonstrações contábeis e inclusive indivíduos que possuam conhecimento especializado relativo a assuntos a respeito dos quais são solicitados informações ao:

- atuário responsável por estimativas contábeis determinadas de forma atuarial;
- engenheiro da companhia que possam ter responsabilidade e conhecimento especializado sobre mensuração de passivos ambientais;
- departamento jurídico que possa fornecer informações essenciais para provisões para ações judiciais.

15.3. Recusa na emissão das informações necessárias para o auditor

Quando a administração não reconhece sua responsabilidade, ou não concorde em fornecer a representação formal, fica evidente que a auditoria não consegue obter evidência relevante e apropriada ou caso a companhia concorde em transmitir as informações somente de forma verbal, mas se recusa em confirmá-la por escrito, isto demonstra mais uma vez uma limitação no escopo dos exames do auditor, impossibilitando o auditor a emitir uma opinião. Portanto, o auditor deve:

(a) discutir o assunto com a administração;

(b) reavaliar a integridade da administração e avaliar o efeito que isso pode ter sobre a confiabilidade das representações (verbais ou escritas) e da evidência de auditoria em geral; e

(c) tomar ações apropriadas, inclusive determinar o possível efeito sobre a sua opinião no relatório de auditoria, em conformidade com a nova redação da NBC TA 705.

15.4. Período de abrangência das representações formais

A data das representações formais deve ser tão próxima quanto praticável, mas **não posterior à data do relatório do auditor sobre as demonstrações contábeis**. As representações formais devem ser para todas as demonstrações contábeis e período(s) mencionado(s) no relatório do auditor .

15.5. Forma da representação formal

A representação formal deve ter a forma de carta timbrada dirigida ao auditor, constando assuntos relevantes sobre as demonstrações contábeis e/ou fatos não contidos nos demonstrativos que poderiam modificar a opinião do auditor. Logo, apresentaremos na seção 6 o modelo de representação formal que é exigido por esta e outras normas aplicáveis à auditoria das demonstrações contábeis de períodos iniciados após 1º de janeiro de 2010.

15.6. Modelo de representação formal

Assunto: Demonstrações Contábeis para o exercício findo em 31 de dezembro de 20x10.

Rio de Janeiro, XX fevereiro de 20x11.

À
EMPRESA DE AUDITORIA INDEPENDENTE
Av. XXXXXX, nº XXXX – Xº andar - XXXX
Rio de Janeiro - RJ
Prezados senhores:

Reconhecemos que a apresentação de declaração de responsabilidade de nossa parte sobre as informações contidas nesta carta constitui-se em um procedimento de auditoria requerido pelas normas de auditoria aplicáveis no Brasil, a fim de que V.Sas. possam expressar uma opinião sobre as demonstrações contábeis da MMM Ltda; referentes aos exercícios findo em 31 de dezembro de 20x11 e 20x10 foram apresentadas adequadamente, em todos os seus aspectos relevantes, a

278 | AUDITORIA CONTÁBIL

posição patrimonial e financeira, os respectivos resultados de suas operações, as mutações do seu patrimônio líquido, as demonstrações de seus fluxos de caixa e valor adicionado, de acordo com as práticas contábeis adotadas no Brasil, normas expedidas pela Comissão de Valores Mobiliários – CVM, em observância às disposições contidas nos pronunciamentos emitidos pelo Comitê de Pronunciamentos Contábeis – CPC, aprovados pelo Conselho Federal de Contabilidade.

Certas representações nesta carta estão relacionadas a assuntos significativos, independentemente de seu montante, se a pessoa se envolverem omissões, erros ou irregularidades nas informações contidas nas mencionadas demonstrações contábeis que, em vista das circunstâncias existentes, poderiam modificar ou influenciar a decisão de uma pessoa ponderada que confie nessas informações. Consequentemente, fazemos as seguintes declarações de responsabilidade, que são verdadeiras segundo nosso conhecimento e entendimento.

Geral

1. É de nossa responsabilidade a apresentação e divulgação adequada da posição patrimonial e financeira dos resultados das operações e das modificações patrimoniais e financeiras nessas demonstrações, de acordo com as práticas contábeis adotadas no Brasil, normas da Comissão de Valores Mobiliários (CVM) e CPCs.

2. Não ocorreram mudanças significativas nas diretrizes e práticas contábeis adotadas pela Empresa, em relação àquelas adotadas no exercício anterior, além das divulgadas nas Demonstrações Contábeis. As práticas contábeis adotadas e métodos seguidos na sua aplicação são os divulgados nas demonstrações.

3. Não existem diferenças relevantes relativas à sua auditoria do exercício findo em 31 de dezembro de 20x11, identificadas e não ajustadas.

4. Não temos planos ou intenções que possam afetar o valor contábil, as operações ou a classificação de ativos e passivos. Não temos conhecimento de qualquer informação que poderia ter impacto material nas demonstrações contábeis que não tenham sido apropriadamente considerados na preparação de suas demonstrações obrigatórias.

5. Colocamos à disposição de seus representantes todos os registros contábeis e a respectiva documentação suporte dos lançamentos efetuados.

Atas e contratos

6. Foram colocados à disposição de seus representantes todos os contratos e acordos significativos, bem como todas as atas de assembleias dos acionistas, de reuniões da diretoria e do Conselho de Administração, bem como todos os resumos de assuntos tratados em reuniões recentes para os quais ainda não foram preparadas as correspondentes atas. As decisões tomadas nas reuniões cujo rascunho ou sumário foi fornecido, não têm efeito material nas demonstrações contábeis e não são de natureza que deveriam ser divulgadas como evento subsequente. Cumprimos todos os aspectos dos acordos contratuais, que teriam um efeito relevante sobre as demonstrações contábeis caso não fossem cumpridos.

   As últimas atas foram emitidas nas seguintes datas:
   - Reunião de Diretoria – XX de dezembro de 20x11;
   - Reunião do Conselho Deliberativo – XXX de setembro de 20x11;
   - Reunião de Sócios Quotistas – XXX de abril de 20x11.

7. Temos cumprido com todos os requisitos contratuais que poderiam ter um efeito significativo sobre as demonstrações contábeis em caso de descumprimento. Confirmamos que não recebemos qualquer notificação de credores ou de seus agentes fiduciários com relação ao possível descumprimento de cláusulas restritivas sobre contratos de empréstimos e financiamentos.

Riscos e incertezas

8. Não há riscos e incertezas relacionados com o uso de estimativas contábeis e nem vulnerabilidades ocasionadas por concentrações relevantes que não tenham sido divulgadas.

9. Julgamos que os seguros contratados foram efetuados em valores suficientes para cobrir eventuais sinistros que possam ocorrer e que possam impedir a continuidade normal dos negócios.

280 | AUDITORIA CONTÁBIL

10. A Empresa tem cumprido com todos os requisitos contratuais que poderiam ter um efeito material sobre as demonstrações contábeis em caso de descumprimento como, por exemplo, "debt covenants". Confirmamos que não recebemos qualquer notificação de credores ou de seus agentes fiduciários (trustestrustes) com relação ao possível descumprimento de cláusulas restritivas sobre contratos de empréstimos e financiamentos;

11. Além dos fatos divulgados nas demonstrações contábeis, não temos conhecimento de:

a) Transações significativas que não tenham sido adequadamente contabilizadas ou divulgadas de acordo com a legislação vigente e refletidas nas demonstrações contábeis;

b) Prejuízos ou lucros decorrentes de compromissos de compra e venda;

c) Ativos penhorados como garantia física.

Estrutura de controles internos

12. Não há transações relevantes, individual ou quando agregadas, que não tenham sido apropriadamente registradas nos livros contábeis que fundamentam as demonstrações contábeis. Não existem condições reportáveis, incluindo fraquezas relevantes no desenho ou operação dos controles internos que poderiam afetar adversamente a capacidade da Empresa em iniciar, registrar, processar, autorizar e divulgar informações financeiras. Não houve alterações importantes no sistema de controles internos desde 31 de dezembro de 20x10, o qual é de nossa responsabilidade, sendo adequados ao tipo de atividade e volume de transações que têm a Empresa.

Fraudes, Independência e Conflitos de Interesses

13. Reconhecemos nossa responsabilidade na elaboração e implementação de programas e controles para prevenir e detectar fraudes. Não temos conhecimento de qualquer fraude ou suspeita de fraude que afetem a Empresa, envolvendo: membros da administração, empregados que possuem cargos importantes no controle interno, ou outros em que a fraude poderia ter um efeito relevante nas Demonstrações Contábeis.

CAPÍTULO XV– REPRESENTAÇÃO FORMAL | 281

Não temos conhecimento de qualquer declaração ou suspeita de fraude que poderiam afetar a Empresa, que tenham sido informadas por funcionários, ex-funcionários, analistas, reguladores, corretores ou outros. Entendemos que o termo "fraude" inclui declarações inexatas, resultantes de relatório financeiro fraudulento e de desvio de ativos.

As declarações inexatas resultantes de relatório financeiro fraudulento envolvem declarações inexatas intencionais, incluindo omissões de quantidades ou divulgações nas demonstrações contábeis, para enganar os usuários das demonstrações. As declarações inexatas resultantes de desvio de ativos envolvem o roubo dos ativos de uma entidade, muitas vezes acompanhado de registros ou documentos falsos ou enganosos, a fim de ocultar a falta desses ativos, ou que estes foram comprometidos sem autorização adequada.

14. Não temos conhecimento de quaisquer circunstâncias em que administradores, diretores ou acionistas relevantes da Empresa mantenham relações comerciais significativas, diretas ou indiretas, com a MMM ou qualquer de suas empresas ligadas. Não temos conhecimento de nenhuma razão para que a EMPRESA DE AUDITORIA INDEPENDENTE não seja considerada independente em relação à Empresa.

15. Não há casos em que qualquer alto executivo ou empregado da Empresa tenha interesse em uma outra empresa com a qual negocia, que seria considerado "conflito de interesse". Um interesse deste tipo seria contrário à política da Empresa.

Propriedade e Penhor de Ativos

16. A Empresa possuí documentação e títulos de propriedade para todos os seus ativos e não temos conhecimento de hipotecas, penhoras ou garantias sobre tais ativos, além daquelas já reveladas nas demonstrações obrigatórias.

Destinação do Lucro

17. Demos cumprimento ao estabelecido no Estatuto Social com relação às destinações do lucro líquido do exercício social de 20x11,

282 | AUDITORIA CONTÁBIL

pois, somos responsáveis em remeter e obter as aprovações em reunião de sócios, das retenções de lucros e do orçamento de capital. Somos responsáveis também, pelas premissas utilizadas na elaboração do orçamento de capital, bem como pelo cumprimento deste orçamento.

Contas a receber

18. As contas a receber representam direitos válidos contra os devedores indicados e não incluem os montantes de produtos entregues ou despachados, ou serviços prestados após as datas dos balanços.

19. Quando aplicável, a Empresa considerou o ajuste a valor presente do saldo de suas contas a receber.

20. Foi constituída provisão adequada para perdas, custos e despesas que possam ter sido incorridas, após as datas dos balanços, com respeito a vendas ou serviços prestados antes dessas datas e para contas incobráveis, descontos, devoluções e abatimentos, etc. que possam ter sido incorridos na cobrança de contas e receber naquelas datas.

21. As contas a receber não incluem valores relativos a estoques dados em consignação ou pendentes de autorização, bem como não prevê devolução de mercadorias, exceto por defeitos ou condições normais de garantia.

Almoxarifado

22. Os valores do Almoxarifado estão apresentados por montantes que não excedem os valores de realização líquido dos impostos e custos para vender. Contagens físicas e medições dos estoques foram efetuadas por pessoas competentes, sob a supervisão de gerentes, e os registros dos estoques foram ajustados, onde aplicável.

Instrumentos Financeiros

23. A Empresa possui títulos de renda fixa mantidos para venda, troca ou manutenção até o vencimento. Todos os títulos de propriedade da Empresa estão apresentados nas demonstrações contábeis e não

excedem o seu valor de realização. Acreditamos que os métodos e as premissas mais importantes, por nós adotados, resultaram em valor de realização considerado adequado para inclusão nas demonstrações contábeis e nas notas explicativas.

24. Nós confirmamos que lhes disponibilizamos todas as informações relacionadas às exposições a riscos da Empresa oriundas dos instrumentos financeiros e como aquelas exposições surgem, incluindo a descrição de nossos objetivos, políticas e processos para o gerenciamento de riscos oriundos dos instrumentos financeiros e os métodos usados para mensuração dos riscos.

Ativos Não Circulantes, Inclusive Intangíveis

25. Não houve qualquer evento ou mudança de circunstância que pudessem indicar que os ativos não circulantes, incluindo intangíveis, não serão recuperados.

26. Os ativos não circulantes, incluindo os intangíveis, foram revisados quanto à perda de substância econômica, sempre que qualquer evento ou mudança de circunstância tenha indicado que os seus valores contábeis possam não ser recuperados. De acordo com as circunstâncias, tais ativos foram reduzidos ao valor de realização. Nossas estimativas de fluxo de caixa futuro estão baseadas em premissas razoáveis e com suporte, representando nossa melhor estimativa de fluxo de caixa esperado pelo uso dos ativos ou suas alienações.

Impairment

27. Nós confirmamos que realizamos adequadamente o teste de perda por redução ao valor recuperável de ativos de acordo com o CPC 01(R1) Redução ao Valor Recuperável de Ativos (IAS 36).

Partes relacionadas

28. Os saldos e as transações com partes relacionadas, incluindo vendas, compras, empréstimos, mútuos ou garantias recebidas ou concedidas foram adequadamente registrados e/ou divulgados nas Demonstrações Contábeis. As transações com empresas vinculadas

284 | AUDITORIA CONTÁBIL

no exterior foram praticadas em condições normais de mercado e em nossa opinião não são necessários ajustes na apuração do lucro real ou na base de cálculo da contribuição social para atendimento da Lei nº 9.430/96 em especial os artigos 18 a 24 regulamentada pela Instrução Normativa SRF 243/02.

29. Confirmamos a integridade das informações fornecidas a V.Sas. com relação à identificação de partes relacionadas e às transações que sejam materiais para as demonstrações contábeis e confirmamos nossa responsabilidade em manter controles que permitam identificar os saldos e transações com partes relacionadas.

A identificação de saldos e transações compartes relacionadas foram adequadamente s e quando apropriado, adequadamente divulgadas nas notas das Demonstrações Contábeis. Entendemos que as definições de partes relacionadas e suas transações estão de acordo com a norma vigente.

Instituições Financeiras

30. Não existem acordos com instituições financeiras envolvendo saldos compensatórios ou qualquer outra forma de restrição ao uso de depósitos bancários e linhas de crédito ou acordos semelhantes além daqueles divulgados em notas explicativas. Adicionalmente, não ocorreram eventos de "default" previstos nos contratos de financiamento da Empresa. A Empresa não dá garantia de dívidas de terceiros.

Passivos Contingentes

31. Todos os litígios pendentes sejam eles classificados como prováveis, possíveis ou remotos, foram detalhados a V.Sas; na análise legal preparada pelos nossos assessores jurídicos.

32. Não há questões ainda não reclamadas ou autuações, incluindo aquelas que nossos advogados informaram que têm a probabilidade de serem feitas e que devem ser divulgadas. Adicionalmente, além dos passivos e perdas contingentes provisionados e/ou divulgados, não há outros passivos, ganhos ou perdas contingentes que devem ser provisionados e/ou divulgados, nem existem provisões para perdas

CAPÍTULO XV– REPRESENTAÇÃO FORMAL | 285

contingenciais incluídas no balanço, que não estejam em conformidade com as normas contábeis ou orientações de órgãos controladores.

Fornecemos aos seus representantes uma lista completa de litígios pendentes, causas e processos considerados como contingências prováveis e que, se confirmados, teriam pelo menos razoável possibilidade de um desfecho que afete a posição financeira em 31 de dezembro de 2011 ou o resultado operacional do exercício findo naquela data.

33. Não houve nenhuma comunicação de órgãos reguladores ou de autoridades do governo sobre investigações ou acusações de falta de cumprimento das leis ou regulamentos, em qualquer jurisdição, ou de deficiência nas práticas de apresentação de relatórios financeiros, ou outras questões que poderiam ter um efeito significativo sobre as demonstrações contábeis, exceto aquelas divulgadas em notas explicativas.

34. Confirmamos que o jurídico da Empresa cuida de todos os litígios, reclamações de impostos, ações trabalhistas e qualquer outro fato que possa ser considerado como contingência. Afirmamos que a lista de ações entregue a V.Sas. é completa em relação a litígios, causas ou processos e que os comentários a ela referentes representam nossos melhores e mais atualizados conhecimentos e estimativas em relação à natureza do item em andamento até a presente data, e avaliação da probabilidade de desfecho favorável ou desfavorável, juntamente com a estimativa de perdas ou ganhos potenciais, caso seja passível de determinação.

35. Não estamos cientes da existência de quaisquer litígios pendentes e autuações envolvendo a MMM de natureza ambiental, exceto os divulgados em notas explicativas e na carta do Jurídico. Confirmamos que estamos em conformidade com todos os regulamentos ambientais no Brasil e nos países onde a Empresa opera que sejam aplicáveis à MMM, bem como divulgamos a seus representantes todos os assuntos significativos relacionados a questões ambientais.

36. As contingências fiscais, trabalhistas, previdenciárias, relativas ao meio ambiente, comerciais e legais que reconhecemos existir nesta data, conforme informado pelo nosso jurídico, são as seguintes:

	R$ 19 mil
	R$ 500 mil
	R$ 24 mil
	R$ 1 mil
	R$ 4.431 mil
	R$ 10 mil
	R$ 2.339 mil
	R$ 1 mil

Compromissos de Compra e Venda

37. Em 31 de dezembro de 20x11, a Empresa não tinha compromissos de compra e venda acima das exigências normais ou por preços que estavam acima do mercado naquelas datas. As perdas relacionadas com os compromissos de venda assumidos pela Empresa estão provisionadas nas demonstrações. Também não havia acordos ou compromissos para recompra de ativos anteriormente vendidos e compromissos pendentes para contratos de mercados futuros e vendas a descoberto ou transações com "hedging". Pusemos à disposição de seus representantes todos os contratos com distribuidores e revendedores. Esses contratos estão completos e não foram modificados ou complementados por outros acordos verbais ou por escrito.

Impostos Diferidos

38. Com base nas informações e projeções disponíveis, acreditamos não ser necessária qualquer redução do valor dos impostos diferidos. Somos responsáveis pelas premissas mais importantes usadas no desenvolvimento das análises para determinação do valor de realização dos impostos diferidos, de acordo com o CPC 32 – Tributos sobre o Lucro (IAS 12).

Planos de Benefícios a Empregados

39. Todos os planos de saúde e de benefícios a empregados e de pós--aposentadoria relevantes, oferecidos pela empresa, foram descritos e sumariados nas Demonstrações Contábeis. As premissas e os métodos adotados para os cálculos atuariais das reservas técnicas e os valores de contribuição do plano de saúde e de pensão são

apropriados às circunstâncias e baseados em premissas que refletem a realidade econômica.

As premissas e os métodos adotados para o cálculo dos custos e obrigações dos planos de saúde e de benefícios pós-aposentadoria representam nossa melhor estimativa das condições futuras. As provisões para planos de pensão e de saúde foram constituídas com base em cálculos atuariais feitos por atuários independentes.

Eventos Subsequentes

40. Não temos conhecimento de eventos subsequentes à data do balanço que pudessem requerer ajustes ou revelações às demonstrações contábeis, além daqueles já divulgados.

41. Não há qualquer fato conhecido que possa impedir a continuidade normal das atividades da empresa, além do divulgado nas Demonstrações Contábeis.

42. Os valores incluídos nas demonstrações contábeis, objetos dos exames de auditoria efetuados por V.Sas; correspondem aos do livro diário da Empresa, os quais podem ser identificados como segue (em milhares de reais) em 31 de dezembro de 20x11 e 20x10:

	20x11	**20x10**
Total do ativo	380.282	588.795
Total do patrimônio líquido	125.379	197.408
Resultado do Exercício	170.564	160.793

Atenciosamente,

_____

XXXXXXXXXX
Diretor Presidente

_____

XXXXXXXXXXX
Diretor Administrativo

_____

XXXXXXXX
Contador
CRC-RJ-XXXXXX/O-XXX

288 | AUDITORIA CONTÁBIL

Enfim, após às explicações do capítulo, preparamos uma série de exercícios de concursos público se específicos sobre o assunto em foco.

15.7. Exercícios – Representação formal

1. **(Auditoria contábil – SEFAZ/RS 2014 – Questão 54)** - O auditor independente da Companhia DS recebeu a recusa da administração em fornecer as representações formais exigidas e a permissão aos acessos necessários, conforme entendimentos nos termos do trabalho de auditoria, e foi informado que todas as transações foram registradas e estão refletidas nas demonstrações contábeis. Diante dessa situação, o auditor deve:

   a) Emitir opinião adversa no relatório sobre as demonstrações contábeis.

   b) Emitir opinião com ressalva no relatório sobre as demonstrações contábeis.

   c) Abster-se de emitir opinião no relatório sobre as demonstrações contábeis.

   d) Emitir opinião sem ressalva no relatório sobre as demonstrações contábeis e informar aos responsáveis pela governança.

   e) Convocar uma assembleia geral.

2. **(Auditor Interno – Prefeitura Municipal de Camaçari 2010 – QUESTÃO 06)**Por quem deve ser emitida a carta de responsabilidade da administração?

   (A) Pelo auditor independente.

   (B) Pelo perito contábil.

   (C) Pela psicóloga responsável.

   (D) Pelos administradores da entidade.

   (E) Pelo juiz responsável.

3. **(Auditor Interno – Prefeitura Municipal de Camaçari 2010 – QUESTÃO 16)**Uma carta com as declarações de responsabilidade da administração da entidade, cujas demonstrações contábeis estão sendo auditadas deve _____ do relatório do auditores independentes sobre essas demonstrações contábeis, uma vez que um dos itens cobertos nessa carta diz respeito aos eventos

CAPÍTULO XV– REPRESENTAÇÃO FORMAL | 289

subsequentes ocorridos entre a data das demonstrações contábeis e a data do relatório do auditores independentes.

Assinale a alternativa que completa corretamente o texto acima.

(A) ter a mesma data

(B) ter as mesmas informações

(C) ter data diferente

(D) conter diferentes informações

(E) conter limitação de escopo

4. **(Contador – Sergipe Gás S.A 2010 – QUESTÃO 37)** A carta de responsabilidade da administração é

(A) a certificação pela administração que a auditoria foi realizada adequadamente e que as demonstrações representam a posição financeira e econômica da empresa.

(B) um instrumento que isenta o auditor de quaisquer responsabilidades sobre informações não prestadas pela empresa ou por sua administração, inclusive com relação ao tratamento das contingências.

(C) uma confirmação das informações e dados fornecidos ao auditor, as bases de preparação, apresentação e divulgação das demonstrações contábeis submetidas à auditoria.

(D) a aprovação pela empresa de que todos os princípios contábeis foram atendidos e que a responsabilidade dos controles internos e sua aplicação é de responsabilidade da auditoria interna.

(E) uma declaração de responsabilidade sobre os processos e procedimentos da empresa, garantindo que as operações executadas pela empresa estão dentro das normas de auditoria geralmente aceitas.

5. **(Auditor – IF SE 2010 – QUESTÃO 43)** Caso a administração da empresa auditada não forneça ao auditor independente Carta de Responsabilidade, estará incorrendo em:

(A) Fraude de auditoria;

(B) Renúncia ao trabalho de auditoria;

(C) Limitação de escopo;

(D) Suspensão dos trabalhos de auditoria;

(E) Pagamento de multa contratual à empresa ou auditor independente.

290 | AUDITORIA CONTÁBIL

6. **(Auditor – AFRF 2009 Adaptada – QUESTÃO 23)**Sempre que não possa ter expectativa razoável quanto à existência de outra evidência de auditoria pertinente, deve o auditor obter declarações por escrito da administração, sobre os assuntos significativos para as Demonstrações Contábeis, por meio da(o) chamada(o):

(A) Representação Formal.

(B) Circularização dos Consultores Jurídicos.

(C) Carta de Responsabilidade da Administração.

(D) Termo de Diligência.

(E) Carta de Conforto.

7. **(Agente Fiscal de Rendas – SEFAZ SP 2009 Adaptada – QUESTÃO 68)**A representação formal da administração é um documento que compõe os papéis de auditoria. Dessa forma, NÃO seria seu objetivo

(A) impedir que o auditor possa ser processado societária ou criminalmente.

(B) delimitar as responsabilidades do auditor independente e da administração.

(C) dar maior credibilidade às informações verbais recebidas durante a auditoria.

(D) dar garantia ao auditor independente quanto às suas responsabilidades, após a publicação das demonstrações.

(E) atender as normas de auditoria independente.

8. **(Auditor – AFRFB 2009 – QUESTÃO 23)**O auditor, ao realizar auditoria na empresa Construção S.A., aplicou todos os procedimentos de auditoria necessários ao trabalho, realizando os trabalhos em conformidade com as normas de auditoria. Ao solicitar a carta de responsabilidade da administração da empresa, esta deve ser emitida na data

(A) de encerramento das demonstrações contábeis.

(B) do término dos relatórios de revisão.

(C) da publicação das demonstrações contábeis.

(D) de emissão do relatório do auditores independentes dos auditores.

(E) em que o auditor finalizar os trabalhos em campo.

CAPÍTULO XV– REPRESENTAÇÃO FORMAL | 291

9. **(Analista Técnico: Controle e Fiscalização – SUSEP 2006 Adaptada – QUESTÃO 05)**A ação a ser praticada pelo auditor, quando da recusa por parte da administração da empresa auditada no fornecimento de representação formal é

(A) modificar a sua opinião

(B) emitir opinião sem ressalva, desde que conste das notas explicativas.

(C) emitir uma opinião com abstenção de opinião ou adversa.

(D) recusar os trabalhos, e não emitir nenhuma opinião.

(E) emitir uma opinião sem ressalva ou adversa.

10. **(Auditor Fiscal de Tributos Estaduais – SEFAZ PB 2006 – QUESTÃO 23)** Identifique entre os eventos abaixo aquele que a única evidência de auditoria é a carta de responsabilidade da administração.

(A) Manutenção de um investimento específico como investimento de Longo Prazo.

(B) Comprovação das responsabilidades e alçadas de cada Diretor.

(C) Existência de processos cíveis, trabalhistas e tributários contra a empresa.

(D) Confirmação da existência física de bens do Ativo Imobilizado.

(E) Saldo das Contas relativas a Tributos da empresa Ativos e Passivos de Curto e Longo Prazo.

11. **(AFRE – SEFAZ MG 2005 – QUESTÃO 24)**O não fornecimento, pela administração da empresa auditada, da Carta de Responsabilidade ao auditor independente caracteriza

(A) limitação de escopo.

(B) impossibilidade de auditoria.

(C) suspensão da auditoria.

(D) fraude em auditoria.

(E) a renúncia ao trabalho.

292 | AUDITORIA CONTÁBIL

12. **(Auditor Fiscal do Tesouro Estadual – SET RN 2005 Adaptada – QUESTÃO 57)** O auditor, ao não solicitar carta de responsabilidade (representações formais) da administração à empresa auditada, não estaria atendendo

(A) ao conteúdo dos papéis de trabalho.

(B) aos princípios contábeis brasileiros.

(C) ao processo de emissão de relatório do auditores independentes adequado.

(D) às demonstrações contábeis.

(E) aos procedimentos ligados aos testes de superavaliação.

13. **(Auditor Fiscal do Tesouro Estadual – SET RN 2005 Adaptada – QUESTÃO 59)** A carta de responsabilidade (representações formais) da Administração deve ser emitida com a data

(A) do encerramento das demonstrações contábeis.

(B) em que for redigida e emitida pela administração.

(C) em que o auditor iniciou os trabalhos na entidade.

(D) do relatório emitido pelo auditor.

(E) da publicação das demonstrações contábeis.

CAPÍTULO XVI - RELATÓRIO DOS AUDITORES INDEPENDENTES SOBRE AS DEMONSTRAÇÕES CONTÁBEIS

16.1. Introdução

Após passar por todas as etapas da auditoria como mostra a figura abaixo, e colher todas as evidências ao longo do seu trabalho, o auditor deve emitir um relatório expressando sua opinião de forma clara, concisa e objetiva sobre as demonstrações contábeis, em todos os seus aspectos relevantes que representam adequadamente ou não, a situação econômica, financeira e patrimonial da entidade.

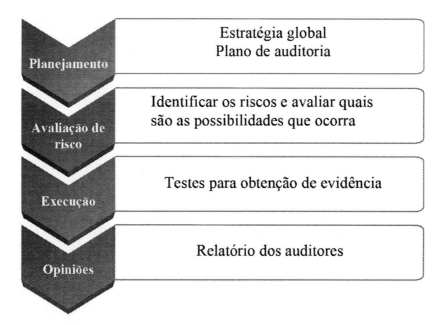

Figura 11 - Etapas de auditoria
Fonte :Os Autores (2016).

O relatório de auditoria é o produto final do trabalho do auditor, que constitui um conjunto de informações para subsidiar os usuários

294 | AUDITORIA CONTÁBIL

internos e externos na tomada de decisão. Este relatório expressa uma opinião prudente e imparcial do auditor, que são classificada em:

- não modificada – sem ressalva;
- modificada – com ressalva, adverso ou abstenção/negativa de opinião.

16.2. Novo modelo padrão

O modelo padrão no que tange à forma e conteúdo, de modo a facilitar o entendimento do leitor, contém: título, destinatário, opinião do auditor, base para opinião, principais assuntos de auditoria, responsabilidades da administração e da governança pelas demonstrações contábeis, responsabilidades do auditor independente pela auditoria das demonstrações contábeis e local, data e assinatura do responsável.

►**Titulo:** Um titulo específico "Relatório dos Auditores Independentes sobre as demonstrações contábeis" deverá ser usado de modo a ajudar o leitor a identificar a opinião do auditor e facilmente distingui-lo dos demais relatórios que, em geral são publicados em conjunto, por exemplo:

- relatório dos auditores independentes sobre as demonstrações contábeis;
- relatório do conselho de administração;
- parecer do conselho fiscal;
- relatório da diretoria;
- notas explicativas, entre outros.

► **Destinatário:** O relatório dos auditores independentes sobre as demonstrações contábeis deve ser apropriadamente endereçado, conforme determinam as circunstâncias do trabalho e as exigências normativas. Ele é, via de regra, dirigido aos acionistas, mercado e à diretoria da entidade, cujas demonstrações contábeis estejam sendo auditadas. Em circunstâncias próprias ou específicas, o relatório pode ser dirigido ao contratante dos serviços.

► **Opinião do auditor:** Nesta seção do relatório, o auditor deverá incluir o subtítulo "Opinião". Nessa opinião do auditor abrange o conjunto completo das demonstrações contábeis, conforme definido pela estrutura de relatório financeiro aplicável. Por exemplo, no caso de várias estruturas para fins gerais, as demonstrações contábeis podem incluir:

CAPÍTULO XVI - RELATÓRIO DOS AUDITORES INDEPENDENTES | 295

o balanço patrimonial; as demonstrações do resultado, do resultado abrangente, das mutações do patrimônio líquido, dos fluxos de caixa; e as respectivas notas explicativas, que normalmente compreendem o resumo das principais políticas contábeis e outras informações explanatórias. Os tipos de opinião são divididos em: Não modificada (sem ressalva) e modificada (com ressalva, adverso ou abstenção de opinião que é conhecida também com negativa de opinião).

▶ **Base para opinião**: Nesta seção, o auditor deverá fornece um contexto importante de que obteve evidências suficientes e apropriadas para fundamentar sua opinião. Além disso, fará referência às normas utilizadas informa aos usuários do relatório do auditor que a auditoria foi conduzida de acordo com normas estabelecidas.

▶ **Principais assuntos de auditoria**: Visa tornar o relatório de auditoria mais informativo, ao dar maior transparência sobre a auditoria realizada. A comunicação dos principais assuntos de auditoria fornece informações adicionais aos usuários previstos das demonstrações contábeis, para auxiliá-los a entender os assuntos que, segundo o julgamento profissional do auditor, foram os de maior importância na auditoria das demonstrações contábeis do período corrente. Os principais assuntos de auditoria são selecionados entre os assuntos comunicados aos responsáveis pela governança. Essa seção não é obrigatória.

▶ **Responsabilidades da administração e da governança pelas demonstrações contábeis:** A administração da companhia é responsável pela elaboração e adequada apresentação dessas demonstrações, de acordo com as práticas adotadas no país, e pelos padrões de seus controles internos que determinam as condições para elaboração das demonstrações contábeis livres de distorções relevantes.

▶ **Responsabilidades do auditor pela auditoria das demonstrações contábeis:** A responsabilidade de expressar uma opinião sobre as demonstrações contábeis com base na auditoria é dever do auditor que serão conduzidas de acordo com as normas brasileiras e internacionais, respeitando os padrões éticos e gerindo o seu trabalho com responsabilidade. A execução dos procedimentos servirá de base para obtenção de evidências a respeito dos valores e divulgações apresentadas nos demonstrativos. Esses procedimentos selecionados dependerão do seu

296 | AUDITORIA CONTÁBIL

julgamento que inclui a avaliação dos riscos e distorções relevantes independentemente se causada por fraude ou erro.

O auditor verificará as políticas contábeis utilizadas, a razoabilidade das estimativas contábeis e a continuidade operacional da companhia, além de avaliar a eficiência e a eficácia dos controles internos e sua relevância para a elaboração adequada das demonstrações contábeis da entidade.

▶ **Parágrafo de ênfase:** Serve para chamar a atenção dos usuários para um assunto apresentado ou divulgado nas demonstrações contábeis, que segundo o julgamento do auditor é fundamental para o entendimento dos demonstrativos.

▶ **Assinatura:** O relatório dos auditores independentes sobre as demonstrações contábeis deve ser assinado em nome da organização que a realizou, nome do auditor, ou em ambos, com a indicação do seu número de registro no CRC. Cabe ressaltar que a responsabilidade na emissão do relatório é exclusiva do auditor, devidamente registrado no CRC, conforme nova redação da NBC TA 700.

▶ **Data do relatório:** O relatório dos auditores independentes sobre as demonstrações contábeis de auditoria deve ser datado e assinado no dia do encerramento dos trabalhos na entidade. Significa que a auditoria considerou os efeitos sobre as demonstrações contábeis até esta data.

16.3. Relatório dos auditores independentes sobre as demonstrações contábeis - sem ressalvas

O relatório dos auditores independentes sobre as demonstrações contábeis com opinião não modificada (sem ressalvas), também conhecida como plena, sem restrições, verdadeira ou limpa, indica que o auditor está convencido de que as demonstrações contábeis foram elaboradas segundo aos princípios contábeis, normas brasileiras e internacionais de auditoria e as demais disposições contábeis e legais pertinentes, em todos os seus aspectos relevantes e não apresentaram distorções significativas ou pode indicar que a empresa apresenta uma visão verdadeira e justa.

O relatório dos auditores independentes sobre as demonstrações contábeis sem ressalvas deve obedecer ao seguinte modelo, de acordo com a nova redação da NBC TA 700:

Título
Destinatário

Opinião sem ressalva

Base para opinião

Principais assuntos de auditoria (não é obrigatório)

Responsabilidades da administração e da governança pelas demonstrações contábeis

Responsabilidades do auditor pela auditoria das demonstrações contábeis

Local, data e assinaturas

Quadro 10 - Modelo de relatório dos auditores independentes
Fonte: Os Autores (2016).

As circunstâncias são:

- Auditoria do conjunto completo de demonstrações contábeis de entidade listada, usando a estrutura de apresentação adequada. As demonstrações contábeis são elaboradas pela administração da entidade, de acordo com as práticas contábeis adotadas no Brasil (estrutura para fins gerais).

- O auditor concluiu que uma opinião não modificada (ou seja, "limpa") é adequada, com base na evidência de auditoria obtida.

298 | AUDITORIA CONTÁBIL

RELATÓRIO DOS AUDITORES INDEPENDENTES SOBRE AS DEMONSTRAÇÕES CONTÁBEIS.

Aos acionistas da Companhia MMM [ou outro destinatário apropriado]

Opinião

Examinamos as demonstrações contábeis da Companhia MMM, que compreendem o balanço patrimonial em 31 de dezembro de 20XX e as respectivas demonstrações do resultado, do resultado abrangente, das mutações do patrimônio líquido e dos fluxos de caixa para o exercício findo nessa data, bem como as correspondentes notas explicativas, incluindo o resumo das principais políticas contábeis.

Em nossa opinião, as demonstrações contábeis acima referidas apresentam adequadamente, em todos os aspectos relevantes, a posição patrimonial e financeira da Companhia MMM em 31 de dezembro de 20XX, o desempenho de suas operações e os seus fluxos de caixa para o exercício findo nessa data, de acordo com as práticas contábeis adotadas no Brasil.

Base para opinião

Nossa auditoria foi conduzida de acordo com as normas brasileiras e internacionais de auditoria. Nossas responsabilidades, em conformidade com tais normas, estão descritas na seção a seguir, intitulada "Responsabilidades do auditor pela auditoria das demonstrações contábeis".

Somos independentes em relação à Companhia, de acordo com os princípios éticos relevantes previstos no Código de Ética Profissional do Contador e nas normas profissionais emitidas pelo Conselho Federal de Contabilidade, e cumprimos com as demais responsabilidades éticas de acordo com essas normas. Acreditamos que a evidência de auditoria obtida é suficiente e apropriada para fundamentar nossa opinião.

Principais assuntos de auditoria

Principais assuntos de auditoria são aqueles que, em nosso julgamento profissional, foram os mais significativos em nossa auditoria do exercício corrente. Esses assuntos foram tratados no contexto de nossa auditoria das demonstrações contábeis como um todo e na formação de nossa opinião sobre essas demonstrações contábeis e, portanto, não expressamos uma opinião separada sobre esses assuntos.

Responsabilidade da administração e da governança pelas demonstrações contábeis

A administração é responsável pela elaboração e adequada apresentação das demonstrações contábeis de acordo com as práticas contábeis adotadas no Brasil e pelos controles internos que ela determinou como necessários para permitir a elaboração de demonstrações contábeis livres de distorção relevante, independentemente se causada por fraude ou erro.

Na elaboração das demonstrações contábeis, a administração é responsável pela avaliação da capacidade de a companhia continuar operando, divulgando, quando aplicável, os assuntos relacionados com a sua continuidade operacional e o uso dessa base contábil na elaboração das demonstrações contábeis, a não ser que a administração pretenda liquidar a Companhia ou cessar suas operações, ou não tenha nenhuma alternativa realista para evitar o encerramento das operações.

Os responsáveis pela governança da Companhia são aqueles com responsabilidade pela supervisão do processo de elaboração das demonstrações contábeis.

Responsabilidades do auditor pela auditoria das demonstrações contábeis

Nossos objetivos são obter segurança razoável de que as demonstrações contábeis, tomadas em conjunto, estão livres de distorção relevante, independentemente se causada por fraude ou erro, e emitir relatório de auditoria contendo nossa opinião.

As distorções que podem ser encontradas decorrentes de fraude ou erro e são consideradas relevantes quando, individualmente ou em conjunto, possam influenciar, dentro de uma perspectiva razoável, as decisões econômicas dos usuários tomadas com base nas referidas demonstrações contábeis.

Como parte da auditoria realizada de acordo com as normas brasileiras e internacionais de auditoria, exercemos julgamento profissional e mantemos ceticismo profissional ao longo da auditoria. Além disso na auditoria foi:

- ▪ Identificado e avaliado os riscos de distorção relevante nas demonstrações contábeis, independentemente se causada por

300 | AUDITORIA CONTÁBIL

fraude ou erro, planejamos e executamos procedimentos de auditoria em resposta a tais riscos, bem como obtemos evidência de auditoria apropriada e suficiente para fundamentar nossa opinião. O risco de não detecção de distorção relevante resultante de fraude é maior do que o proveniente de erro, já que a fraude pode envolver o ato de burlar os controles internos, conluio, falsificação, omissão ou representações falsas intencionais.

- Evidenciados os entendimentos dos controles internos relevantes para a auditoria para planejarmos procedimentos de auditoria apropriados às circunstâncias, mas, não, com o objetivo de expressarmos opinião sobre a eficácia dos controles internos da companhia.

- Avaliado as políticas contábeis utilizadas e a razoabilidade das estimativas contábeis e respectivas divulgações feitas pela administração.

- Concluído que a administração utilizou a base contábil de continuidade operacional e, com base nas evidências de auditoria obtidas, se existe incerteza relevante em relação a eventos ou condições que possam levantar dúvida significativa em relação à capacidade de continuidade operacional da companhia. Se concluirmos que existe incerteza relevante, devemos chamar atenção em nosso relatório de auditoria para as respectivas divulgações nas demonstrações contábeis ou incluir modificação em nossa opinião, se as divulgações forem inadequadas. Nossas conclusões estão fundamentadas nas evidências de auditoria obtidas até a data de nosso relatório. Todavia, eventos ou condições futuras podem levar a companhia a não mais se manter em continuidade operacional.

- Avaliamos a apresentação geral, a estrutura e o conteúdo das demonstrações contábeis, inclusive as divulgações e se as demonstrações contábeis representam as correspondentes transações e os eventos de maneira compatível com o objetivo de apresentação adequada.

Comunicamo-nos com os responsáveis pela governança a respeito, entre outros aspectos, do alcance planejado, da época da auditoria e das constatações significativas de auditoria, inclusive as eventuais deficiências significativas nos controles internos que identificamos durante nossos trabalhos. Também fornecemos aos responsáveis pela governança, a declaração de que cumprimos com as exigências éticas relevantes, incluindo os requisitos aplicáveis de independência, e comunicamos todos os eventuais relacionamentos ou assuntos que poderiam afetar, consideravelmente, nossa independência, incluindo, quando aplicável, as respectivas salvaguardas.

Dos assuntos que foram objeto de comunicação com os responsáveis pela governança, determinamos aqueles que foram considerados como mais significativos na auditoria das demonstrações contábeis do exercício corrente e que, dessa maneira, constituem os principais assuntos de auditoria.

Descrevemos esses assuntos em nosso relatório de auditoria, a menos que lei ou regulamento tenha proibido divulgação pública do assunto, ou quando, em circunstâncias extremamente raras, determinarmos que o assunto não deve ser comunicado em nosso relatório porque as consequências adversas de tal comunicação podem, dentro de uma perspectiva razoável, superar os benefícios da comunicação para o interesse público.

[Local (localidade do escritório de auditoria que emitiu o relatório) e data do relatório do auditor independente]

[Nome do auditor independente (pessoa física ou jurídica)]

[Nome do profissional (sócio ou responsável técnico, no caso de o auditor ser pessoa jurídica)]

[Números de registro no CRC da firma de auditoria e do profissional que assina o relatório]

[Assinatura do auditor independente]

16.4. Relatório dos auditores independentes sobre as demonstrações contábeis – opinião modificada (com ressalvas)

O relatório dos auditores independentes sobre as demonstrações contábeis com ressalvas ou com restrições é apresentado quando o auditor obtém evidência apropriada e suficiente de que as distorções, individualmente ou em conjunto, são relevantes, mas **não são generalizadas**; ou que não consegue obter evidência apropriada e suficiente para suportar sua opinião, concluindo que os possíveis efeitos de distorções não detectadas, poderiam ser relevantes, mas **não são generalizadas**, ao ponto de determinar a emissão de relatório com a opinião adversa ou de abstenção/negativa de opinião.

Em outras palavras, é expresso quando o auditor avalia que não pode emitir relatório sobre as demonstrações contábeis sem ressalvas, mas que o efeito da discordância não é tão significativo que requeira um relatório com a opinião adversa ou mesmo com abstenção/negativa de opinião. Caso o auditor emita uma opinião com ressalva, deverá alterar a descrição de sua responsabilidade, para especificar que a evidência obtida é suficiente e apropriada para fundamentar sua opinião modificada.

A nova regulamentação trata do termo **generalizado** para emitir uma opinião adversa ou com abstenção/negativa de opinião, logo é importante conceituarmos:

Este é o termo usado, no contexto de distorções, para descrever os efeitos disseminados sobre as demonstrações contábeis ou seus possíveis efeitos que não são detectados, se houver, devido à impossibilidade de obter evidência de auditoria apropriada e suficiente. Os efeitos generalizados são aqueles que, no julgamento do auditor:

- ◆ não estão restritos aos elementos, contas ou itens específicos das demonstrações contábeis;
- ◆ se estiverem restritos, representam ou poderiam representar uma parcela substancial das demonstrações contábeis; ou
- ◆ em relação às divulgações, são fundamentais para o entendimento das demonstrações contábeis pelos usuários.

Logo, o relatório dos auditores independentes com opinião modificada (com ressalvas) obedece ao modelo do relatório de opinião sem ressalva, com a utilização das expressões "**exceto pelos possíveis efeitos do (s) assunto(s) ....**" na seção de opinião, referindo-se aos efeitos decorrentes da ressalva.

O relatório dos auditores independentes sobre as demonstrações contábeis com opinião modificada deve obedecer ao seguinte modelo:

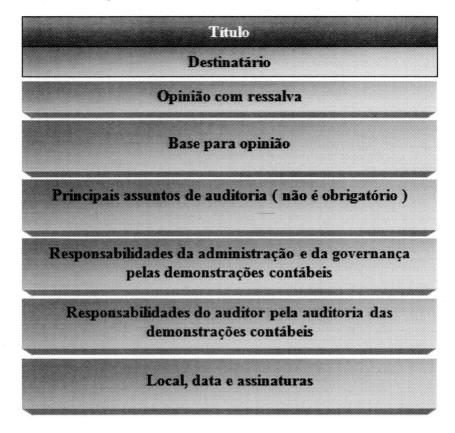

Quadro 11-Modelo de relatório dos auditores independentes
Fonte: Os Autores (2016).

As circunstâncias são:

- auditoria do conjunto completo de demonstrações contábeis para fins gerais elaboradas pela administração da entidade de acordo com as práticas contábeis adotadas no Brasil;
- os termos do trabalho de auditoria refletem a descrição da responsabilidade da administração sobre as demonstrações contábeis na NBC TA 210;
- os estoques estão superavaliados. A distorção é considerada relevante, mas não generalizada para as demonstrações contábeis.

304 | AUDITORIA CONTÁBIL

RELATÓRIO DOS AUDITORES INDEPENDENTES SOBRE AS DEMONSTRAÇÕES CONTÁBEIS

[Destinatário apropriado]

Opinião com ressalva

Examinamos as demonstrações contábeis da Companhia ABC, que compreendem o balanço patrimonial, em 31 de dezembro de 20XX, e as respectivas demonstrações do resultado, do resultado abrangente, das mutações do patrimônio líquido e dos fluxos de caixa para o exercício findo nessa data, bem como as correspondentes notas explicativas, incluindo o resumo das principais políticas contábeis.

Em nossa opinião, exceto pelos efeitos do assunto descrito na seção a seguir intitulada: "Base para opinião com ressalva", as demonstrações contábeis acima referidas apresentam adequadamente, em todos os aspectos relevantes, a posição patrimonial e financeira da Companhia ABC, em 31 de dezembro de 20XX, o desempenho de suas operações e os seus fluxos de caixa para o exercício findo nessa data, de acordo com as práticas contábeis adotadas no Brasil.

Base para opinião com ressalva

Os estoques da companhia estão apresentados no balanço patrimonial por $ xxx. A administração não avaliou os estoques pelo menor valor entre o custo e o valor líquido de realização, mas somente pelo custo, o que representa um desvio em relação às práticas contábeis adotadas no Brasil.

Os registros da companhia indicam que se a administração tivesse avaliado os estoques pelo menor valor entre o custo e o valor líquido de realização, teria sido necessária a provisão de $ xxx para reduzir os estoques ao valor líquido de realização. Consequentemente, o lucro líquido e o patrimônio líquido teriam sido reduzidos em $ xxx e $ xxx, respectivamente, após os efeitos tributários.

Nossa auditoria foi conduzida de acordo com as normas brasileiras e internacionais de auditoria. Nossas responsabilidades, em conformidade com tais normas, estão descritas na seção a seguir, intitulada "Responsabilidades do auditor pela auditoria das demonstrações contábeis".

Somos independentes em relação à Companhia ABC, de acordo com os princípios éticos relevantes previstos no Código de Ética Profissional do Contador e nas normas profissionais emitidas pelo

CAPÍTULO XVI - RELATÓRIO DOS AUDITORES INDEPENDENTES | 305

Conselho Federal de Contabilidade, e cumprimos com as demais responsabilidades éticas de acordo com essas normas. Acreditamos que a evidência de auditoria obtida é suficiente e apropriada para fundamentar nossa opinião com ressalva.

Principais assuntos de auditoria

Principais assuntos de auditoria são aqueles que, em nosso julgamento profissional, foram os mais significativos em nossa auditoria do exercício corrente. Esses assuntos foram tratados no contexto de nossa auditoria das demonstrações contábeis como um todo e na formação de nossa opinião sobre essas demonstrações contábeis e, portanto, não expressamos uma opinião separada sobre esses assuntos. Além do assunto descrito na seção: "Base para opinião com ressalva", determinamos que os assuntos descritos abaixo são os principais assuntos de auditoria a serem comunicados em nosso relatório.

Responsabilidade da administração e da governança pelas demonstrações contábeis

A administração é responsável pela elaboração e adequada apresentação das demonstrações contábeis de acordo com as práticas contábeis adotadas no Brasil e pelos controles internos que ela determinou como necessários para permitir a elaboração de demonstrações contábeis livres de distorção relevante, independentemente se causada por fraude ou erro.

Na elaboração das demonstrações contábeis, a administração é responsável pela avaliação da capacidade de a companhia continuar operando, divulgando, quando aplicável, os assuntos relacionados com a sua continuidade operacional e o uso dessa base contábil na elaboração das demonstrações contábeis, a não ser que a administração pretenda liquidar a Companhia ou cessar suas operações, ou não tenha nenhuma alternativa realista para evitar o encerramento das operações.

Os responsáveis pela governança da companhia são aqueles com responsabilidade pela supervisão do processo de elaboração das demonstrações contábeis.

Responsabilidades do auditor pela auditoria das demonstrações contábeis

Nossos objetivos visam obter segurança razoável de que as demonstrações contábeis, tomadas em conjunto, elas estão livres de

306 | AUDITORIA CONTÁBIL

distorção relevante, independentemente se causada por fraude ou erro, e emitir relatório de auditoria contendo nossa opinião.

Como parte da auditoria realizada de acordo com as normas brasileiras e internacionais de auditoria, exercemos julgamento profissional e mantemos ceticismo profissional ao longo da auditoria. Além disso:

- Identificamos e avaliamos os riscos de distorção relevante nas demonstrações contábeis, independentemente se causada por fraude ou erro, planejamos e executamos procedimentos de auditoria em resposta a tais riscos, bem como obtemos evidência de auditoria apropriada e resultante de fraude é maior do que o proveniente de erro. Já que a fraude poderá envolver o ato de burlar os controles internos, conluio, falsificação, omissão ou representações falsas intencionais.

  É importante, obtermos o entendimento dos controles internos relevantes para a auditoria e para planejarmos, tais como:

- procedimentos de auditoria apropriados às circunstâncias, mas, não, com o objetivo de expressarmos opinião sobre a eficácia dos controles internos da companhia.

- Avaliamos a adequação das políticas contábeis utilizadas e a razoabilidade das estimativas contábeis e respectivas divulgações feitas pela administração.

- Concluímos sobre a adequação do uso, pela administração, da base contábil de continuidade operacional e, com base nas evidências de auditoria obtidas, se existe incerteza relevante em relação a eventos ou condições que possam levantar dúvida significativa em relação à capacidade de continuidade operacional da companhia. Se concluirmos que existe incerteza relevante, devemos chamar atenção em nosso relatório de auditoria para as respectivas divulgações nas demonstrações contábeis ou incluir modificação em nossa opinião, se as divulgações forem inadequadas. Nossas conclusões estão fundamentadas nas evidências de auditoria obtidas até a data de nosso relatório. Todavia, eventos ou condições futuras podem levar a companhia a não mais se manter em continuidade operacional.

- Avaliamos a apresentação geral, a estrutura e o conteúdo das demonstrações contábeis, inclusive as divulgações e se as demonstrações contábeis representam as correspondentes transações e

CAPÍTULO XVI - RELATÓRIO DOS AUDITORES INDEPENDENTES | 307

os eventos de maneira compatível com o objetivo de apresentação adequada.

Assim, faz-se necessário informar aos responsáveis pela governança a respeito, entre outros aspectos, do alcance planejado, da época da auditoria e das constatações significativas de auditoria, inclusive as eventuais deficiências significativas nos controles internos que identificamos durante nossos trabalhos. Ainda, fornecemos aos responsáveis pela governança declaração de que cumprimos com as exigências éticas relevantes, incluindo os requisitos aplicáveis de independência, e comunicamos todos os eventuais relacionamentos ou assuntos que poderiam afetar, consideravelmente, nossa independência, incluindo, quando aplicável às respectivas salvaguardas.

Dos assuntos que foram objeto de comunicação com os responsáveis pela governança, determinamos aqueles que foram considerados como mais significativos na auditoria das demonstrações contábeis do exercício corrente e que, dessa maneira, constituem os principais assuntos de auditoria. Descrevemos esses assuntos em nosso relatório de auditoria, a menos que lei ou regulamento tenha proibido divulgação pública do assunto, ou quando, em circunstâncias extremamente raras, determinarmos que o assunto não deve ser comunicado em nosso relatório porque as consequências adversas de tal comunicação podem, dentro de uma perspectiva razoável, superar os benefícios da comunicação para o interesse público.

[Local (localidade do escritório de auditoria que emitiu o relatório) e data do relatório do auditor independente]

[Nome do auditor independente (pessoa física ou jurídica)]

[Nome do profissional (sócio ou responsável técnico, no caso de o auditor ser pessoa jurídica)]

[Número do registro no CRC da firma de auditoria e do profissional que assina o relatório]

[Assinatura do auditor independente]

308 | AUDITORIA CONTÁBIL

16.5. Relatório dos auditores independentes sobre as demonstrações contábeis - opinião modificada (adverso)

O auditor emite opinião de que as demonstrações contábeis **não** estão adequadamente representadas, tendo obtido evidência suficiente e conclui que as distorções, individualmente ou em conjunto, **são relevantes e generalizadas** para as demonstrações contábeis.

Quando o auditor expressa uma opinião adversa, ele deve especificar na seção de opinião que devido à **relevância** do (s) assunto (s) descrito(s) nas demonstrações contábeis, elas não apresentam adequadamente ou não apresentam uma visão verdadeira e justa.

O relatório dos auditores independentes sobre as demonstrações contábeis adversa deverá obedecer ao seguinte modelo:

Título
Destinatário
Opinião Adversa
Base para opinião
Principais assuntos de auditoria (não é obrigatório)
Responsabilidades da administração e da governança pelas demonstrações contábeis
Responsabilidades do auditor pela auditoria das demonstrações contábeis
Local, data e assinaturas

Quadro 12 - Modelo de relatório dos auditores independentes
Fonte: Os Autores (2016).

CAPÍTULO XVI - RELATÓRIO DOS AUDITORES INDEPENDENTES | 309

As circunstâncias são:

- auditoria de demonstrações contábeis consolidadas para fins gerais elaboradas pela administração da entidade de acordo com as normas internacionais de contabilidade;
- os termos do trabalho de auditoria refletem a descrição da responsabilidade da administração sobre as demonstrações contábeis na NBC TA 210;
- as demonstrações contábeis apresentam distorções relevantes devido a não consolidação de uma subsidiária. A distorção é considerada relevante e generalizada nas demonstrações. Os efeitos da distorção sobre as demonstrações contábeis não foram determinados por não ser viável.

RELATÓRIO DOS AUDITORES INDEPENDENTES SOBRE AS DEMONSTRAÇÕES CONTÁBEIS.

[Destinatário apropriado]

Opinião adversa

Examinamos as demonstrações contábeis consolidadas da companhia XYZ e suas controladas, que compreendem o balanço patrimonial consolidado, em 31 de dezembro de 20X1, e as respectivas demonstrações consolidadas do resultado, do resultado abrangente, das mutações do patrimônio líquido e dos fluxos de caixa para o exercício findo nessa data, bem como as correspondentes notas explicativas, incluindo o resumo das principais políticas contábeis.

Em nossa opinião, devido à importância do assunto discutido no parágrafo a seguir intitulado: "Base para opinião adversa", as demonstrações contábeis consolidadas acima referidas não apresentam adequadamente, em todos os aspectos relevantes, a posição patrimonial e financeira consolidada da companhia XYZ e suas controladas, em 31 de dezembro de 20X1, o desempenho consolidado de suas operações e os seus fluxos de caixa consolidados para o exercício findo nessa data, de acordo com as práticas contábeis adotadas no Brasil.

310 | AUDITORIA CONTÁBIL

Base para opinião adversa

Conforme explicado na Nota X, a companhia não consolidou a controlada Gama, adquirida durante 20X1, devido ao fato de não ter sido possível determinar os valores justos de certos ativos e passivos relevantes dessa controlada na data da aquisição. Esse investimento, portanto, está contabilizado com base no custo. De acordo com as práticas contábeis adotadas no Brasil, a controlada deveria ter sido consolidada. Se a controlada Gama tivesse sido consolidada, muitos elementos nas demonstrações contábeis consolidadas acima referidas teriam sido afetados de forma relevante. Os efeitos da não consolidação sobre as demonstrações contábeis consolidadas não foram determinados.

Nossa auditoria foi conduzida de acordo com as normas brasileiras e internacionais de auditoria. Nossas responsabilidades, em conformidade com tais normas, estão descritas na seção a seguir, intitulada "Responsabilidades do auditor pela auditoria das demonstrações contábeis".

Constatamos que somos independentes em relação à companhia e suas controladas, de acordo com os princípios éticos relevantes previstos no Código de Ética Profissional do Contador e nas normas profissionais emitidas pelo Conselho Federal de Contabilidade, e cumprimos com as demais responsabilidades éticas de acordo com essas normas. Acreditamos que a evidência de auditoria obtida é suficiente e apropriada para fundamentar nossa opinião adversa.

Responsabilidades da administração e da governança pelas demonstrações contábeis consolidadas

A administração é responsável pela elaboração e adequada apresentação das demonstrações contábeis consolidadas de acordo com as práticas contábeis adotadas no Brasil e pelos controles internos que ela determinou como necessários para permitir a elaboração de demonstrações contábeis livres de distorção relevante, independentemente se causada por fraude ou erro.

Na elaboração das demonstrações contábeis consolidadas, a administração é responsável pela avaliação da capacidade de a companhia continuar operando, divulgando, quando aplicável, os assuntos relacionados com a sua continuidade operacional e o uso dessa base contábil na elaboração das demonstrações contábeis, a não ser que a

CAPÍTULO XVI - RELATÓRIO DOS AUDITORES INDEPENDENTES | 311

administração pretenda liquidar a companhia e suas controladas ou cessar suas operações, ou não tenha nenhuma alternativa realista para evitar o encerramento das operações.

Os responsáveis pela governança da companhia e suas controladas são aqueles com responsabilidade pela supervisão do processo de elaboração das demonstrações contábeis.

Responsabilidades do auditor pela auditoria das demonstrações contábeis consolidadas

Nossos objetivos visam obter segurança razoável de que as demonstrações contábeis consolidadas, tomadas em conjunto, estão livres de distorção relevante, independentemente se causada por fraude ou erro, e emitir relatório de auditoria contendo nossa opinião. A segurança razoável não é uma garantia de que a auditoria realizada de acordo com as normas brasileiras e internacionais de auditoria sempre detectam as eventuais distorções relevantes existentes.

As distorções podem ser decorrentes de fraude ou erro e são consideradas relevantes quando, individualmente ou em conjunto, possam influenciar, dentro de uma perspectiva razoável, as decisões econômicas dos usuários tomadas com base nas referidas demonstrações contábeis consolidadas. Como parte da auditoria realizada de acordo com as normas brasileiras e internacionais de auditoria, exercemos julgamento profissional e mantemos ceticismo profissional ao longo da auditoria. Além disso:

- Identificamos e avaliamos os riscos de distorção relevante nas demonstrações contábeis consolidadas, independentemente se causada por fraude ou erro, planejamos e executamos procedimentos de auditoria em resposta a tais riscos, bem como obtemos evidência de auditoria apropriada e suficiente para fundamentar nossa opinião. O risco de não detecção de distorção relevante resultante de fraude é maior do que o proveniente de erro, já que a fraude pode envolver o ato de burlar os controles internos, conluio, falsificação, omissão ou representações falsas intencionais.

- Obtemos entendimento dos controles internos relevantes para a auditoria para planejarmos procedimentos de auditoria

312 | AUDITORIA CONTÁBIL

apropriados nas circunstâncias, mas, não, com o objetivo de expressarmos opinião sobre a eficácia dos controles internos da companhia e suas controladas.

- Avaliamos a adequação das políticas contábeis utilizadas e a razoabilidade das estimativas contábeis e respectivas divulgações feitas pela administração.

- Concluímos sobre a adequação do uso, pela administração, da base contábil de continuidade operacional e, com base nas evidências de auditoria obtidas, se existe uma incerteza relevante em relação a eventos ou condições que possam levantar dúvida significativa em relação à capacidade de continuidade operacional da companhia e suas controladas.

Ao concluirmos que existe uma incerteza relevante, devemos chamar atenção em nosso relatório de auditoria para as respectivas divulgações nas demonstrações contábeis consolidadas ou incluir modificação em nossa opinião, se as divulgações forem inadequadas. Nossas conclusões estão fundamentadas nas evidências de auditoria obtidas até a data de nosso relatório. Todavia, eventos ou condições futuras podem levar a companhia e suas controladas a não mais se manterem em continuidade operacional.

- Avaliamos a apresentação geral, a estrutura e o conteúdo das demonstrações contábeis, inclusive as divulgações, e se as demonstrações contábeis consolidadas representam as correspondentes transações e os eventos de maneira compatível com o objetivo de apresentação adequada.

- Obtemos evidência de auditoria apropriada e suficiente referente às informações financeiras das entidades ou atividades de negócio do grupo para expressar uma opinião sobre as demonstrações contábeis consolidadas. Somos responsáveis pela direção, supervisão e desempenho da auditoria do grupo e, consequentemente, pela opinião de auditoria.

É necessário informar aos responsáveis pela governança, a respeito entre outros aspectos, do alcance planejado, da época da auditoria e das constatações significativas de auditoria, inclusive as eventuais deficiências significativas nos controles internos que identificamos durante nossos trabalhos.

Além disso, fornecemos também aos responsáveis pela governança declaração de que cumprimos com as exigências éticas relevantes, incluindo os requisitos aplicáveis de independência, e comunicamos todos os eventuais relacionamentos ou assuntos que poderiam afetar, consideravelmente, nossa independência, incluindo, quando aplicável, as respectivas salvaguardas. Dos assuntos que foram objeto de comunicação com os responsáveis pela governança, determinamos aqueles que foram considerados como mais significativos na auditoria das demonstrações contábeis do exercício corrente e que, dessa maneira, constituem os principais assuntos de auditoria.

Descrevemos esses assuntos em nosso relatório de auditoria, a menos que lei ou regulamento tenha proibido divulgação pública do assunto, ou quando, em circunstâncias extremamente raras, determinarmos que o assunto não deve ser comunicado em nosso relatório porque as consequências adversas de tal comunicação podem, dentro de uma perspectiva razoável, superar os benefícios da comunicação para o interesse público.

[Local (localidade do escritório de auditoria que emitiu o relatório) e data do relatório do auditor independente]

[Nome do auditor independente (pessoa física ou jurídica)]

[Nome do profissional (sócio ou responsável técnico, no caso de o auditor ser pessoa jurídica)]

[Número do registro no CRC da firma de auditoria e do profissional que assina o relatório]

[Assinatura do auditor independente]

16.6. Relatório dos auditores independentes sobre as demonstrações contábeis - modificada (com abstenção/negativa de opinião)

O relatório dos auditores independentes sobre as demonstrações contábeis com a abstenção/negativa de opinião é aquele em que o auditor deixa de emitir opinião, pois não conseguiu obter evidência apropriada e suficiente para suportá-la, e conclui que os possíveis efeitos de distorções não detectadas, poderiam ser **relevantes e generalizados**.

O auditor deverá abster-se quando, incertezas e seu possível efeito cumulativo afetarem sua opinião e informar que ele não expressa sua opinião sobre as demonstrações contábeis, devido à relevância dos assuntos descritos na seção: "Base para abstenção de opinião".

Quando o auditor se abstém de expressar uma opinião ele deve alterar a descrição das responsabilidades do auditor requerida para especificar que foi contratado para examinar as demonstrações contábeis, porém, não conseguiu obter evidência de auditoria apropriada e suficiente para fundamentar sua opinião, conforme os itens 26 e 28 da nova redação da NBC TA 705.

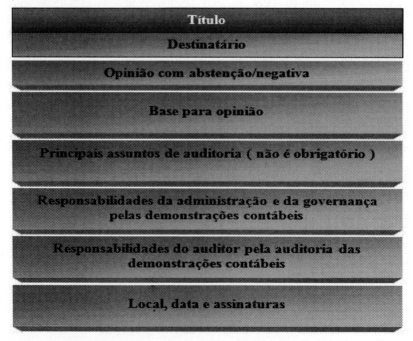

Quadro 13 - Modelo de relatório dos auditores independentes
Fonte: Os Autores (2016).

CAPÍTULO XVI - RELATÓRIO DOS AUDITORES INDEPENDENTES | 315

As circunstâncias são:

O relatório dos auditores independentes sobre as demonstrações contábeis com abstenção/negativa de opinião deve obedecer ao seguinte modelo. As circunstâncias são:

- auditoria do conjunto completo das demonstrações contábeis para fins gerais elaboradas pela administração da entidade de acordo com as práticas contábeis adotadas no Brasil;
- os termos do trabalho de auditoria refletem a descrição da responsabilidade da administração pelas demonstrações contábeis na NBC TA 210;
- o auditor não teve condições de obter evidência de auditoria apropriada e suficiente sobre os estoques e as contas a receber nas demonstrações contábeis da Cia Alfa. Os possíveis efeitos dessa impossibilidade de obter evidência de auditoria apropriada são considerados relevantes e generalizados para as demonstrações.

RELATÓRIO DOS AUDITORES INDEPENDENTES SOBRE AS DEMONSTRAÇÕES CONTÁBEIS

[Destinatário apropriado]

Abstenção de opinião

Fomos contratados para examinar as demonstrações contábeis da companhia Alfa, que compreendem o balanço patrimonial, em 31 de dezembro de 20X1, e as respectivas demonstrações do resultado, do resultado abrangente, das mutações do patrimônio líquido e dos fluxos de caixa para o exercício findo nessa data, bem como, as correspondentes notas explicativas, incluindo o resumo das principais políticas contábeis.

É bom ressaltar que não expressamos uma opinião sobre as demonstrações contábeis da Companhia pois, devido à relevância do assunto descrito na seção a seguir intitulada "Base para abstenção de opinião", não nos foi possível obter evidência de auditoria apropriada e suficiente para fundamentar nossa opinião de auditoria sobre essas demonstrações contábeis.

Base para abstenção de opinião

Fomos nomeados auditores da companhia Alfa e ao longo da auditoria, não conseguimos efetuar a contagem física dos estoques no início e no final do exercício. Não foi possível nos satisfazer por meios alternativos quanto às quantidades em estoque, em 31 de dezembro de 20X0 e 20X1, que estão registradas no balanço patrimonial por $ xxx e $ xxx, respectivamente.

Adicionalmente, a introdução do novo sistema informatizado de contas a receber, em setembro de 20X1, resultou em diversos erros no saldo das contas a receber. Na data do nosso relatório, a administração ainda estava no processo de sanar as deficiências do sistema e de corrigir os erros. Não foi possível confirmar ou verificar por meios alternativos as contas a receber incluídas no balanço patrimonial no valor total de $ xxx, em 31 de dezembro de 20X1.

Em decorrência desses assuntos, não foi possível determinar se há necessidade de efetuar ajustes em relação aos estoques registrados ou não registrados e ao saldo de contas a receber, assim como aos elementos componentes das demonstrações do resultado, das mutações do patrimônio líquido e dos fluxos de caixa.

Responsabilidade da administração e da governança pelas demonstrações contábeis

A administração é responsável pela elaboração e adequada apresentação das demonstrações contábeis de acordo com as práticas contábeis adotadas no Brasil e pelos controles internos que ela determinou como necessários para permitir a elaboração de demonstrações contábeis livres de distorção relevante, independentemente se causada por fraude ou erro.

Na elaboração das demonstrações contábeis, a administração é responsável pela avaliação da capacidade de a companhia continuar operando, divulgando, quando aplicável, os assuntos relacionados com a sua continuidade operacional e o uso dessa base contábil na elaboração das demonstrações contábeis, a não ser que a administração pretenda liquidar a companhia ou cessar suas operações, ou não tenha nenhuma alternativa realista para evitar o encerramento das operações.

Os responsáveis pela governança da Companhia são aqueles com responsabilidade pela supervisão do processo de elaboração das demonstrações contábeis.

Responsabilidades do auditor independente pela auditoria das demonstrações contábeis

Nossa responsabilidade é a de conduzir uma auditoria das demonstrações contábeis da companhia de acordo com as práticas contábeis adotadas no Brasil e a de emitir um relatório de auditoria. No entanto, devido ao assunto descrito na seção intitulada: "Base para abstenção de opinião", não nos foi possível obter evidência de auditoria apropriada e suficiente para fundamentar nossa opinião de auditoria sobre essas demonstrações contábeis.

Somos independentes em relação à companhia, de acordo com os princípios éticos relevantes previstos no Código de Ética Profissional do Contador e nas normas profissionais emitidas pelo Conselho Federal de Contabilidade, e cumprimos com as demais responsabilidades éticas de acordo com essas normas.

[Local (localidade do escritório de auditoria que emitiu o relatório)]

[Data do relatório do auditor independente]

[Nome do auditor independente (pessoa física ou jurídica)]

[Nome do profissional (sócio ou responsável técnico, no caso de o auditor ser pessoa jurídica)]

[Números de registro no CRC da firma de auditoria e do profissional que assina o relatório]

[Assinatura do auditor independente]

A nova redação emitida pela NBC TA 705, que trata das alterações ocorridas o relatório do auditor para emissão de opinião modificada (com ressalva, adverso e abstenção de opinião) e a explicitação do termo generalizado com os efeitos ou possíveis efeitos sobre as demonstrações contábeis, afetam a opinião do auditor. A seguir, apresentaremos o fluxograma das opiniões dos auditores para facilitar a compreensão.

318 | AUDITORIA CONTÁBIL

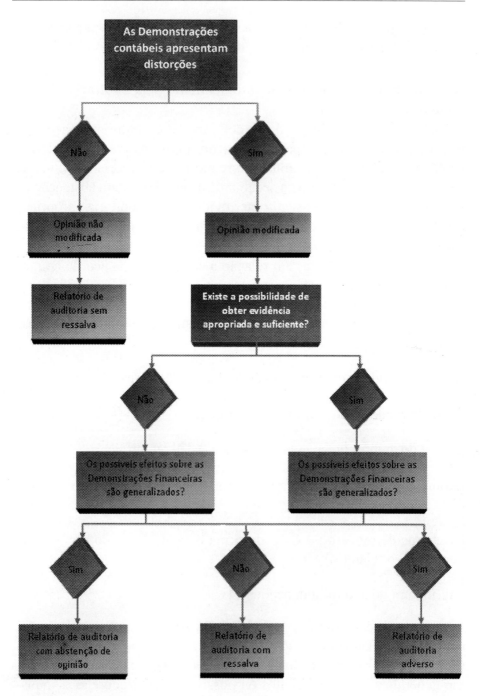

Figura 12 - Fluxo das opiniões
Fonte : Os Autores (2016).

16.7. Parágrafo de ênfase

Serve para o auditor chamar a atenção dos usuários para um assunto apresentado ou divulgado nas demonstrações contábeis, que segundo seu julgamento é fundamental para o entendimento dos demonstrativos.

Entretanto, no item A7 da nova redação da NBC TA 706, menciona que a inclusão de parágrafo de ênfase no relatório não afeta a opinião do auditor. Ela não substitui:

(a) a opinião com ressalva, adversa, ou abstenção/negativa de opinião, quando exigido pelas circunstâncias de trabalho de auditoria específico; ou

(b) as divulgações nas demonstrações contábeis exigidas de acordo com a estrutura de relatório financeiro adotada pela administração.

É importante comunicar aos responsáveis pela governança sobre os quaisquer assuntos específicos que o auditor pretenda realçar no seu relatório e fornecer-lhes a oportunidade de obter esclarecimento adicional quando necessário. Quando o auditor incluir um parágrafo de ênfase no relatório, deve:

- incluí-lo imediatamente após a seção de opinião no relatório do auditor;
- usar o título "Ênfase" ou outro título apropriado;
- Ao destacar no parágrafo uma referência clara ao assunto enfatizado e à nota explicativa que descreva de forma completa o assunto nas demonstrações contábeis. Tal parágrafo deve referir-se apenas a informações apresentadas ou divulgadas nas demonstrações contábeis; e
- indicar que a opinião do auditor não se modifica no que diz respeito ao assunto enfatizado

São exemplos de circunstâncias em que o auditor pode considerar necessário incluir um parágrafo de ênfase, conforme item A5 da nova redação da NBC TA 706.

- existência de incerteza relativa ao desfecho futuro de litígio excepcional ou ação regulatória;
- evento subsequente significativo ocorrido entre a data das demonstrações contábeis e a data do relatório do auditor;
- aplicação antecipada (quando permitido) de nova norma contábil (por exemplo, nova prática contábil introduzida pelo CFC

com efeito disseminado de forma generalizada nas demonstrações contábeis, antes da sua data de vigência;
- grande catástrofe que tenha tido, ou continue a ter, efeito significativo sobre a posição patrimonial e financeira da entidade.

No item A6 da NBC TA 710 (R1), trata das demonstrações contábeis do período anterior contendo distorções que não foram alteradas e não foi reemitido o relatório do auditor independente, mas os valores correspondentes foram adequadamente retificados ou foram feitas divulgações apropriadas nas demonstrações contábeis do período corrente, portanto, o auditor independente poderá incluir um parágrafo de ênfase. Nesse parágrafo o auditor descreve as circunstâncias e menciona, quando relevante, que as divulgações que descrevem totalmente os assuntos que podem ser encontrados nas demonstrações obrigatórias.

Apresentaremos um relatório dos auditores independentes sobre as demonstrações contábeis sem ressalva com parágrafo de ênfase, deve obedecer ao seguinte:

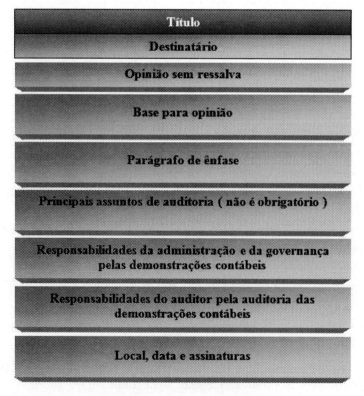

Quadro 14- Modelo de relatório dos auditores independentes
Fonte: Os Autores (2016).

As circunstâncias incluem:

- auditoria de conjunto completo das demonstrações contábeis elaboradas pela administração da entidade, em conformidade com as práticas contábeis adotadas no Brasil;
- os termos do trabalho de auditoria refletem a descrição da responsabilidade da administração pelas demonstrações contábeis e as exigências éticas relevantes que se aplicam à auditoria compõem o Código de Ética Profissional do Contador e as normas profissionais emitidas pelo Conselho Federal de Contabilidade;
- o auditor concluiu que uma opinião não modificada (ou seja, "limpa") é adequada com base na evidência de auditoria obtida;
- entre a data das demonstrações contábeis e a data do relatório do auditor, ocorreu um incêndio nas instalações fabris da entidade, que foi divulgado pela entidade como evento subsequente. De acordo com o julgamento do auditor, o assunto tem tal importância que é fundamental para o entendimento das demonstrações contábeis pelos usuários. O assunto não exigiu uma atenção significativa do auditor na auditoria das demonstrações contábeis no período corrente.

RELATÓRIO DOS AUDITORES INDEPENDENTES SOBRE AS DEMONSTRAÇÕES CONTÁBEIS

[Destinatário apropriado]

Opinião

Examinamos as demonstrações contábeis da companhia Beta que compreendem o balanço patrimonial, em 31 de dezembro de 20X1, e as respectivas demonstrações do resultado, do resultado abrangente, das mutações do patrimônio líquido e dos fluxos de caixa para o exercício findo nessa data, bem como, as correspondentes notas explicativas, incluindo o resumo das principais políticas contábeis.

Em nossa opinião, as demonstrações contábeis acima referidas apresentam adequadamente, em todos os aspectos relevantes, a posição patrimonial e financeira da companhia Beta em 31 de dezembro de 20X1, o desempenho de suas operações e os seus fluxos de caixa para o exercício findo nessa data, de acordo com as práticas contábeis adotadas no Brasil.

322 | AUDITORIA CONTÁBIL

Base para opinião

Nossa auditoria foi conduzida de acordo com as normas brasileiras e internacionais de auditoria. Nossas responsabilidades, em conformidade com tais normas, estão descritas na seção intitulada "Responsabilidade do auditor pela auditoria das demonstrações contábeis".

Somos independentes em relação à companhia, de acordo com os princípios éticos relevantes previstos no Código de Ética Profissional do Contador e nas normas profissionais emitidas pelo Conselho Federal de Contabilidade, e cumprimos com as demais responsabilidades éticas de acordo com essas normas. Acreditamos que a evidência de auditoria obtida é suficiente e apropriada para fundamentar nossa opinião.

Ênfase

Chamamos a atenção para a Nota Explicativa X às demonstrações contábeis, que descreve os efeitos do incêndio nas instalações fabris da companhia. Nossa opinião não contém ressalva relacionada a esse assunto.

Responsabilidade da administração e da governança pelas demonstrações contábeis

A administração é responsável pela elaboração e adequada apresentação das demonstrações contábeis de acordo com as práticas contábeis adotadas no Brasil e pelos controles internos que ela determinou como necessários para permitir a elaboração de demonstrações contábeis livres de distorção relevante, independentemente se causada por fraude ou erro.

Na elaboração das demonstrações contábeis, a administração é responsável pela avaliação da capacidade de a companhia continuar operando, divulgando, quando aplicável, os assuntos relacionados com a sua continuidade operacional e o uso dessa base contábil na elaboração das demonstrações contábeis, a não ser que a administração pretenda liquidar a companhia ou cessar suas operações, ou não tenha nenhuma alternativa realista para evitar o encerramento das operações.

Os responsáveis pela governança da companhia são aqueles com responsabilidade pela supervisão do processo de elaboração das demonstrações contábeis.

Responsabilidades do auditor pela auditoria das demonstrações contábeis

Nossos objetivos são obter segurança razoável de que as demonstrações contábeis, tomadas em conjunto, estão livres de distorção relevante, independentemente se causada por fraude ou erro, e a seguir, emitir relatório de auditoria contendo nossa opinião.

As distorções podem ser decorrentes de fraude ou erro e são consideradas relevantes quando, individualmente ou em conjunto, possam influenciar, dentro de uma perspectiva razoável, as decisões econômicas dos usuários tomadas com base nas referidas demonstrações contábeis. Como parte da auditoria realizada de acordo com as normas brasileiras e internacionais de auditoria, exercemos julgamento profissional e mantemos ceticismo profissional ao longo da auditoria. Além disso:

- Identificamos e avaliamos os riscos de distorção relevante nas demonstrações contábeis, independentemente se causada por fraude ou erro, planejamos e executamos procedimentos de auditoria em resposta a tais riscos, bem como obtemos evidência de auditoria apropriada e suficiente para fundamentar nossa opinião. O risco de não detecção de distorção relevante resultante de fraude é maior do que o proveniente de erro, já que a fraude pode envolver o ato de burlar os controles internos, conluio, falsificação, omissão ou representações falsas intencionais.
- Obtemos o entendimento dos controles internos relevantes para a auditoria para planejarmos procedimentos de auditoria apropriados às circunstâncias, mas, não, com o objetivo de expressarmos opinião sobre a eficácia dos controles internos da companhia. Vejamos:
- Avaliamos a adequação das políticas contábeis utilizadas e a razoabilidade das estimativas contábeis e respectivas divulgações feitas pela administração.
- Concluímos sobre a adequação do uso, pela administração, da base contábil de continuidade operacional e, com base nas evidências de auditoria obtidas, se existe incerteza relevante em relação a eventos ou condições que possam levantar dúvida significativa em relação à capacidade de continuidade operacional da companhia.

Se concluirmos que existe incerteza relevante, devemos chamar atenção em nosso relatório de auditoria para as respectivas divulgações nas demonstrações contábeis ou incluir modificação em nossa opinião, se as divulgações forem inadequadas. Nossas conclusões estão fundamentadas nas evidências de auditoria obtidas até a data de nosso relatório. Todavia, os eventos ou condições futuras podem levar a Companhia a não mais se manter em continuidade operacional.

- Avaliamos a apresentação geral, a estrutura e o conteúdo das demonstrações contábeis, inclusive as divulgações e se as demonstrações contábeis que representam as correspondentes transações e os eventos de maneira compatível com o objetivo de apresentação adequada.

Comunicamo-nos com os responsáveis pela governança a respeito, entre outros aspectos, do alcance planejado, da época da auditoria e das constatações significativas de auditoria, inclusive as eventuais deficiências significativas nos controles internos que identificamos durante nossos trabalhos. Fornecemos também aos responsáveis pela governança declaração de que cumprimos com as exigências éticas relevantes, incluindo os requisitos aplicáveis de independência, e comunicamos todos os eventuais relacionamentos ou assuntos que poderiam afetar, consideravelmente, nossa independência, incluindo, quando aplicável, as respectivas salvaguardas.

Por fim, descrevemos esses assuntos em nosso relatório de auditoria, a menos que lei ou regulamento tenha proibido divulgação pública do assunto, ou quando, em circunstâncias extremamente raras, determinarmos que o assunto não deve ser comunicado em nosso relatório porque as consequências adversas de tal comunicação podem, dentro de uma perspectiva razoável, superar os benefícios da comunicação para o interesse público.

[Local (localidade do escritório de auditoria que emitiu o relatório)]

[Data do relatório do auditor independente]

[Nome do auditor independente (pessoa física ou jurídica)]

[Nome do profissional (sócio ou responsável técnico, no caso de o auditor ser pessoa jurídica)]

[Números de registro no CRC da firma de auditoria e do profissional que assina o relatório]

[Assinatura do auditor independente]

CAPÍTULO XVI - RELATÓRIO DOS AUDITORES INDEPENDENTES | 325

16.8. Responsabilidade pela utilização do trabalho do auditor interno e/ou especialistas

A responsabilidade do auditor independente não será modificada, mesmo quando o auditor interno, contribuir para a realização dos trabalhos. No item 12 da NBC TA 610, aponta que para utilizar o trabalho específico dos auditores internos, os auditores independentes devem avaliar:

(a) o trabalho foi executado por auditores internos que tenham competência e treinamento técnicos adequados;

(b) o trabalho foi adequadamente supervisionado, revisado e documentado;

(c) foi obtida evidência de auditoria apropriada para permitir que os auditores internos atinjam conclusões razoáveis;

(d) as conclusões são apropriadas nas circunstâncias e quaisquer relatórios elaborados pelos auditores internos são consistentes com os resultados do trabalho executado; e

(e) quaisquer exceções ou assuntos não usuais divulgados pelos auditores internos estão resolvidos adequadamente.

Após a análise dos trabalhos dos auditores internos, a auditoria independente deverá incluir na sua pasta de trabalho com as devidas anotações e suas conclusões que poderão servir de base para emissão de sua opinião sobre os demonstrativos contábeis.

O auditor independente poderá também utilizar os trabalhos dos especialistas legalmente habilitados como forma de contribuir para a realização de seu trabalho. Portanto, o auditor é o único responsável por expressar opinião e essa responsabilidade não é reduzida pela utilização do trabalho de especialista contratado pelo auditor (doravante especialista do auditor ou especialista). No entanto, se o auditor, tendo utilizado o trabalho desse especialista e conclui que o trabalho é adequado, ele pode aceitar que as constatações ou conclusões desse especialista em sua área de especialização constituem evidência apropriada. Não é necessário fazer referência ao trabalho do especialista em seu relatório que contenha opinião não modificada (Item 14 da NBC TA 620). Entretanto, o auditor pode não ter as habilidades ou conhecimento especializados necessários quando o assunto envolvido que está fora da área contábil ou de auditoria e pode precisar obtê-los de especialista.

326 | AUDITORIA CONTÁBIL

Caro leitor é hora de avaliar. Não esqueça de realizar as atividades deste capítulo que irão ajudá-lo a fixar o conteúdo.

16.9. Exercícios – Relatório dos auditores independentes sobre as demonstrações contábeis

1. **(CONTADOR – CFC 2016.II – QUESTÃO 45)** - Um auditor realizou trabalhos de auditoria contábil e obteve evidência de auditoria apropriada e suficiente. Detectou, todavia, que a entidade auditada não houvera conduzido os testes para determinação do Valor Realizável Líquido em seus Estoques, de acordo com o determinado pela NBC TG 16 (R1) – ESTOQUES.

   Apesar de seus questionamentos, os referidos testes seguiram sem realização. A sua análise o conduziu a concluir que a distorção é relevante, mas não generalizada nas Demonstrações Contábeis.

   Quanto aos demais itens examinados, concluiu que, em todos os aspectos relevantes, a posição patrimonial e financeira, o desempenho de suas operações e os seus fluxos de caixa, bem como o desempenho consolidado de suas operações e os seus fluxos de caixa consolidados para o exercício findo estavam de acordo com as práticas contábeis adotadas no Brasil e as Normas Internacionais de Relatório Financeiro – IFRS emitidas pelo *International Accounting Standards Board – IASB*.

   Diante apenas das informações apresentadas e de acordo com a NBC TA 700 (R1) e 705 (R1), o auditor deve:

   a) expressar uma opinião não modificada.

   b) expressar uma opinião com ressalva.

   c) expressar uma opinião adversa.

   d) abster-se de expressar uma opinião.

2. **(TCE-PR - Auditor – CESPE – 2016)** - Sabendo que os trabalhos de auditoria devem subsidiar os usuários de informações contábeis com diversas decisões, assinale a opção correta.

   (A) Teste de controle é o procedimento de auditoria planejado para detectar distorções relevantes no nível de afirmações, ao passo que procedimento substantivo é o procedimento de auditoria planejado para avaliar a efetividade operacional dos controles

CAPÍTULO XVI - RELATÓRIO DOS AUDITORES INDEPENDENTES | 327

na prevenção ou detecção e correção de distorções relevantes no nível de afirmações.

(B) O auditor, ao definir e executar procedimentos de auditoria com o objetivo de obter evidências de auditoria, deve consultar fontes internas e externas à entidade, com a finalidade de detectar erros ou fraudes, independentemente da fonte da informação.

(C) O auditor deve formar sua opinião sobre as demonstrações contábeis elaboradas, apresentando a conclusão sobre a evidência obtida e sobre as distorções não corrigidas e relevantes, sendo seu dever ético informar as autoridades competentes sobre as fraudes encontradas.

(D) O auditor deve observar todas as normas brasileiras de auditorias, bem como declarar a conformidade com essas normas, além de emitir parecer com base nos indicadores de mercado, como o índice preço/patrimônio líquido (P/PL).

(E) Ao emitir o relatório de auditoria, o auditor deverá destacar que a administração da entidade é responsável pelas demonstrações contábeis, que o auditor é o responsável pelo relatório de auditoria e que o relatório contém a opinião do auditor, independentemente de as demonstrações contábeis conterem fraude ou erro não detectado pelo auditor.

3. **(Auditoria Contábil – SEFAZ/RS 2014 – Questão 51) - O parágrafo de um relatório elaborado por auditores independentes, referente à Companhia JX, apresentou a seguinte redação:**

"Sem ressalvar nossa opinião, chamamos a atenção para a Nota Explicativa 32 referente às demonstrações contábeis, que indica que a Companhia incorreu no prejuízo líquido de R$ 45 milhões durante o exercício finalizado em 31 de dezembro de 2013 e que, naquela data, o passivo circulante da Companhia excedeu o total do ativo em R$ 20 milhões. Essas condições, juntamente com outros assuntos, conforme descrito na referida Nota Explicativa, indicam a existência de incerteza significativa que pode levantar dúvida significativa quanto à capacidade de continuidade operacional da entidade".

O parágrafo acima é considerado uma:

328 | AUDITORIA CONTÁBIL

a) Ressalva.
b) Ênfase.
c) Abstenção de opinião.
d) Descrição do procedimento aplicado.
e) Limitação com ressalva.

4. (Auditoria contábil – SEFAZ/RS 2014 – Questão 50)- **O relatório dos auditores independentes referente à Companhia AB, apresenta a seguinte redação:**

"Fomos nomeados auditores da Companhia AB após 31 de dezembro de 2013 e, portanto, não acompanhamos a contagem física dos estoques no início e no final do exercício. Não foi possível nos satisfazer por meios alternativos quanto às quantidades em estoque em 31 de dezembro de 2012 e 2013 que estão registradas no balanço patrimonial por R$ 30 milhões e R$ 35 milhões, respectivamente. Adicionalmente, a introdução do novo sistema de gestão informatizado na Companhia, em maio de 2013, resultou em diversos erros na composição dos saldos dos clientes, sendo que, até a data da conclusão dos nossos trabalhos de auditoria, a administração ainda não havia conseguido sanar as deficiências do sistema e corrigir os erros. Não conseguimos confirmar ou verificar por meios alternativos as contas dos clientes incluídas no balanço patrimonial, no valor total de R$ 20 milhões, em 31 de dezembro de 2013. Em decorrência desses assuntos, não foi possível determinar se teria havido necessidade de efetuar ajustes em relação aos estoques registrados ou não registrados e nos saldos dos clientes, assim como nos elementos componentes das demonstrações do resultado, das mutações do patrimônio líquido e dos fluxos de caixa.

Devido à relevância dos assuntos descritos no parágrafo Base, não nos foi possível obter evidência de auditoria apropriada e suficiente para fundamentar nossa opinião de auditoria. Consequentemente, não expressamos opinião sobre as demonstrações contábeis acima referidas".

Nesse relatório dos auditores independentes, a opinião apresentada é do tipo:

CAPÍTULO XVI - RELATÓRIO DOS AUDITORES INDEPENDENTES | 329

a) Com ressalva.
b) Sem modificação.
c) Adversa.

d) Abstenção de opinião.
e) Com ênfase.

5. **(TJ-SP** - Contador Judiciário – **VUNESP – 2015) -** A opinião de um auditor no Relatório de Auditoria pode ser

a) sem ressalva, quando não é possível obter evidência apropriada para suportar a opinião da auditoria.

b) com ressalva, quando as demonstrações contábeis estão elaboradas de acordo com a estrutura do relatório financeiro.

c) com ressalva, quando as distorções existentes são relevantes e generalizadas para as demonstrações contábeis.

d) adversa, quando não é possível obter evidência apropriada para suportar a opinião da auditoria.

e) adversa, quando as distorções existentes são relevantes e generalizadas para as demonstrações contábeis.

6. **(SEFAZ-PE** - Auditor Fiscal do Tesouro Estadual – **FCC – 2014)** – O relatório do auditor independente sobre as demonstrações contábeis deve especificar que a auditoria foi conduzida de acordo com as normas brasileiras e internacionais de auditoria. O relatório deve explicar, também, que essas normas requerem o cumprimento de exigências éticas pelo auditor e que

a) a aprovação e a divulgação das demonstrações contábeis sejam de responsabilidade do sistema de controle interno da entidade.

b) a avaliação do controle interno seja executada pela auditoria interna.

c) os procedimentos de auditoria sejam elaborados com o objetivo de solucionar e prevenir fraudes e erros.

d) o programa de auditoria seja aprovado pela administração da entidade.

e) a auditoria seja planejada e executada com o objetivo de obter segurança razoável de que as demonstrações contábeis estão livres de distorção relevante.

330 | AUDITORIA CONTÁBIL

7. **(Prefeitura de São José do Rio Preto – SP -** Auditor Fiscal Tributário Municipal – **VUNESP – 2014) -** Em relação à elaboração do relatório do auditor independente sobre as demonstrações contábeis, está correto afirmar que

a) um dos aspectos que o auditor deve levar em consideração para formar uma opinião sobre as demonstrações contábeis da entidade é se as distorções não corrigidas pela administração são relevantes, individualmente ou em conjunto.

b) o parágrafo introdutório do relatório consiste na afirmação de a administração da Companhia ser responsável pela elaboração e adequada apresentação das demonstrações contábeis de acordo com as normas brasileiras de contabilidade

c) se o auditor concluir que as demonstrações contábeis apresentam distorções relevantes e generalizadas, ele deve emitir um relatório com ressalva, incluindo um parágrafo em que contenha a base para essa opinião

d) o parágrafo de ênfase normalmente é utilizado quando há incerteza em relação ao resultado de contingências judiciais da entidade, sobre as quais o auditor tenha ressalvas em relação à descrição apropriada do assunto nas demonstrações contábeis.

e) caso as notas explicativas contenham informações não contábeis, tais como o conceito de LAJIDA (lucro antes dos juros, impostos e da depreciação), o auditor não precisa solicitar que a administração coloque na nota que essa informação não foi auditada.

8. **(CONTADOR – CFC 2014.I – ADAPTADA - QUESTÃO 43)** - De acordo com a NBC TA 705 (R1) – Modificações na Opinião do Auditor Independente, o auditor deve emitir uma Opinião Adversa quando:

a) ele não consegue obter evidência apropriada e suficiente de auditoria para suportar sua opinião, mas ele conclui que os possíveis efeitos de distorções não detectadas, se houver, sobre as demonstrações contábeis poderiam ser relevantes, mas não generalizados.

b) em circunstâncias extremamente raras, envolvendo diversas incertezas, conclui que, independentemente de ter obtido evidência de auditoria apropriada e suficiente sobre cada uma

CAPÍTULO XVI - RELATÓRIO DOS AUDITORES INDEPENDENTES | 331

das incertezas, não é possível expressar uma opinião sobre as demonstrações contábeis devido à possível interação das incertezas e seu possível efeito cumulativo sobre essas demonstrações contábeis.

c) não consegue obter evidência de auditoria apropriada e suficiente para suportar sua opinião e ele conclui que os possíveis efeitos de distorções não detectadas, se houver, sobre as demonstrações contábeis poderiam ser relevantes e generalizadas.

d) tendo obtido evidência de auditoria apropriada e suficiente, conclui que as distorções, individualmente ou em conjunto, são relevantes e generalizadas para as demonstrações contábeis.

9. (CONTADOR – CFC 2012.II – ADAPTADA - QUESTÃO 45) - De acordo com a NBC TA 706 (R1) – parágrafos de Ênfase e Parágrafos de Outros Assuntos, julgue os itens abaixo como Verdadeiros (V) ou Falsos (F) e, em seguida, assinale a opção CORRETA.

I. O auditor deverá incluir o parágrafo de ênfase antes do parágrafo de opinião em seu relatório.

II. Ao incluir parágrafo de ênfase, o auditor deverá usar o título "Ênfase" ou outro título apropriado.

III. O auditor deverá incluir no parágrafo de ênfase uma referência clara ao assunto enfatizado e à nota explicativa que descreva de forma completa o assunto nas demonstrações contábeis.

A sequência CORRETA é:

a) F, F, V.   b) F, V, F.   c) F, V, V.   d) V, V, V.

10. (PC-MG - Técnico Assistente da Polícia Civil - Administrativa – FUMARC – 2013) - O relatório de auditoria apresenta

a) o resultado da apuração social dos processos.

b) a avaliação do desempenho operacional e mercadológico ambiental.

c) o nível de conhecimento tácito de uma equipe de trabalho.

d) o resultado do exame realizado nos procedimentos organizacionais.

332 | AUDITORIA CONTÁBIL

11. **(CONTADOR – CFC 2012.I – QUESTÃO 28)**O relatório dos auditores independentes sobre as demonstrações contábeis de uma sociedade anônima, em 31.12.2011, foi apresentado com a seguinte redação:

RELATÓRIO DOS AUDITORES INDEPENDENTES SOBRE AS DEMONSTRAÇÕES CONTÁBEIS

Examinamos as demonstrações contábeis da Companhia A, que compreendem o balanço patrimonial em 31 de dezembro de 2011 e as respectivas demonstrações do resultado, das mutações do patrimônio líquido e dos fluxos de caixa para o exercício findo naquela data, assim como o resumo das principais práticas contábeis e demais notas explicativas.

A Administração da Companhia é responsável pela elaboração e adequada apresentação dessas demonstrações contábeis de acordo com as práticas contábeis adotadas no Brasil, e pelos controles internos que ela determinou como necessários para permitir a elaboração de demonstrações contábeis livres de distorção relevante, independentemente se causada por fraude ou erro.

Nossa responsabilidade é a de expressar uma opinião sobre essas demonstrações contábeis com base em nossa auditoria, conduzida de acordo com as normas brasileiras e internacionais de auditoria. Essas normas requerem o cumprimento de exigências éticas pelos auditores e que a auditoria seja planejada e executada com o objetivo de obter segurança razoável de que as demonstrações contábeis estão livres de distorção relevante.

Uma auditoria envolve a execução de procedimentos selecionados para obtenção de evidência a respeito dos valores e divulgações apresentados nas demonstrações contábeis. Os procedimentos selecionados dependem do julgamento do auditor, incluindo a avaliação dos riscos de distorção relevante das demonstrações contábeis, independentemente se causada por fraude ou erro.

Nessa avaliação de riscos, o auditor considera os controles internos relevantes para a elaboração e adequada apresentação das demonstrações contábeis da Companhia para planejar os procedimentos de auditoria que são apropriados nas circunstâncias, mas, não, para fins de expressar uma opinião sobre a eficácia desses controles internos da Companhia. Uma auditoria inclui, também, a avaliação da adequação

CAPÍTULO XVI - RELATÓRIO DOS AUDITORES INDEPENDENTES | 333

das práticas contábeis utilizadas e a razoabilidade das estimativas contábeis feitas pela administração, bem como a avaliação da apresentação das demonstrações contábeis tomadas em conjunto.

Chamamos atenção para a Nota X às demonstrações contábeis, que descreve a incerteza relacionada com o resultado da ação judicial movida contra a Companhia pela Empresa Z. Nossa opinião não contém ressalva relacionada a esse assunto.

O relatório de auditoria acima é um relatório:

(A) com abstenção de opinião.

(B) que inclui parágrafo de ênfase.

(C) que inclui parágrafo de outros assuntos.

(D) com ressalva em relação a uma nota explicativa.

12. **(CONTADOR – CFC 2012.I – QUESTÃO 30)**Relacione os tipos de opinião modificada, a ser expressa pelo auditor independente, constantes da primeira coluna, com as circunstâncias descritas na segunda coluna:

(1) Opinião com ressalva

( ) Não conseguindo obter evidência de auditoria apropriada e suficiente para suportar sua opinião, o auditor concluiu que os possíveis efeitos de distorções não detectadas, se houver, sobre as demonstrações contábeis poderiam ser relevantes e generalizadas.

(2) Opinião adversa

( ) Tendo obtido evidência de auditoria apropriada e suficiente, o auditor concluiu que as distorções, individualmente ou em conjunto, são relevantes, mas não generalizadas nas demonstrações contábeis.

(3) Abstenção de opinião

( ) Tendo obtido evidência de auditoria apropriada e suficiente, o auditor concluiu que as distorções, individualmente ou em conjunto, são relevantes e generalizadas para as demonstrações contábeis.

A sequência **CORRETA** é:

(A) 3, 2, 1.   (B) 2, 3, 1.   (C) 3, 1, 2.   (D) 2, 1, 3.

334 | AUDITORIA CONTÁBIL

13. **(Contador – BR distribuidora 2012 – QUESTÃO 54)** O objetivo a ser alcançado pelo auditor externo no momento da conclusão da auditoria é

(A) verificar a existência, a suficiência e a aplicação dos controles internos, bem como contribuir para o seu aprimoramento, avaliando a necessidade de novas normas.

(B) analisar se as normas internas estão sendo seguidas, verificando a necessidade de melhoramento das normas internas vigentes.

(C) verificar a suficiência e a aplicação dos controles internos, bem como emitir relatório sobre a utilização das demonstrações contábeis.

(D) emitir relatório sobre as demonstrações contábeis, verificando se estas refletem adequadamente a posição patrimonial ou financeira, o resultado das operações e as origens e aplicações de recursos da empresa, bem como analisar se essas demonstrações foram elaboradas de acordo com os princípios contábeis e se esses princípios foram aplicados com uniformidade em relação ao exercício anterior.

(E) emitir opinião sobre a adequação das ações administrativas da empresa às normas contábeis, bem como verificar se o planejamento estratégico da empresa foi aplicado adequadamente e de acordo com as condições financeiras dos sócios e administradores.

14. **(Auditor – Transpetro 2011 – QUESTÃO 25)**O documento pelo qual a Auditoria Interna apresenta o resultado dos seus trabalhos, redigido com objetividade e imparcialidade, de forma a expressar, claramente, suas conclusões, recomendações e providências a serem tomadas pela administração da entidade, é denominado:

(A) Laudo.

(B) Diagnóstico.

(C) Avaliação.

(D) Relatório.

15. **(Auditor – Transpetro 2011 – QUESTÃO 39). Durante** a realização do trabalho, o auditor não teve acesso às Contas a Receber da empresa. Ao examinar essas contas por meio de revisão analítica, ele percebeu que representavam 4,85% do total dos ativos da empresa. Considerando-se que esse foi o único problema significativo detectado pelo auditor, o relatório dos auditores independentes sobre as demonstrações contábeis a ser emitido será:

CAPÍTULO XVI - RELATÓRIO DOS AUDITORES INDEPENDENTES | 335

(A) restritivo.

(B) adverso.

(C) com Ressalvas.

(D) limpo.

(E) negativa de Relatório dos auditores independentes sobre as demonstrações contábeis.

16. **(Auditor – Transpetro 2011 – QUESTÃO 40)**. Durante a realização da Auditoria, o auditor detectou a possibilidade de a empresa ser absorvida pela líder do setor, em vista da consolidação do segmento no qual ela atua.

Em virtude dessa real possibilidade, o auditor deve emitir uma opinião sobre as demonstrações contábeis

(A) adverso.

(B) Sem Ressalva.

(C) Com Ressalva.

(D) Com Negativa de Relatório dos auditores independentes sobre as demonstrações contábeis.

(E) Com Parágrafo de Ênfase.

17. **(Auditor – Petrobras 2011 – QUESTÃO 34)** Todos os procedimentos de auditoria executados, as evidências colhidas e os pontos observados irão convergir para a emissão do relatório final de auditoria. Antes do fechamento desse relatório, o auditor deve:

(A) Divulgar os pontos observados para toda a Companhia com suas devidas recomendações, ouvindo a opinião de cada funcionário e assim finalizar o relatório após todas as ponderações.

(B) Apresentar os pontos observados para os gestores responsáveis pelos processos auditados e realizar as ponderações finais junto aos gestores e à alta administração da empresa.

(C) Verificar os relatórios de auditoria dos últimos cinco exercícios e ter a certeza de que nenhum ponto ou recomendação serão repetidos.

(D) Examinar a legislação aplicável aos processos auditados, verificando a adequação de cada procedimento de auditoria.

(E) Eliminar do relatório os pontos que possam comprometer a empresa, ocasionando sanções e multas junto aos órgãos fiscalizadores.

336 | AUDITORIA CONTÁBIL

18. **(Auditor – Petrobras 2011 – QUESTÃO 50)** De acordo com a CVM, as Companhias abertas deverão, a partir do exercício findo em 2010, apresentar as suas demonstrações contábeis consolidadas por meio do padrão contábil internacional, e os auditores independentes deverão emitir opinião sobre a adequação das demonstrações contábeis consolidadas às normas internacionais de contabilidade, bem como sobre:

(A) A demonstração de mutação de patrimônio líquido de exercícios anteriores que ocasionaram possíveis diferenças na reconciliação das demonstrações contábeis consolidadas às normas internacionais.

(B) As notas explicativas relativas ao método pelo qual as Companhias realizaram a consolidação das suas Demonstrações Contábeis.

(C) O relatório da administração que explicará os efeitos da consolidação das demonstrações contábeis da Companhia, de acordo com as normas internacionais de contabilidade emitidas pelo IASB.

(D) Os ajustes contábeis realizados em exercícios anteriores que impactassem as demonstrações contábeis do exercício findo em 2010.

(E) Os efeitos dos eventos que geraram diferença entre os totais do patrimônio líquido e do lucro líquido ou prejuízo da controladora, em confronto com os totais do patrimônio líquido e do lucro líquido ou prejuízo consolidados.

19. **(Contador – BR Distribuidora 2010 – QUESTÃO 58)** Associe os tipos de Relatório dos auditores independentes sobre as demonstrações contábeis às suas respectivas definições:

I. Relatório dos auditores independentes sobre as demonstrações contábeis sem ressalvas.

II. Relatório dos auditores independentes sobre as demonstrações contábeis com ressalvas.

III. Relatório dos auditores independentes sobre as demonstrações contábeis adverso.

P – É emitido quando o auditor não obtém elementos comprobatórios suficientes para formar sua opinião sobre as demonstrações

CAPÍTULO XVI - RELATÓRIO DOS AUDITORES INDEPENDENTES | 337

contábeis tomadas em conjunto; ocorre, normalmente, em função de limite no escopo do exame ou de incertezas que possam ter efeito bastante relevantes sobre a situação patrimonial e financeira e sobre o resultado das operações.

Q –Caso em que o parágrafo-padrão da opinião deve ser alterado de modo a deixar de forma clara a natureza da ressalva e seu efeito sobre a situação patrimonial e financeira, o resultado das operações, as mutações do patrimônio líquido e as origens e aplicações de recursos, se esse efeito puder ser razoavelmente determinado.

R –É emitido quando o auditor possui, de acordo com os princípios fundamentais de contabilidade, informações suficientes para formar a opinião de que as demonstrações contábeis não representam adequadamente a posição patrimonial e financeira assim como o resultado das operações.

S –É emitido quando o exame foi efetuado de acordo com as normas de auditoria geralmente aceitas, as demonstrações contábeis foram elaboradas de acordo com os princípios fundamentais de contabilidade e os princípios contábeis, aplicados com uniformidade, sendo que as demonstrações contábeis contêm todas as exposições informativas necessárias.

São corretas as associações:

(A) I – P, II – Q, III – R

(B) I – Q, II – P, III – S

(C) I – Q, II – R, III – P

(D) I – S, II – P, III – R

(E) I – S, II – Q, III – R

20. **(Analista Técnico – SUSEP 2010 – QUESTÃO 36)**O auditor externo, ao avaliar as demonstrações contábeis da empresa Evolution S.A., identificou que a empresa está discutindo a similaridade de seus produtos com produtos de concorrentes que possuem isenção de tributação. A empresa não vem recolhendo o referido tributo há mais de 5 anos e o valor relativo a essa contingência é significativo. Caso a decisão vier a ser contrária à empresa, a mesma entrará em processo de descontinuidade. A decisão deve ter seu mérito julgado em quatro anos. Dessa forma deve o auditor emitir relatório do auditores independentes:

338 | AUDITORIA CONTÁBIL

(A) negativa de opinião, por não poder firmar opinião sobre as demonstrações contábeis.

(B) com ressalva, evidenciando o fato como restritivo às demonstrações contábeis.

(C) adverso, por não permitir avaliar as demonstrações contábeis.

(D) sem ressalva, visto que há incerteza no desdobramento da causa.

(E) sem ressalva, com introdução de parágrafo de ênfase fazendo referência à nota explicativa que deve descrever detalhadamente o evento.

21. **(Auditor – IBGE 2010 – QUESTÃO 70)** Sobre o relatório dos auditores independentes sobre as demonstrações contábeis do auditor independente, analise as afirmativas a seguir:

I.   Uma limitação na extensão do trabalho conduz aos tipos de Relatório dos auditores independentes sobre as demonstrações contábeis com Ressalva ou Abstenção de Opinião.

II. A discordância da administração da entidade, a respeito do conteúdo e da forma de apresentação das demonstrações contábeis, remete aos Relatório dos auditores independentes sobre as demonstrações contábeis do tipo Ressalva ou Adverso, a juízo do auditor.

III. Quando houver incerteza em relação a fato relevante, cujo desfecho poderá afetar significativamente a posição patrimonial e financeira de uma entidade, bem como o resultado de suas operações, o auditor deve adicionar um parágrafo de ênfase em seu Relatório dos auditores independentes sobre as demonstrações contábeis , após o parágrafo de opinião.

IV. Quando o auditor não obtém comprovação suficiente para fundamentar a sua opinião sobre a adequação das demonstrações contábeis, deve emitir um Relatório dos auditores independentes sobre as demonstrações contábeis sem ressalva.

É (são) correta(s) **APENAS** a(s) afirmativa(s):

(A) I.   (D) II e IV.

(B) III.   (E) I, II e IV.

(C) I e III.

CAPÍTULO XVI - RELATÓRIO DOS AUDITORES INDEPENDENTES | 339

22. **(APOFP – SEFAZ SP 2010 – QUESTÃO 75)**Em uma auditoria em que não foi possível obter comprovação suficiente para fundamentar uma opinião, devido às limitações no escopo dos exames realizados, o auditor

(A) não deve emitir qualquer relatório do auditores independentes.

(B) deve emitir um relatório do auditores independentes adverso.

(C) deve emitir um relatório do auditores independentes com negativa de opinião.

(D) deve emitir um relatório do auditores independentes com ressalvas.

(E) deve emitir um relatório do auditores independentes sem ressalvas.

23. **(Técnico em Informática – TCM PA 2010 – QUESTÃO 19)** Durante o exame das demonstrações contábeis de uma empresa concessionária de uma das principais rodovias do estado, a auditoria externa constatou fortes evidências de que o contrato de concessão não seria renovado no próximo exercício financeiro. Considerando que esta era a principal atividade desenvolvida pela empresa, o auditor deveria mencionar os efeitos que tal situação poderia determinar na continuidade operacional da entidade, de modo que os usuários tivessem adequada informação.

Isto deveria ser realizado em relatório do auditores independentes

(A) com parágrafo de ênfase.

(B) sem ressalva.

(C) adverso.

(D) com abstenção de opinião.

(E) limpo.

24. **(Auditor – DER RO 2010 – QUESTÃO 48)** Conforme a NBC TA 720 – Responsabilidade do Auditor em Relação a Outras Informações Incluídas em Documentos que Contenham Demonstrações Contábeis Auditadas, é correto afirmar que na avaliação da capacidade de continuidade da entidade, o auditor:

340 | AUDITORIA CONTÁBIL

(A) não deve indagar à administração a respeito da avaliação da capacidade de continuidade da entidade ou do conhecimento de eventos que possam levantar dúvidas quanto à capacidade de continuidade.

(B) deve apenas considerar seus procedimentos de revisão e o conhecimento de eventos ou condições que levantem dúvidas significativas quanto à capacidade de continuidade.

(C) deve considerar o conhecimento de eventos que levantam dúvidas significativas quanto à capacidade de continuidade da entidade e também indagar à administração a respeito da capacidade de continuidade da entidade, as ações futuras e sua viabilidade.

(D) deve indagar à administração a respeito dos planos para ações futuras e a viabilidade desses planos, sem levarem consideração o conhecimento de eventos que levantam dúvidas quanto à capacidade de continuidade.

(E) deve indagar à administração a respeito da avaliação da capacidade de continuidade da entidade, suas ações futuras e a viabilidade dos planos, corroborando com tais opiniões.

25. **(Auditor – DER RO 2010 – QUESTÃO 49)** Com base na NBC TA 706 (R1) – Parágrafos de Ênfase e Parágrafos de Outros Assuntos no Relatório do Auditor Independente, é correto afirmar que o parágrafo de ênfase no relatório de auditoria:

(A) deve ser incluído no relatório, quando a evidência de auditoria que se obteve não é suficiente para certificar que o fato descrito gerou distorção relevante do assunto nas demonstrações contábeis.

(B) é de tal importância, que é fundamental para o entendimento, pelos usuários, das demonstrações contábeis.

(C) é incluído, imediatamente, antes do parágrafo de opinião no relatório do auditor.

(D) é utilizado para incluir uma referência clara de um assunto que não está apresentado em nota explicativa das demonstrações contábeis.

(E) indica que a opinião do auditor a respeito da adequação das demonstrações é decorrente especialmente do assunto enfatizado.

CAPÍTULO XVI - RELATÓRIO DOS AUDITORES INDEPENDENTES | 341

26. **(Auditor – DER RO 2010 – QUESTÃO 50)** De acordo com a NBC TA 705 (R1) – Modificações na Opinião do Auditor Independente, a forma e conteúdo que melhor define a opinião do auditor é:

(A) expressar uma opinião adversa quando, tendo obtido evidência de auditoria apropriada e suficiente, conclui que as distorções, individualmente ou em conjunto, são relevantes e não generalizadas para as demonstrações contábeis.

(B) abster-se de expressar uma opinião quando, em circunstâncias extremamente raras envolvendo diversas incertezas, o auditor conclui que, independentemente de ter obtido evidência de auditoria apropriada e suficiente sobre cada uma das incertezas, não é possível expressar uma opinião sobre as demonstrações contábeis, podendo apenas avaliar seu efeito cumulativo sobre essas demonstrações contábeis.

(C) abster-se de expressar uma opinião quando consegue obter evidência de auditoria apropriada e suficiente para suportar sua opinião e ele conclui que os possíveis efeitos de distorções não detectadas, se houver, sobre as demonstrações contábeis, poderiam ser relevantes e generalizadas.

(D) expressar uma opinião com ressalva quando não consegue obter evidência apropriada e suficiente de auditoria para suportar sua opinião, mas ele conclui que os possíveis efeitos de distorções não detectadas, se houver, sobre as demonstrações contábeis poderiam ser relevantes e generalizados.

(E) expressar uma opinião com ressalva, quando tendo obtido evidência de auditoria apropriada e suficiente, conclui que as distorções, individualmente ou em conjunto, são relevantes, mas não generalizadas nas demonstrações contábeis.

27. **(Auditor – DER RO 2010 – QUESTÃO 51)** Conforme descrito na NBC TA 700 (R1) – Formação da Opinião e Emissão do Relatório do Auditor Independente sobre as Demonstrações Contábeis, quando o auditor avalia os requisitos da estrutura de relatório financeiro, ele deve verificar se:

(A) as demonstrações contábeis divulgam adequadamente as práticas contábeis selecionadas e aplicadas, se as práticas contábeis selecionadas e aplicadas são consistentes, se sua terminologia é apropriada, fornecem divulgações que permitam o entendimento de eventos relevantes.

342 | AUDITORIA CONTÁBIL

(B) as demonstrações contábeis divulgam adequadamente as práticas contábeis selecionadas e aplicadas; se as estimativas contábeis feitas pela administração são razoáveis, se todos os bens direitos e obrigações estão detalhados, e se a terminologia usada é apropriada.

(C) as demonstrações contábeis fornecem divulgações adequadas para permitir que os usuários previstos entendam o efeito de transações e eventos relevantes e subsequentes sobre as informações incluídas nas demonstrações contábeis.

(D) as informações apresentadas nas demonstrações contábeis são relevantes, confiáveis, comparáveis e compreensíveis, se divulgam adequadamente as práticas contábeis e se as estimativas contábeis foram totalmente validadas nos testes de auditoria.

(E) a terminologia usada nas demonstrações contábeis, incluindo o título de cada demonstração contábil, é apropriada às práticas contábeis constantes das normas internacionais de Contabilidade.

28. **(Auditor – INFRAERO 2009Adaptada – QUESTÃO 37)** Quando houver limitação na extensão do trabalho do auditor, seja ela imposta pela administração da entidade ou circunstancial, o profissional pode ser obrigado a emitir uma opinião

(A) com ressalva ou abstenção de opinião, dependendo da extensão da limitação.

(B) adversa, qualquer que seja a extensão da limitação.

(C) sem ressalva, mas com um parágrafo intermediário indicando como a limitação pode ter distorcido as demonstrações contábeis da entidade auditada.

(D) sem ressalva, desde que baseada nas informações do auditor interno, que lhe afirma que a limitação não terá efeito relevante nas demonstrações contábeis.

(E) com abstenção de opinião, mesmo que a limitação tenha ocorrido em item das demonstrações contábeis de pouca relevância.

29. **(APOFP – SEFAZ SP 2009Adaptada – QUESTÃO 75)**Assinale a opção que preenche corretamente as lacunas da seguinte frase: "O auditor deve emitir opinião _____(1)_____ quando verificar que as demonstrações contábeis apresentam distorções relevantes e generalizadas, e quando forem relevantes e não generalizadas devem emitir opinião _____ (2)_____."

CAPÍTULO XVI - RELATÓRIO DOS AUDITORES INDEPENDENTES | 343

(A) (1) adversa // (2) com ressalva
(B) (1) com ressalva // (2) adversa
(C) (1) com abstenção de opinião // (2) com ressalva
(D) (1) com abstenção de opinião // (2) adversa
(E) (1) adversa // (2) com abstenção de opinião

30. **(Auditor – AFRFB 2009Adaptada – QUESTÃO 38)**Na emissão de opinião com abstenção de opinião para as demonstrações contábeis de uma entidade, pode-se afirmar que:

(A) elimina a responsabilidade do auditor de emitir qualquer opinião devendo este comunicar à administração da empresa da suspensão dos trabalhos.

(B) não suprime a responsabilidade do auditor de mencionar, no relatório, qualquer desvio, independente da relevância ou materialidade, que possa influenciar a decisão do usuário dessas demonstrações.

(C) exclui a responsabilidade do auditor de se manifestar sob qualquer aspecto das demonstrações.

(D) não elimina a responsabilidade do auditor de mencionar, no relatório, qualquer desvio relevante que possa influenciar a decisão do usuário dessas demonstrações.

(E) extingue a responsabilidade do auditor de mencionar, no relatório, qualquer desvio relevante que possa influenciar a decisão do usuário dessas demonstrações.

31. **(Auditor – AFRFB 2009Adaptada – QUESTÃO 39)** A empresa de Transportes S.A. é uma empresa que tem seus registros contábeis e procedimentos estabelecidos por agência de fiscalização. A agência estabeleceu procedimento para registro das concessões que diverge significativamente, no entanto não é generalizada, logo o procedimento estabelecido pelo Conselho Federal de Contabilidade. Nessa situação, deve o auditor emitir opinião:

(A) sem abstenção de opinião.
(B) adverso.
(C) com ressalva.
(D) sem ressalva, mas evidenciando em nota explicativa a divergência.
(E) com abstenção de opinião.

344 | AUDITORIA CONTÁBIL

32. **(Analista – CVM 2008Adaptada – QUESTÃO 7)** Quando o auditor independente está convencido que as demonstrações contábeis examinadas foram elaboradas de forma adequada em todos os seus aspectos relevantes, é emitido um relatório com opinião:

(A) sem ressalvas;

(B) com ressalvas;

(C) adverso;

(D) com abstenção de opinião;

(E) contrário.

33. **(Auditoria – FCC BA 2008 – QUESTÃO 42)** Na constatação de evidências de riscos na continuidade normal das atividades da entidade, o auditor independente deverá emitir do relatório de auditoria:

(A) com abstenção de opinião.

(B) sem ressalva e sem parágrafo de ênfase.

(C) com ressalva e com parágrafo de ênfase.

(D) sem ressalva e com parágrafo de ênfase.

(E) adverso e com parágrafo de ênfase.

34. **(Analista – CVM 2008Adaptada – QUESTÃO 10)**O relatório emitido pelo auditor com opinião de abstenção/negativa , ocorre quando:

(A) for constatado que as demonstrações contábeis não representam a realidade da organização auditada;

(B) as demonstrações contábeis representarem em seu conjunto a situação patrimonial da empresa analisada;

(C) o auditor não consegue reunir comprovação suficiente para formar sua opinião sobre as demonstrações contábeis;

(D) for detectado pelos auditores erro que induza os usuários a uma compreensão falha da empresa auditada;

(E) for encontrado erro relevante nas demonstrações contábeis auditadas.

35. **(Auditor do Tesouro Municipal– Prefeitura de Natal RN 2008Adaptada – QUESTÃO 70)**Com relação à opinião de auditoria, é verdadeiro afirmar que:

(A) quando aplicado o "parágrafo de ênfase", a opinião qualifica--se como com ressalva.

(B) a expressão "exceto quanto" é utilizada para limitar a extensão da opinião e qualificá-la como adversa.

CAPÍTULO XVI - RELATÓRIO DOS AUDITORES INDEPENDENTES | 345

(C) a não aplicação de princípios contábeis, sem avaliar a relevância na demonstração contábil, não é fator suficiente para emitir opinião com ressalva.

(D) a expressão "exceto pelos possíveis efeitos do(s) assunto(s)" é utilizada para ressaltar a indefinição sobre algum aspecto da demonstração contábil em opinião com ressalva.

(E) o relatório com negativa de opinião deve ser emitido somente quando a empresa não tiver elaborado as demonstrações contábeis.

36. **(AFC – CGU 2006Adaptada – QUESTÃO 21)**O relatório de auditoria é o instrumento por meio do qual o auditor independente comunica sua conclusão acerca das demonstrações contábeis de uma entidade, tendo caráter comparativo às demonstrações contábeis referentes ao exercício anterior. Sobre o relatório em comento, assinale a opção incorreta.

(A) A responsabilidade sobre a preparação e o conteúdo das demonstrações contábeis é do auditor independente.

(B) A opinião expressada pelo auditor independente deve ser obrigatoriamente clara e objetiva.

(C) De maneira geral, o relatório é destinado à diretoria da entidade, seu conselho de administração e/ou a seus acionistas.

(D) A data do relatório deve corresponder à data da conclusão dos trabalhos na entidade auditada.

(E) O relatório deve ser assinado por profissional com registro cadastral no Conselho Regional de Contabilidade.

37. **(Analista– CVM 2003Adaptada – QUESTÃO 22)**- Quando ocorrer incerteza quanto a fato relevante, cujo desfecho possa afetar significativamente o patrimônio e o resultado da entidade, o auditor deve emitir uma opinião:

(A) sem ressalva, uma vez que sua responsabilidade se atém a fatos ocorridos até a data da elaboração das demonstrações contábeis.

(B) com abstenção de opinião, em virtude da impossibilidade da mensuração do fato superveniente.

(C) adverso, uma vez que isto constitui uma séria limitação ao seu trabalho.

346 | AUDITORIA CONTÁBIL

(D) com ressalva, destacando a impossibilidade de se avaliar corretamente a probabilidade de ocorrência dos fatos, dado seu caráter aleatório.

(E) sem ressalva, mas com parágrafo de ênfase.

38. **(Contador – BNDES 2002 – QUESTÃO 39)** Julgue as afirmações a seguir, com base nas normas de auditoria independente das demonstrações contábeis aprovadas pelo Conselho Federal de Contabilidade:

I. Se o Auditor tiver uma discordância com a administração da entidade a respeito do conteúdo ou forma de apresentação das demonstrações contábeis, este fato, isoladamente, não constitui motivo para que ele emita um relatório dos auditores independentes sobre as demonstrações contábeis com ressalva.

II. Quando ocorrer incerteza em relação a fato relevante, cujo desfecho poderá afetar significativamente a posição patrimonial e financeira da entidade, o auditor deve empregar um parágrafo de ênfase em seu Relatório dos auditores independentes sobre as demonstrações contábeis , fazendo referência à nota explicativa que deve descrever, da melhor forma possível, essa incerteza.

III. Como o sistema contábil e de controles internos é de responsabilidade exclusiva da administração da entidade, o auditor está desobrigado de efetuar sugestões objetivas para seu aprimoramento, decorrentes de constatações feitas no decorrer do seu trabalho.

Pode-se dizer que:

(A) Todas as afirmações estão incorretas.

(B) Apenas a afirmação I está correta.

(C) Apenas a afirmação II está correta.

(D) Apenas a afirmação III está correta.

(E) Apenas as afirmações II e III estão corretas.

39. **(Auditor – AFRF 1996 – QUESTÃO 14)** O auditor, ao expressar sua opinião assume responsabilidades inclusive de ordem pública. Com base nesta afirmação, indique o item abaixo que não

CAPÍTULO XVI - RELATÓRIO DOS AUDITORES INDEPENDENTES | 347

é essencial para o relatório dos auditores independentes sobre as demonstrações contábeis :

(A) Indicação das demonstrações contábeis examinadas e períodos pertinentes.

(B) Data do Relatório dos auditores independentes sobre as demonstrações contábeis , correspondente ao dia da conclusão dos trabalhos dos auditores.

(C) Data do Relatório dos auditores independentes sobre as demonstrações contábeis , correspondente ao dia efetivo de sua emissão e assinatura.

(D) Assinatura do auditor e número de registro no Conselho Regional de Contabilidade.

(E) Destinatários, que podem ser acionistas conselheiros de administração ou diretores.

40. **(Auditor –MP RO 2011 – QUESTÃO 47)** Em auditoria executada em uma entidade cuja atividade-fim seja específica e com características muito peculiares, é correto afirmar que:

(A) o auditor pode utilizar-se do trabalho de um especialista, sendo o primeiro, entretanto, o único responsável por expressar opinião de auditoria, e sua responsabilidade não é reduzida pela contratação do especialista.

(B) o auditor deve incluir em seu relatório a limitação de sua análise decorrente das especificidades da entidade, não se podendo utilizar de trabalhos complementares de especialistas.

(C) o auditor pode utilizar-se do trabalho de um especialista contratado, compartilhando a responsabilidade de seu trabalho de auditoria com esse especialista.

(D) o auditor deve declarar-se incapaz de realizar os trabalhos diante das especificidades técnicas apresentadas que inviabilizam a execução de uma auditoria.

(E) o auditor somente poderá aceitar trabalhos se possuir um nível de especialização que lhe permita realizar auditoria, de tal maneira que possa ser o único responsável por expressar opiniões, sem a necessidade de contratação de terceiros.

348 | AUDITORIA CONTÁBIL

41. **(Auditor –MP RO 2011 – QUESTÃO 51)** A respeito da responsabilidade do auditor em relação a outras informações incluídas em documentos que contenham demonstrações contábeis auditadas, é correto afirmar que:

(A) o auditor não possui qualquer responsabilidade em relação às informações que estão divulgadas além das demonstrações contábeis em si.

(B) o auditor deve incluir em seu relatório que suas análises se restringiram às demonstrações contábeis.

(C) o auditor deve avaliar se as informações apresentadas podem prejudicar a credibilidade do relatório do auditor independente, exigindo a retificação de informações, podendo, se isso não ocorrer, recusar-se a emitir seu relatório.

(D) o auditor deve avaliar se as informações apresentadas podem prejudicar a credibilidade das demonstrações e de seu relatório, podendo ainda solicitar a retificação de informações ou, se isso não ocorrer, nele incluir um parágrafo de outros assuntos para descrever a inconsistência relevante observada.

(E) o auditor é responsável por emitir opinião sobre a total idade de informações publicadas, conjuntamente com as demonstrações contábeis.

42. **(AFRF – INSS 2002 – QUESTÃO 35).** Quando um auditor independente utiliza relatórios elaborados pelos auditores internos para concluir seus trabalhos nas áreas de estoques e imobilizado, a responsabilidade do relatório dos auditores independentes sobre as demonstrações contábeis:

(A) deve ser compartilhada com a administração da empresa.

(B) deve ser compartilhada com o auditor interno.

(C) é do auditor interno, se os estoques forem relevantes.

(D) é única e exclusiva do auditor independente.

(E) é do auditor independente, porém de forma limitada.

CAPÍTULO XVII – TRABALHO DE ASSEGURAÇÃO

17.1. Introdução

É o trabalho no qual o auditor independente obterá evidências apropriadas e suficientes para expressar sua opinião em relação aos dados, de forma a aumentar o grau de confiança nesta informação, sendo que seu o objetivo não é emitir um relatório de auditoria e sim avaliar o risco do negócio a que a organização está exposta. O termo asseguração *é o mesmo que* garantia, podendo incluir trabalho de atestação, certificação e outros. No setor público, usa-se a expressão certificação.

O objetivo é disponibilizar informação específica para que usuários possam tomar melhores decisões, situa-se entre serviços de certificação e serviços de consultoria. O serviço pode ser a mensuração do desempenho (não financeiro) ou revisão e emissão de um relatório sobre as transações financeiras (financeiro), como exemplo temos o objeto do trabalho de asseguração que pode ter várias formas, são elas:

- histórico de desempenho ou condição financeira (por exemplo, histórico de posição financeira, desempenho financeiro e fluxos de caixa) para o qual a informação do objeto pode ser o reconhecimento, a mensuração, a apresentação e a divulgação representada nas demonstrações contábeis;

- condição ou desempenho financeiro futuro (por exemplo, posição financeira, desempenho financeiro e fluxos de caixa prospectivos) para o qual a informação do objeto pode ser o reconhecimento, a mensuração, a apresentação e a divulgação representada na projeção ou previsão financeira;

- condições ou desempenhos não financeiros (por exemplo, desempenho da entidade) para o qual as informações do objeto podem ser os indicadores principais de eficácia e eficiência;

- características físicas (por exemplo, capacidade máxima de ocupação do prédio) para o qual a informação do objeto pode ser documento de especificações;

350 | AUDITORIA CONTÁBIL

- sistemas e processos (por exemplo, o controle interno ou o sistema de TI da entidade) para o qual a informação do objeto deve ser declaração sobre sua efetividade;

- comportamento (por exemplo, governança corporativa, conformidade com regulamentações, políticas de recursos humanos) para o qual a informação do objeto pode ser uma declaração de conformidade ou declaração de efetividade.

17.2. Estrutura conceitual de trabalhos de asseguração

Os trabalhos de asseguração são classificados em dois tipos: **Razoável e Limitada**. A primeira pode ser entendida como trabalho que o auditor independente reduz o risco a um nível aceitavelmente baixo. Para chegar a essa conclusão, é necessário analisar o resultado da mensuração ou avaliação de determinado objeto de acordo com os critérios aplicáveis. Na asseguração limitada, o auditor independente reduz o risco a um nível que é aceitável nas circunstâncias do trabalho, sendo esse risco, maior do que o trabalho de asseguração razoável para emissão de uma conclusão, de acordo os procedimentos executados e as evidências obtidas, o auditor poderá concluir que as informações dos objetos estejam distorcidas de forma relevante.

A natureza, a época e a extensão dos procedimentos executados em trabalho de asseguração limitada são restritos, ou seja, menos extensos, quando comparados com o que são necessários em trabalho de asseguração razoável, mas são planejados para obter um nível de segurança que seja, no julgamento profissional do auditor independente, significativo. Para que seja significativo, o nível de segurança obtido pelo auditor deverá ser capaz de aumentar a confiança dos usuários previstos sobre a informação do objeto a um nível que seja claramente mais do que irrelevante.

A segurança absoluta é algo impossível de se obter em um trabalho executado por um auditor, que se vale de técnicas e procedimentos que permitem fornecer um nível apropriado de segurança aos usuários de um trabalho de asseguração razoável, por um custo não proibitivo. O mesmo entendimento vale para o trabalho de asseguração limitada.

Os trabalhos de asseguração nas demonstrações contábeis de uma entidade ou na sua estrutura de controle interno, pelas próprias características são chamadas de informações históricas e não históricas respectivamente.

CAPÍTULO XVII – TRABALHO DE ASSEGURAÇÃO | 351

Nas duas situações as normas emitidas pelo CFC estão estruturadas para atender seguintes objetivos de:

a) Auditoria (asseguração razoável) de informações históricas, por meio das NBC TAs (normas técnicas de auditoria);

b) Revisão (asseguração limitada) de informações históricas, por meio das NBC TRs (normas técnicas de revisão);

c) Trabalhos de asseguração que não sejam de auditoria ou de revisão de informações históricas, por meio das NBC TO (normas técnicas para outros trabalhos de asseguração).

17.2.1. Abrangência da estrutura conceitual

Nem todos os trabalhos realizados por auditores independentes são trabalhos de asseguração, esses trabalhos incluem:

- trabalhos abrangidos pelas Normas de Serviços Correlatos (NBCs TSC), tais como procedimentos previamente acordados e trabalhos de compilação;

- elaboração de declarações de imposto de renda onde nenhuma conclusão de asseguração é expressa;

- trabalhos de consultoria (ou assessoria), tais como gerenciamento e consultorias tributárias.

O trabalho de asseguração realizado de acordo com as NBCs TO pode ser parte de trabalho mais abrangente. Em tais circunstâncias, as NBCs TO são aplicáveis apenas para a parte de asseguração, como por exemplo, quando o trabalho de consultoria para a aquisição de negócios inclui requerimento para obter asseguração acerca da informação financeira histórica ou prospectiva. De fato, essas circunstâncias e estruturas são aplicáveis apenas na parte do trabalho relacionada à asseguração.

17.3. Elementos de um trabalho de asseguração

A estrutura conceitual da NBC TA, identifica e estabelece os cinco elementos que necessariamente devem estar presentes em um trabalho de asseguração executado por auditor independente:

a) relacionamento entre três partes;

b) objeto apropriado;

c) critérios adequados;

d) evidências apropriadas e suficientes;

e) relatório de asseguração escrito de forma apropriada.

352 | AUDITORIA CONTÁBIL

17.3.1. Relacionamento entre três partes

A primeira é a parte responsável pela preparação da informação, no caso, por exemplo, de demonstrações contábeis, a responsabilidade pela sua preparação é da administração da companhia, portanto, a parte responsável é a administração da companhia. Essa responsabilidade é explicada neste livro.

A segunda parte compreende os usuários previstos da informação, que na essência é para quem o relatório do auditor independente é submetido. A parte responsável pode ser um dos usuários previstos, mas não pode ser o único. O relatório do auditor é endereçado aos administradores e acionistas de uma companhia.

Nessa situação, os administradores da companhia são responsáveis pela informação (parte responsável). Eles podem ser, também, a parte contratante e, simultaneamente, um dos usuários, mas não os únicos.

A terceira parte, que é o auditor independente, que decide por meio de seu julgamento profissional, à luz das circunstâncias, sobre os procedimentos a serem aplicados, ou seja, o que e como fazer (natureza), quando fazer (época) e quanto fazer (extensão) para possibilitar a emissão do seu relatório de asseguração.

17.3.2. Categorização dos objetos em trabalhos de asseguração

O Apêndice 4 da NBC TA estrutura conceitual mostra uma série de possíveis objetos em trabalhos de asseguração, alguns desses objetos ou informações dos objetos podem possuir componentes em mais de uma categoria, por exemplo, relatório integrado e relatório de responsabilidade social corporativa são propensos a ter tanto informações históricas quanto voltadas para o futuro, assim como informações financeiras e informações não financeiras.

17.3.3. Critérios adequados

Corresponde aos critérios utilizados para avaliar ou mensurar o objeto. Por exemplo, no caso de auditoria das demonstrações contábeis (asseguração razoável), os critérios para avaliar se a posição patrimonial e financeira está adequadamente apresentada podem ser as práticas contábeis adotadas no Brasil, os padrões internacionais de relatório financeiro (IFRS) ou outras estruturas de relatório financeiro, que possam ser aplicáveis.

Os critérios precisam ser adequados para permitir uma avaliação ou mensuração consistente do objeto. Os critérios para serem considerados adequados devem ter as seguintes características:

- relevantes, para contribuir com a tomada de decisão pelos usuários previstos;
- completos, não omitindo fatores importantes. Critérios que atendem a necessária integridade incluem pontos de referência para divulgação e apresentação;
- confiáveis, para permitir uma avaliação ou mensuração razoavelmente uniforme do objeto;
- neutros, para contribuírem para decisões não tendenciosas;
- compreensíveis, para que evitem interpretações diferentes e possam ser claros.

Os critérios precisam estar disponíveis aos usuários previstos para possibilitar a eles o entendimento de como o objeto foi avaliado ou mensurado (exemplo: práticas contábeis adotadas no Brasil).

Quando os critérios estiverem disponíveis apenas aos usuários específicos, isto é, não forem de caráter geral, o relatório de asseguração é restrito, ou seja, inclui restrição de uso e de distribuição.

17.3.4. Evidências apropriadas e suficientes

A suficiência é medida em quantidade de evidências, enquanto a adequação é mensurada pela qualidade. Quanto maior for o risco, maior o nível de evidências necessárias. Por sua vez, quanto mais elevada for a qualidade da evidência conseguida, menor o nível de evidências necessárias.

O auditor planeja e executa um trabalho de asseguração com o necessário ceticismo profissional para obter evidência apropriada e suficiente de que a informação relativa ao objeto está livre de distorção relevante.

O auditor considera a materialidade, o risco do trabalho, assim como a quantidade e qualidade das evidências quando planeja a natureza, a época e a extensão dos procedimentos a serem executados.

A confiabilidade da evidência é influenciada pela sua fonte e pela sua natureza, sendo possível considerar as seguintes generalizações sobre as evidências:

- fonte independente aumenta o grau de confiabilidade (exemplo: obtenção de uma confirmação de fonte externa);

354 | AUDITORIA CONTÁBIL

- evidência gerada interna é mais confiável quando os controles internos são eficazes;
- evidência obtida diretamente pelo auditor é mais confiável do que aquela obtida indiretamente, por meio de indagação, por exemplo;
- evidência documental é mais confiável do que uma declaração subsequente do que foi discutido;
- documentos originais fornecem evidência mais confiável do que fotocópias.

Em trabalhos de asseguração, a determinação da natureza, da época e da extensão dos procedimentos é estabelecida pelo auditor, considerando o nível de materialidade, que envolve aspectos qualitativos e quantitativos.

O risco de um trabalho de asseguração é a possibilidade do auditor expresse uma conclusão inapropriada, ou seja, o auditor emitir um relatório sem ressalva, quando seria necessária uma qualificação ou vice-versa. Os componentes dos riscos de que a informação contenha distorção relevante, consiste em inerente controle e de detecção, tratados no capítulo VI neste livro.

Em um trabalho de asseguração razoável, cuja segurança obtida é necessariamente menor do que uma segurança absoluta, o risco deve ser reduzido a um nível baixo para permitir ao auditor expressar uma conclusão na forma positiva, para que isso seja possível, o auditor deverá obter evidência apropriada e suficiente.

17.3.5. Relatório de asseguração escrito de forma apropriada

O relatório pode ser direto ("Em nossa opinião, os controles internos são eficazes, em todos os aspectos relevantes, de acordo com os critérios...") ou sobre a afirmação (indireto). Este último seria do tipo: "Em nossa opinião, a afirmação da administração (parte responsável) de que os controles internos são eficazes é adequada, de acordo com os critérios..."

O relatório pode ser limpo ou conter modificação (ressalva, adverso ou abstenção de conclusão).

O auditor não poderá emitir um relatório limpo quando existir uma limitação ao alcance (escopo) de seu trabalho. Caso ocorra, o relatório deverá conter uma ressalva ou abstenção de conclusão, quando a limitação for relevante e puder provocar um efeito generalizadamente disseminado nas demonstrações contábeis.

CAPÍTULO XVII – TRABALHO DE ASSEGURAÇÃO | 355

Além dessas modificações relacionadas com o alcance, o relatório do auditor pode ser adverso (não representa adequadamente) ou conter ressalva (com exceção do aspecto tal, representa adequadamente), seja o relatório redigido de forma direta ou na forma indireta.

A expressão de uma conclusão com ressalva ou adversa depende de quão relevante e disseminado seja o efeito da distorção. Quando o efeito envolve vários aspectos (disseminado de forma generalizada), a conclusão é adversa.

Na hipótese em que, após a aceitação do trabalho, o auditor identifica situações do tipo em que os critérios para avaliação ou mensuração não são adequados ou o objeto não é apropriado, o auditor deverá emitir um relatório com ressalva, adverso ou com abstenção de conclusão.

De forma similar ao tópico anterior, a conclusão depende de quão relevante e disseminado seja o efeito do assunto, podendo existir situações em que o auditor deva se retirar do trabalho.

17.4. O objetivo da NBC TO 3000

O objetivo desta norma é estabelecer princípios básicos e procedimentos essenciais, além de fornecer orientação aos auditores independentes, para a realização de trabalhos de asseguração (também conhecidos pelos profissionais da área como trabalhos de "Assurance") que não sejam de auditoria ou revisão de informações financeiras históricas, que estão sujeitos a normas específicas.

17.4.1. Entendimento do objeto e outras circunstâncias de trabalho

O auditor independente deve efetuar indagações às partes apropriadas sobre:

(a) se eles possuem conhecimento de qualquer distorção efetiva, suspeita ou alegadamente intencional, bem como com referência às não conformidades com leis e regulamentos que afetem a informação do objeto;

(b) se a parte responsável possui uma função de auditoria interna e, em caso positivo, realizar indagações adicionais para obter entendimento das atividades e principais constatações da função de auditoria interna com respeito à informação do objeto;

(c) e a parte responsável utilizou algum especialista na preparação da informação do objeto.

356 | AUDITORIA CONTÁBIL

17.5. Adequação dos critérios de avaliação

O auditor independente deverá avaliar a adequação dos critérios de avaliação ou de mensuração do objeto. Esses critérios adequados têm as seguintes características: relevância, integridade, confiabilidade, neutralidade, entendimento.

17.6. Trabalho de especialista

Quando se recorre ao trabalho de especialista para a obtenção e avaliação de evidências, o auditor independente e o especialista devem possuir, em conjunto, habilidade e conhecimento adequados em relação ao objeto e aos critérios, para que o auditor independente possa determinar que foram obtidas evidências adequadas e suficientes.

17.7. Perda de independência

Quanto à perda de independência, a NBC TO 3000, estabelece que determinadas situações caracterizam pela relação obscura entre as partes. São exemplos de perda de independência a ocorrência de: interesses financeiros em comum, empréstimos entre as partes, compra e venda de produtos entre as partes, relacionamentos familiares e pessoais, vínculo empregatício com clientes de asseguração, honorários contingentes, prestação de outros serviços.

17.8. Link de modelos de trabalhos de asseguração

A seguir, relacionamos alguns links com trabalhos de asseguração publicados por diversos órgãos, que servem como modelos de consulta e referência para este capítulo. Não estamos disponibilizando todos os modelos, no entanto, cabe entendimento das normas e adequação a cada trabalho a ser executado pelo auditor.

Destacamos aqui os links, vejamos:

- http://www1.caixa.gov.br/relatorio_sustentabilidade_2013/carta-asseguracao.html;
- http://www.itausa.com.br/itausa/pt/rao/2013/port/10.htm;
- http://www.souzacruz.com.br/group/sites/sou_7uvf24.nsf/vwPagesWebLive/DO9UBM4Q/$FILE/medMD994M89.pdf?openelement;
- https://www.spcbrasil.org.br/uploads/files/81861-relat%-C3%B3rio_de_assegura%C3%A7%C3%A3o_razo%C3%A-1vel_-_cadastro_positivo_spc_brasil.pdf.

CAPÍTULO XVII – TRABALHO DE ASSEGURAÇÃO | 357

Ao término do capítulo, inserimos uma lista de exercícios elaborados pelos autores e questões mais recentes de concursos públicos para fixação da matéria.

17.9. Exercícios – Trabalho de asseguração

1. **(TCE-PR – Auditor – CESPE – 2016) -** As normas brasileiras de auditoria definem e descrevem elementos, objetivos e outros aspectos dos trabalhos de asseguração. A respeito desse assunto, assinale a opção correta.

    (A) Ao conduzir os trabalhos de auditoria, o auditor deve procurar obter asseguração razoável de que as demonstrações contábeis estão livres de distorções relevantes e em conformidade com a estrutura do relatório financeiro, bem como deve apresentar o relatório de auditoria em conformidade com as suas constatações.

    (B) As normas brasileiras de auditoria estabelecem dois tipos de trabalhos de asseguração: razoável e limitado. O objetivo do primeiro tipo é reduzir o risco de trabalho de asseguração a um nível aceitável e o do segundo tipo é reduzir o risco do trabalho de asseguração a um nível aceitavelmente baixo.

    (C) No planejamento da auditoria, devem-se considerar aspectos como: procedimentos analíticos a serem aplicados, como, por exemplo, os de avaliação de risco; entendimento global da estrutura jurídica e do ambiente regulatório da entidade e como ela cumpre com os requerimentos dessa estrutura; a determinação da materialidade, independentemente da relevância, bem como o envolvimento de especialistas e a aplicação de outros procedimentos de avaliação de risco.

    (D) A estrutura conceitual estabelece normas próprias e exigências relativas a procedimentos para a execução de trabalhos de asseguração.

    (E) A documentação de auditoria deve fornecer evidências do cumprimento dos objetivos específicos para os quais a auditoria foi contratada. Entre esses objetivos inclui-se evitar fraudes nas informações contábeis decorrentes da gestão.

358 | AUDITORIA CONTÁBIL

2. **(TCM-SP -** Agente de Fiscalização - Administração **- FGV – 2015)** - De acordo com a NBC TA que trata da estrutura conceitual para trabalhos de asseguração, nesses trabalhos o auditor independente expressa uma conclusão com a finalidade de aumentar o grau de confiança dos outros usuários previstos acerca do resultado de avaliações ou mensurações efetuadas. O trabalho de asseguração requer a consideração de alguns elementos. Das opções a seguir, a que NÃO constitui um dos elementos do trabalho de asseguração é:

(A) critérios adequados;

(B) evidências apropriadas e suficientes;

(C) objeto apropriado;

(D) relatório de asseguração escrito na forma apropriada;

(E) relacionamento entre, pelo menos, duas partes (contratante e auditor).

3. **(QUESTÃO ADAPTADA PELOS AUTORES)-** Quais os elementos devem estar presentes em um trabalho de asseguração:

(A) Objeto apropriado, evidência apropriadas, revisão (asseguração limitada), Auditoria (asseguração razoável) de informações históricas, Ética Profissional do Contabilista;

(B) Relatório de asseguração escrito de forma apropriada, Ética Profissional do Contabilista, Identificação do objetivo, Declaração Revisão (asseguração limitada);

(C) Relacionamento entre três partes; objeto apropriado; critérios adequados; evidências apropriadas e suficientes; relatório de asseguração escrito de forma apropriada;

(D) Critérios adequados; objetivo apropriado; revisão (asseguração limitada), Ética Profissional do Contabilista, revisar os procedimentos de controle de qualidade;

(E) Evidências apropriadas e suficientes, Auditoria (asseguração razoável) de informações históricas, Ética Profissional do Contabilista, relacionamento entre três partes.

4. **(QUESTÃO ADAPTADA PELOS AUTORES)** - De acordo com NBC TA que trata da estrutura conceitual para trabalhos de asseguração, nesses trabalhos o auditor independente expressa uma conclusão com a finalidade de aumentar o grau de confiança dos outros usuários previstos acerca do resultado de avaliações ou

CAPÍTULO XVII – TRABALHO DE ASSEGURAÇÃO | 359

mensurações efetuadas. O trabalho de asseguração requer a consideração de alguns elementos. Das opções a seguir, a que constitui um dos elementos do trabalho de asseguração é:

(A) critérios inadequados;
(B) relacionamento entre duas partes;
(C) objeto inapropriado;
(D) relatório ISO 9000
(E) relacionamento entre três partes.

5. **(QUESTÃO ADAPTADA PELOS AUTORES)** - Quais elementos que não devem estar presentes em um trabalho de asseguração.

(A) Objeto apropriado, evidências apropriadas.
(B) Relacionamento entre três partes; objeto apropriado; critérios adequados; evidências apropriadas e suficientes; relatório de asseguração escrito de forma apropriada.
(C) Relatório de asseguração, Declaração Revisão (asseguração limitada).
(D) Critérios adequados; objeto apropriado,
(E) Evidências apropriadas e suficientes, Objeto apropriado.

6. **(QUESTÃO ADAPTADA PELOS AUTORES)**- O termo asseguração *é o mesmo que* garantia, podendo ser ainda chamado de atestação, certificação e outros. No setor público, usa-se a expressão certificação. São os tipos de trabalho de asseguração, Razoável e Limitada. Assinale a alternativa correta em relação a estas garantias:

(A) O primeiro pode ser entendido como o exame das Demonstrações Contábeis. O segundo, para atender os requisitos da Comissão de Valores Mobiliários de revisão trimestral para as companhias abertas.
(B) Limitada significa o exame de demonstrações contábeis e Razoável se refere revisão trimestral e serve para as companhias abertas em obediência a CVM.
(C) Asseguração Razoável atende a Revisão de informações históricas, por meio das NBC TRs (normas técnicas de revisão) e Asseguração Limitada que atende a Auditoria de informações históricas, por meio das NBC TAs (normas técnicas de auditoria).

360 | AUDITORIA CONTÁBIL

(D) Razoável atende Auditoria de informações históricas, por meio das NBC TRs (normas técnicas de revisão) e Asseguração Limitada, a Revisão de informações históricas, por meio das NBC TO (normas técnicas para outros trabalhos de asseguração).

(E) Razoável atende Auditoria de informações históricas, por meio das NBC TO (normas técnicas para outros trabalhos de asseguração) e Asseguração Limitada, a Revisão de informações históricas, por meio das NBC TRs (normas técnicas de revisão).

7. **(QUESTÃO ADAPTADA PELOS AUTORES)** -O auditor planeja e executa um trabalho de asseguração com o necessário ceticismo profissional para obter evidência apropriada e suficiente de que a informação relativa ao objeto está livre de distorção relevante. O auditor considera a materialidade, o risco do trabalho, assim como a quantidade e qualidade das evidências quando planeja a natureza, a época e a extensão dos procedimentos a serem executados. A confiabilidade da evidência é influenciada pela sua fonte e pela sua natureza. Identifique a evidência ou fonte correta:

(A) Fonte independente diminui o grau de confiabilidade (exemplo: obtenção de uma confirmação de fonte externa).

(B) Evidência gerada interna é menos confiável quando os controles internos são eficazes.

(C) Evidência obtida diretamente pelo auditor é menos confiável do que aquela obtida indiretamente, por meio de indagação, por exemplo.

(D) Evidência documental é mais confiável do que uma declaração subsequente do que foi discutido; e

(E) Documentos originais fornecem evidência menos confiável do que fotocópias.

REFERÊNCIAS

ALMEIDA, José Joaquim Marques; MARQUES, Maria da Conceição da Costa. Intensificar o papel da Auditoria no Setor Público: uma oportunidade reforço da eficiência nas organizações. **Revista Brasileira de Contabilidade**, n. 145, p. 39-53, jan./fev. 2004.

ALMEIDA, Marcelo Cavalcanti. **Auditoria**: um Curso Moderno e Completo. 6. ed. São Paulo: Atlas, 2003.

ALMEIDA, Marcelo Cavalcanti. **Auditoria**: um Curso Moderno e Completo. São Paulo: Atlas, 1996.

ARAÚJO, Inaldo da Paixão Santos; ARRUDA, Daniel Gomes; BARRETO, Pedro Humberto Teixeira. **Auditoria Contábil**: enfoque teórico, normativo e prático. São Paulo: Saraiva, 2008.

ATTIE, William. **Auditoria Interna**. São Paulo: Atlas, 1986.

BOYNTON, William C.; JOHNSON, Raymond N.; KELL, Walter G. **Auditoria**. 7. ed. São Paulo: Atlas, 2002.

BOYNTON, Willian C. **Auditoria**. São Paulo: Atlas, 2002.

BRASIL. Comissão de Valores Mobiliários. Instrução CVM nº 59, de 22 de dezembro de 1986. Disponível em: <http://www.cvm.gov.br>. Acesso em: 2016

BRASIL. Conselho Federal de Contabilidade. **Princípios Fundamentais e Normas Brasileiras de Contabilidade de Auditoria e Perícia.** Brasília: CFC, 2003.

BRASIL. Conselho Federal de Contabilidade. Resolução CFC 1.212/09 – NBC TA 315 (R1), de 19 de agosto de 2016. **Diário Oficial [da] República Federativa do Brasil**, Brasília, DF, 05 set. 2016.

BRASIL. Conselho Federal de Contabilidade. Resolução CFC 1203/09– NBC TA 200 (R1), de 19 de agosto de 2016. **Diário Oficial [da] República Federativa do Brasil**, Brasília, DF, 05 set. 2016.

BRASIL. Conselho Federal de Contabilidade. Resolução CFC 1204/09 – NBC TA 210 (R1), de 19 de agosto de 2016. **Diário Oficial [da] República Federativa do Brasil**, Brasília, DF, 05 set. 2016.

BRASIL. Conselho Federal de Contabilidade. Resolução CFC 1205/09 – NBC TA 220 (R1), de 19 de agosto de 2016. **Diário Oficial [da] República Federativa do Brasil**, Brasília, DF, 05 set. 2016.

BRASIL. Conselho Federal de Contabilidade. Resolução CFC 1206/09 – NBC TA 230 (R1), de 19 de agosto de 2016. **Diário Oficial [da] República Federativa do Brasil**, Brasília, DF, 05 set. 2016.

BRASIL. Conselho Federal de Contabilidade. Resolução CFC 1207/09 – NBC TA 240 (R1), de 19 de agosto de 2016. **Diário Oficial [da] República Federativa do Brasil**, Brasília, DF, 05 set. 2016.

BRASIL. Conselho Federal de Contabilidade. Resolução CFC 1208/09 – NBC TA 250, de 27 de novembro de 2009. **Diário Oficial [da] República Federativa do Brasil**, Brasília, DF, 03 dez. 2009.

BRASIL. Conselho Federal de Contabilidade. Resolução CFC 1209/09 – NBC TA 260 (R2), de 17 de junho de 2016. **Diário Oficial [da] República Federativa do Brasil**, Brasília, DF, 4 jul. 2016.

BRASIL. Conselho Federal de Contabilidade. Resolução CFC 1210/09 – NBC TA 265, de 27 de novembro de 2009. **Diário Oficial [da] República Federativa do Brasil**, Brasília, DF, 03 dez. 2009.

BRASIL. Conselho Federal de Contabilidade. Resolução CFC 1211/09 – NBC TA 300 (R1), de 19 de agosto de 2016. **Diário Oficial [da] República Federativa do Brasil**, Brasília, DF, 05 set. 2016.

BRASIL. Conselho Federal de Contabilidade. Resolução CFC 1213/09 – NBC TA 320 (R1), de 19 de agosto de 2016. **Diário Oficial [da] República Federativa do Brasil**, Brasília, DF, 05 set. 2016.

BRASIL. Conselho Federal de Contabilidade. Resolução CFC 1214/09 – NBC TA 330 (R1), de 19 de agosto de 2016. **Diário Oficial [da] República Federativa do Brasil**, Brasília, DF, 05 set. 2016.

BRASIL. Conselho Federal de Contabilidade. Resolução CFC 1215/09 – NBC TA 402, de 27 de novembro de 2009. **Diário Oficial [da] República Federativa do Brasil**, Brasília, DF, 03 dez. 2009.

BRASIL. Conselho Federal de Contabilidade. Resolução CFC 1216/09 – NBC TA 450 (R1), de 19 de agosto de 2016. **Diário Oficial [da] República Federativa do Brasil**, Brasília, DF, 05 set. 2016.

BRASIL. Conselho Federal de Contabilidade. Resolução CFC 1217/09 – NBC TA 500 (R1), de 19 de agosto de 2016. **Diário Oficial [da] República Federativa do Brasil**, Brasília, DF, 05 set. 2016.

BRASIL. Conselho Federal de Contabilidade. Resolução CFC 1218/09 – NBC TA 501, de 27 de novembro de 2009. **Diário Oficial [da] República Federativa do Brasil**, Brasília, DF, 03 dez. 2009.

BRASIL. Conselho Federal de Contabilidade. Resolução CFC 1219/09 – NBC TA 505, de 27 de novembro de 2009. **Diário Oficial [da] República Federativa do Brasil**, Brasília, DF, 03 dez. 2009.

REFERÊNCIAS | 363

BRASIL. Conselho Federal de Contabilidade. Resolução CFC 1220/09 – NBC TA 510 (R1), de 19 de agosto de 2016. **Diário Oficial [da] República Federativa do Brasil**, Brasília, DF, 05 set. 2016.

BRASIL. Conselho Federal de Contabilidade. Resolução CFC 1221/09 – NBC TA 520, de 27 de novembro de 2009. **Diário Oficial [da] República Federativa do Brasil**, Brasília, DF, 04 dez. 2009.

BRASIL. Conselho Federal de Contabilidade. Resolução CFC 1222/09 – NBC TA , de 27 de novembro de 2009. **Diário Oficial [da] República Federativa do Brasil**, Brasília, DF, 04 dez. 2009.

BRASIL. Conselho Federal de Contabilidade. Resolução CFC 1223/09 – NBC TA 540 (R1), de 19 de agosto de 2016. **Diário Oficial [da] República Federativa do Brasil**, Brasília, DF, 05 set. 2016.

BRASIL. Conselho Federal de Contabilidade. Resolução CFC 1224/09 – NBC TA 550, de 27 de novembro de 2009. **Diário Oficial [da] República Federativa do Brasil**, Brasília, DF, 04 dez. 2009.

BRASIL. Conselho Federal de Contabilidade. Resolução CFC 1225/09 – NBC TA 560 (R1), de 19 de agosto de 2016. **Diário Oficial [da] República Federativa do Brasil**, Brasília, DF, 05 set. 2016.

BRASIL. Conselho Federal de Contabilidade. Resolução CFC 1226/09 – NBC TA 570 (R1), de 17 de junho de 2016. **Diário Oficial [da] República Federativa do Brasil**, Brasília, DF, 4 jul. 2016.

BRASIL. Conselho Federal de Contabilidade. Resolução CFC 1227/09 – NBC TA 580 (R1), de 19 de agosto de 2016. **Diário Oficial [da] República Federativa do Brasil**, Brasília, DF, 05 set. 2016.

BRASIL. Conselho Federal de Contabilidade. Resolução CFC 1228/09 – NBC TA 600 (R1), de 19 de agosto de 2016. **Diário Oficial [da] República Federativa do Brasil**, Brasília, DF, 05 set. 2016.

BRASIL. Conselho Federal de Contabilidade. Resolução CFC 1229/14 – NBC TA 610, 24 de janeiro de 2014. **Diário Oficial [da] República Federativa do Brasil**, Brasília, DF, 29 jan. 2014.

BRASIL. Conselho Federal de Contabilidade. Resolução CFC 1230/09 – NBC TA 620, de 27 de novembro de 2009. **Diário Oficial [da] República Federativa do Brasil**, Brasília, DF, 04 dez. 2009.

BRASIL. Conselho Federal de Contabilidade. Resolução CFC 1231/09 - NBC TA 700 (R1), de 17 de junho de 2016. **Diário Oficial [da] República Federativa do Brasil**, Brasília, DF, 4 jul. 2016.

BRASIL. Conselho Federal de Contabilidade. Resolução CFC 1232/09 – NBC TA 705 (R1), de 17 de junho de 2016. **Diário Oficial [da] República Federativa do Brasil**, Brasília, DF, 4 jul. 2016.

364 | AUDITORIA CONTÁBIL

BRASIL. Conselho Federal de Contabilidade. Resolução CFC 1233/09 – NBC TA 706 (R1), de 17 de junho de 2016. **Diário Oficial [da] República Federativa do Brasil**, Brasília, DF, 4 jul. 2016.

BRASIL. Conselho Federal de Contabilidade. Resolução CFC 1234/09 – NBC TA 710 (R1), de 19 de agosto de 2016. **Diário Oficial [da] República Federativa do Brasil**, Brasília, DF, 05 set. 2016.

BRASIL. Conselho Federal de Contabilidade. Resolução CFC 1235/09 – NBC TA 720 (R1), de 19 de agosto de 2016. **Diário Oficial [da] República Federativa do Brasil**, Brasília, DF, 05 set. 2016.

BRASIL. Conselho Federal de Contabilidade. Resolução CFC 1236/09 – NBC TA 800, de 27 de novembro de 2009. **Diário Oficial [da] República Federativa do Brasil**, Brasília, DF, 04 dez. 2009.

BRASIL. Conselho Federal de Contabilidade. Resolução CFC 1237/09 – NBC TA , de 27 de novembro de 2009. **Diário Oficial [da] República Federativa do Brasil**, Brasília, DF, 04 dez. 2009.

BRASIL. Conselho Federal de Contabilidade. Resolução CFC 1238/09 – NBC TA , de 27 de novembro de 2009. **Diário Oficial [da] República Federativa do Brasil**, Brasília, DF, 04 dez. 2009.

BRASIL. Conselho Federal de Contabilidade. Resolução CFC n° 1.282/10, de 28 de maio de 2010. **Diário Oficial [da] República Federativa do Brasil**, Brasília, DF, 02 jun. 2016. Disponível em: <*http://www1.cfc. org.br/sisweb/SRE/docs/Res_1282.pdf*>. Acesso em: 2016.

BRASIL. Conselho Federal de Contabilidade. Resolução CFC 1329/11, de 18 de março de 2011. **Diário Oficial [da] República Federativa do Brasil**, Brasília, DF, 22 mar. 2011.

BRASIL. Conselho Federal de Contabilidade. Resolução CFC n° 1.201/09 – NBC PA 01, de 27 de novembro de 2009. **Diário Oficial [da] República Federativa do Brasil**, Brasília, DF, 03 dez. 2009.

BRASIL. Lei n° 6.404, de 15 de dezembro de 1976. **Diário Oficial [da] República Federativa do Brasil**, Brasília, DF, 17 dez. 1976. Disponível em: <http://www.planalto.gov.br/ccivil_03/leis/L6404consol.htm>. Acesso em: 2016.

CARDOSO, Julio Sérgio. Origem e Conceitos de Auditoria. **Revista de Contabilidade do Programa de Mestrado em Ciências Contábeis da FAF/UERJ**, Rio de Janeiro, v. 2, n. 2, p. 27-36, 1997.

CHERMAN, Bernardo. **Auditoria para concursos**: Teoria e Prática. Disponível em: <http://www.vemconcursos.com>. Acesso em: 2003.

CHIAVENATO, Idalberto. **Gestão de Pessoas**. Rio de Janeiro: Campus, 1999.

REFERÊNCIAS | 365

COMITÊ DE PRONUNCIAMENTOS CONTÁBEIS. Pronunciamento Conceitual Básico (R1): Estrutura Conceitual para Elaboração e Divulgação de Relatório Contábil - Financeiro. Brasília, 2011. Disponível em: <http://static.cpc.mediagroup.com.br/Documentos/147_CPC00_R1.pdf>. Acesso em: 2016.

COSTA, Eliezer Arantes. **Gestão Estratégica**. São Paulo: Saraiva, 2002.

CREPALDI, Silvio Aparecido. **Auditoria Contábil - Teoria e Prática**. 3. ed. São Paulo: Atlas 2002.

CRESPO, Antônio A. **Estatística fácil**.14. ed. São Paulo: Saraiva, 1996.

CRUZ, Flávio da. **Auditoria Governamental**. São Paulo: Atlas,1997.

CUNHA, Maria Cristina Moreira Siqueira. Auditoria Operacional no Setor Público Federal. **Revista Pensar Contábil**, n.1, p. 17-22, ago. 1998.

CURTY, Marlene Gonçalves; CRUZ, Anamaria da Costa; MENDES, Maria Tereza Reis. **Publicações periódicas científicas impressas**: NBR 14724/2002. Maringá: Dental Press, 2002.

DUARTE, Maria Conceição dos S. Contreiras S. A . ; VALERIO, Paula Alexandra Godinho Pires Heliodoro. **Evidência em Auditoria**. Disponível em: <http://www. oroc.pt/rev20/p47a.pdf>. Acesso em: 22 fev. 2005.

FERREIRA, Aurélio Buarque de Holanda. **Novo dicionário da língua portuguesa**.2. ed. Rio de Janeiro: Nova Fronteira, 1986.

FRANCO, Hilario. **Auditoria Contábil**. 4. ed. São Paulo: Atlas, 2001.

FRANCO, Hilário; MARRA, Ernesto. **Auditoria Contábil**.4. ed. São Paulo: Atlas, 2001.

GIL, Antonio Carlos. **Como elaborar projeto de pesquisa**. 3. ed. São Paulo: Atlas, 1991.

IBRACON. Auditoria: Registros de uma profissão. São Paulo: Ibracon, 2007.

IBRACON. Disponível em: <http://www.ibracon.com.br/ibracon/ Portugues/>. Acesso em: 2016.

IUDÍCIBUS, Sérgio et al. **Manual de Contabilidade Societária**. São Paulo: Atlas, 2010.

JUND, Sergio. **Auditoria:** conceitos, normas, técnicas e procedimentos. 6. ed. Rio de Janeiro: Impetus, 2004.

JUND, Sergio. **Auditoria:** conceitos, normas, técnicas e procedimentos. Rio de Janeiro: Impetus, 2002.

KPMG. **KPMG Audit Manual**. Local: KPMG, 2011.

LONGO, Cláudio Gonçalo. **Manual de auditoria e revisão de demonstrações financeiras:** novas normas brasileiras e internacionais de auditoria. 2. ed. São Paulo: Atlas, 2011.

MEGGINSON, Leon et al. **Administração:** conceitos e aplicações. São Paulo: Harbra, 1986.

MINTZBERG, Henry. Administrando Governos, governando Administradores. **Revista do Serviço Público,** Brasília, ano 49, n. 4, out./dez. 1998.

NASCIMENTO, Auster Moreira. **Controladoria:** Instrumento de apoio ao processo decisório, São Paulo:Atlas, 2010.

PEREIRA, Alexandre Demetrius. **Auditoria das Demonstrações Contábeis:** Uma abordagem jurídica e contábil. São Paulo: Atlas, 2011.

PETER, Maria da Glória Arrais; MACHADO, Marcus Vinícios Veras. **Manual de Auditoria Governamental.** São Paulo: Atlas, 2003.

SÁ, Antônio Lopes. **Curso de auditoria.**9. ed. São Paulo: Atlas, 2000.

SANDRONI, Paulo. **Novo Dicionário de Economia.** 2. ed. São Paulo: Círculo do Livro, 1994.

SANTOS, Antonio Raimundo dos. **Metodologia Cientifica:** a construção do conhecimento.4. ed. Rio de Janeiro: DP & A, 2001.

SOUZA, Benedito Felipe de. **Auditoria contábil:** abordagem prática e operacional. São Paulo: Atlas, 2006.

VALE, Carlos. **Procedimentos de Auditoria Pública.** João Pessoa: Universitária, 2001.

GABARITOS

CAPÍTULO I – ORIGEM E CONCEITOS

QUESTÃO	RESPOSTA	QUESTÃO	RESPOSTA	QUESTÃO	RESPOSTA
1	A	4	E	7	C
2	A	5	E	8	A
3	C	6	A	9	E

CAPÍTULO II – NORMAS E PROCEDIMENTOS DO AUDITOR

QUESTÃO	RESPOSTA	QUESTÃO	RESPOSTA	QUESTÃO	RESPOSTA
1	A	8	B	15	B
2	B	9	D	16	D
3	B	10	D	17	E
4	E	11	C	18	A
5	E	12	A	19	E
6	B	13	E		
7	A	14	E		

CAPÍTULO III – NORMAS DE AUDITORIA

QUESTÃO	RESPOSTA	QUESTÃO	RESPOSTA	QUESTÃO	RESPOSTA
1	E	3	A	5	A
2	A	4	D		

CAPÍTULO IV – TIPO DE AUDITORIA

QUESTÃO	RESPOSTA	QUESTÃO	RESPOSTA	QUESTÃO	RESPOSTA
1	E	12	B	23	E
2	E	13	A	24	E
3	B	14	E	25	D
4	A	15	A	26	D
5	D	16	B	27	B

368 | AUDITORIA CONTÁBIL

CAPÍTULO IV – TIPO DE AUDITORIA

QUESTÃO	RESPOSTA	QUESTÃO	RESPOSTA	QUESTÃO	RESPOSTA
6	D	17	A	28	E
7	E	18	A	29	E
8	D	19	A	30	B
9	D	20	B	31	B
10	B	21	D	32	D
11	E	22	C	33	D

CAPÍTULO V – PLANEJAMENTO DE AUDITORIA

QUESTÃO	RESPOSTA	QUESTÃO	RESPOSTA	QUESTÃO	RESPOSTA
1	C	12	C	23	D
2	A	13	B	24	D
3	C	14	E	25	C
4	A	15	A	26	E
5	C	16	B	27	E
6	D	17	C	28	D
7	B	18	D	29	E
8	E	19	A	30	E
9	E	20	C	31	C
10	B	21	C	32	E
11	B	22	D	33	D

CAPÍTULO VI – RISCOS DE AUDITORIA

QUESTÃO	RESPOSTA	QUESTÃO	RESPOSTA	QUESTÃO	RESPOSTA
1	C	12	D	23	B
2	A	13	C	24	D
3	A	14	E	25	E
4	A	15	D	26	C
5	C	16	A	27	A
6	B	17	B	28	E
7	C	18	D	29	D
8	D	19	E	30	D

CAPÍTULO VI – RISCOS DE AUDITORIA

QUESTÃO	RESPOSTA	QUESTÃO	RESPOSTA	QUESTÃO	RESPOSTA
9	E	20	C	31	E
10	A	21	E	--	--
11	A	22	C	--	--

CAPÍTULO VII — 0 CONTROLES INTERNOS

QUESTÃO	RESPOSTA	QUESTÃO	RESPOSTA	QUESTÃO	RESPOSTA
1	A	11	D	21	D
2	E	12	C	22	C
3	B	13	D	23	E
4	C	14	E	24	C
5	A	15	C	25	C
6	B	16	E	26	C
7	E	17	B	27	B
8	A	18	A	28	D
9	E	19	E	29	B
10	C	20	D	30	B

CAPÍTULO VIII – AMOSTRAGEM

QUESTÃO	RESPOSTA	QUESTÃO	RESPOSTA	QUESTÃO	RESPOSTA
1	B	12	B	23	E
2	C	13	E	24	C
3	A	14	C	25	A
4	B	15	B	26	E
5	A	16	B	27	C
6	D	17	B	28	D
7	D	18	D	29	B
8	B	19	A	30	C
9	C	20	E	31	A
10	C	21	E	32	E
11	B	22	B	--	--

AUDITORIA CONTÁBIL

CAPÍTULO IX — PROCEDIMENTOS TÉCNICOS DE AUDITORIA

QUESTÃO	RESPOSTA	QUESTÃO	RESPOSTA	QUESTÃO	RESPOSTA
1	D	14	C	27	B
2	B	15	E	28	A
3	A	16	D	29	A
4	B	17	D	30	A
5	D	18	C	31	B
6	A	19	D	32	E
7	D	20	B	33	B
8	B	21	D	34	C
9	B	22	B	35	B
10	A	23	A	36	E
11	C	24	C	37	C
12	C	25	D	--	--
13	B	26	A	--	--

CAPÍTULO X – TESTES NOS DEMONSTRATIVOS CONTÁBEIS

QUESTÃO	RESPOSTA	QUESTÃO	RESPOSTA	QUESTÃO	RESPOSTA
1	A	11	E	19c	C
2	A	12	C	20	C
3	B	13	D	21	B
4	A	14	E	22	C
5	A	15	E	23	E
6	B	16	B	24	A
7	A	17	E	25	D
8	D	18	E	26	A
9	B	19a	B	27	B
10	C	19b	D	--	--

CAPÍTULO XI – DOCUMENTAÇÃO DA AUDITORIA

QUESTÃO	RESPOSTA	QUESTÃO	RESPOSTA	QUESTÃO	RESPOSTA
1	E	9	D	17	C
2	C	10	C	18	C
3	B	11	A	19	B

CAPÍTULO XI – DOCUMENTAÇÃO DA AUDITORIA

QUESTÃO	RESPOSTA	QUESTÃO	RESPOSTA	QUESTÃO	RESPOSTA
4	E	12	C	20	C
5	D	13	A	21	B
6	A	14	D	22	B
7	E	15	D	--	--
8	E	16	E	--	--

CAPÍTULO XII – ESTIMATIVAS CONTÁBEIS

QUESTÃO	RESPOSTA	QUESTÃO	RESPOSTA	QUESTÃO	RESPOSTA
1	B	5	E	9	E
2	C	6	B	10	E
3	E	7	E	11	A
4	B	8	D	12	B

CAPÍTULO XIII – CONTINUIDADE NORMAL DAS ATIVIDADES DA ENTIDADE

QUESTÃO	RESPOSTA	QUESTÃO	RESPOSTA	QUESTÃO	RESPOSTA
1	C	8	E	15	B
2	B	9	C	16	D
3	A	10	D	17	E
4	A	11	D	18	D
5	E	12	C	19	E
6	B	13	B	--	--
7	C	14	E		

CAPÍTULO XIV – TRANSAÇÕES E EVENTOS SUBSEQUENTES

QUESTÃO	RESPOSTA	QUESTÃO	RESPOSTA
1	A	13	D
2	E	14	C

CAPÍTULO XIV – TRANSAÇÕES E EVENTOS SUBSEQUENTES

QUESTÃO	RESPOSTA	QUESTÃO	RESPOSTA
3	C		A
4	A		A
5	A		N
6	E		N
7	E	15	A
8	B		A
9	E		N
10	A		N
11	B		A
12	B		N

CAPÍTULO XV – REPRESENTAÇÃO FORMAL

QUESTÃO	RESPOSTA	QUESTÃO	RESPOSTA	QUESTÃO	RESPOSTA
1	C	6	A	11	A
2	D	7	A	12	A
3	A	8	D	13	D
4	C	9	A		
5	C	10	A		

CAPÍTULO XVI – RELATÓRIO DOS AUDITORES INDEPENDENTES SOBRE AS DEMONSTRAÇÕES CONTÁBEIS

QUESTÃO	RESPOSTA	QUESTÃO	RESPOSTA	QUESTÃO	RESPOSTA
1	B	15	C	29	A
2	E	16	E	30	D
3	B	17	B	31	C
4	D	18	E	32	A
5	E	19	E	33	D
6	E	20	E	34	C
7	A	21	C	35	D
8	D	22	A	36	A

CAPÍTULO XVI – RELATÓRIO DOS AUDITORES INDEPENDENTES SOBRE AS DEMONSTRAÇÕES CONTÁBEIS

QUESTÃO	RESPOSTA	QUESTÃO	RESPOSTA	QUESTÃO	RESPOSTA
9	C	23	A	37	E
10	D	24	C	38	A
11	B	25	B	39	C
12	C	26	E	40	A
13	D	27	A	41	D
14	D	28	A	42	D

CAPÍTULO XVII – TRABALHO DE ASSEGURAÇÃO

QUESTÃO	RESPOSTA	QUESTÃO	RESPOSTA
1	A	5	C
2	E	6	A
3	C	7	D
4	E		